不屈の魂
アフリカとサッカー

アルベルト・エジョゴ＝ウォノ 著
江間慎一郎／山路琢也 訳　中町公祐 解説

TOYOKAN BOOKS

CONTENTS

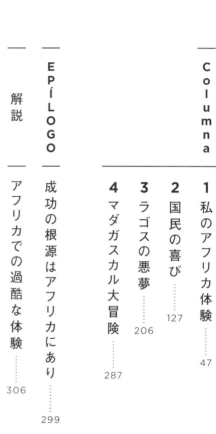

PRÓLOGO

フレデリック・カヌーテより

私はフランスのリヨン郊外で生まれ育った。幼少の頃から、父は自分の習慣を通してアフリカの文化を私の頭に叩き込んだ。私はいつも興味津々で、自分のルーツであるマリについてもっと知りたいと思っていた。そして、9歳の時に初めてマリの地を踏んだ。それ以来、アフリカ大陸との関わりは、私の人生においていつも大きな意味を持つようになった。

2004年、私は好調だった。イングランドのプレミアリーグでプレーしていたが、フランス代表候補の30名のリストにも私の名前があった。それでも、父の祖国への帰属意識がいつも強かったため、マリの代表チームからの招集に応じ、同シーズンに開催されるアフリカネーションズカップ（CAN）に参加することにした。アルジェリアとモロッコで親善試合を行った後、チュニジアで開催された同大会に出場し、準決勝まで勝ち進んだ。私は得点王に輝き、国際選手としてこの上なく幸先の良いスタートを切った。

このように最初は大成功を収めたものの、その後微妙な状況となった。マリでは一度も試合経験がなかったのにもかかわらず、私への期待は大きかった。すべての試合でゴールを決めるものとマリ国内じゅうから期待されたが、それは極めて困難だ。ヨーロッパの強豪クラブでの経験を積んだ身としては、もっとうまくできそうなものだが、アフリカでは事は単純に運ばない。アウェーの試合では敵意に取り囲まれ、ヨーロッパとは違って、芝生はとても長く、ボール運びもスムーズには行えず、またあらゆるプレーでフィジカルが信じられないほど求められる……。快適な試合など無いのだ。私の立場は難しくなり、重圧を感じた。1400万人近くの国民が、私ならすべての試合を勝利に導いてくれると期待していたからだ。残念ながら、2006年のCANでは予選落ちし、私とチームは激しい非難を浴びた。非常に辛い2年間だった。

その時、私は気づいた。環境に適応すべきは自分であって、その逆ではないと。周囲が自分に合わせてくれることを待っていてはいけない、自分が一歩進んで柔軟に対応すべきだと。そして、リーダーの役割を引き受け、周囲からのあらゆる重圧を自らの意思で責任感に転換した。

このことは自身のレベルアップにもつながった。

フランス代表よりもマリ代表を選ぶなんて正気なのかと多くの人から言われた。私がどうして〝レ・ブルー〟からの招集を待たなかったのか理解できないからだ。私は自分の決断に満足している。納得して決めたことだし、父親の祖国を敬愛しているからだ。アフリカは長年にわたり搾取・略奪されてきた。その埋め合わせを少しでもしようと思えば、これが最善の方法だ。植民地時代以降多くの天然資源がこの大地からヨーロッパに向かった。植民地化の申し子諸君に呼びかけたい。アフリカに何かを返えそうではないか、植民地時代とは逆向きの道を築く手助けをしようではないかと。

アフリカの代表チームでプレーしていると、純粋にスポーツを超えた使命を担っていることに気がつく。アフリカの大部分では将来や発展についての見通しはあまり明るいとはいえず、そのために多くの人々がサッカーに関心を向けている。サッカーをはけ口とするのは、日々の問題から逃げ出したい民衆が身につけた術だ。特に気にかかるのは若者たちのことだ。彼らには自分たちを奮い立たせてくれるような模範となる人物が必要だ。だからこそ、私たちサッカー選手は若者に対して大きな責任を負っているのだ。

代表チームの試合に対する期待はキックオフの2、3か月前には生まれ始め、試合当日が近づくに連れて膨らんでいく。チームが勝てば、人々は数週間にわたり休むことなく歌い、跳ね、踊る。しかし、もしも負ければ、その同じ人々が騒動を起こし、時に暴動にまで発展する。アフリカサッカーはすべてが衝撃だといっても過言ではない。サッカーそのものは世界各地で行われているサッカーと変わりないのだが、アフリカでは次元が違う。どの試合もインテンシティが高く、独創性は群を抜く。ピッチに飛び出せば、選手は一国の重みをずっしりと背負うことになる。ただ勝つためだけに戦うのではなく、人々を幸せにするために戦うのだ。これこそが私が体験してきたことであり、何にも増して大切なことだ。そのことに私は大いに満足している。

フレデリック・カヌーテは、代表チームとともに重ねてきたゴール以上のものをマリに遺したいと考えている。「カヌーテ財団」はまさにその目的のために設立された。この団結した基盤をベースに、農場の建設、困窮した子供たちの庇護、様々な困難に直面している地区の開発に取り組んでいる。同財団のもっとも野心的なプロジェクトは、SAKINAの創設だ。これは、孤児や貧窮者たちを庇護し、成長する機会を与える複合施設だ。

INTRO-DUCCIÓN

不屈の精神を解き放つ

アフリカでは、サッカーは単なるスポーツという枠にとらわれないとても重要なものだ。大事な試合が数週間後に迫ると、人々の話題はその一戦で持ち切りになる。両チームの調子はどうか、直近の対戦成績はどうだったか。あの選手は熟達した狩人一族の血を受け継いでいるが、祖父がサバンナで槍を振るって示していた捕食者の本能を、ピッチの上で再現することができるのか。あのミッドフィルダーは、指物大工としての腕を極めたご先祖様の匠の技をいかに自分のプレーに取り込んできたかなど。アフリカ大陸ならではの議論がどこの街角においても果てしなく続くわけだ。こうした会話にはいつも英雄譚や神秘めいた話が付加される。

アンゴラの首都ルアンダでは、子供たちがサッカーコートに見立てた砂地の上を軽快に走り回っている。きっと子供たちは、ゴールを量産して2006年のワールドカップに〝セーブルアンテロープ（アンゴラ代表の愛称）〟を連れて行ったファブリス・アクワのように、アンゴラサッカーの栄光の歴史にその名を刻むことを夢見ているのだろう。コートジボワールの首都アビジャンでは、生々しい内戦の傷跡がまだ癒えないが、それでも子供たちが次世代のドログバとして花開くように種がまかれている。チュニジアの首都チュニスでは、街路に押し寄せる自動車が引き起こす地獄のような交通渋滞やけたたましい騒音が鳴り響いている。けれどもサッカー選手の卵たちは、そんな喧噪《けんそう》からチュニス郊外に逃れて、いつの日か奇術師ユセフ・ムサクニのようになりたい、とテクニックを磨くことに余念がない。ザンビアの首都ルサカでは、2本の木の間でゴールキーパーの子供たちが膝に血を滲《にじ》ませ、Tシャツを埃《ほこり》だらけにしてボールと格闘している。彼らにとって傷や汚れはメダルや勲章といったところだ。ケネディ・ムウェーネの偉大なセービングを目指しているのだろう。サッカーによってアフリカの何百万という少年少女たちが、眠ることなく夢を見ることができる。そのことは、しばらく西洋のことは忘れてこの規格外の大陸に視線を向けるための十分な動機となる。

アフリカならどこでも、代表チームや地元のクラブの試合があるとすべてが麻痺する。情熱と享楽の90分間は、領土問題も、過去の不当な行為も、植民地時代の虐待も、住民同士の揉め事も、民族間の闘争も、そしてこれからやってくるはずのより良い時代のことすら忘却の彼方に消え去ってしまう。民衆の関心は、長方形に切り取られた芝生のオアシスでの出来事にだけ向けられる。ゴールは苦痛からの避難場所だ。ピッチに立つサッカー選手は、試合中に醸し出される雰囲気を味わいながら、そのことを肉体で感じる。だからこそ、すでにスターと崇められている彼らは、その地位を失わないために多大な努力を払う。自分たちのルーツがそこにいろと求めているのだ。

本書はアフリカ大陸の現在を扱うが、より理解するためには、19世紀末のある冬のヨーロッパ中心部を覗《のぞ》いてみなければならないだろう。１８８４年のこと。ベルリン会議にて、ヨーロッパの列強各国が争っていたアフリカ諸国の支配権が調整された。すでにアフリカの各地に実効性のある進出を果たしている国家は、その地域の統治権を得ることができるというものだ。なんのことはない、西洋の国家がアフリカ大陸を好き勝手に分け合い、天然資源を採掘し、戦略拠点として支配するということだ。ベルリン会議には当然のようにアフリカの国家は参加していない。当事者であるアフリカの人々の同意など必要ないのだ。西洋人の定規によって新しい国境の線が引かれたアフリカ大陸では、村落や民族や家族もが引き裂かれてしまった。

アフリカの地中海沿岸全域はイギリスとフランスが分け合った。最東部については、沿岸部をドイツとイギリスが獲得し、一部はイタリアに与えられた。大西洋に面した西部はベルギーが得たが、フランスとイギリスにとっても欠くことのできない地域だった。わずかながらポルトガルとスペインも分け前を与えながら、アメリカ大陸への玄関口として大半を支配するようになった。そしてスペインは赤道ギニアに対する統治権を堅持した。赤道ギニアという国名は、同国がギニア湾に位置することと、緯度がほぼ赤道に当たることに由来する。この小さな共和国の内陸部、もっと正確に言えば、ニエファング村で私の父は生まれた。その出自のおかげで、私は赤道ギニア代表の一員となって国際試合に出場する機会を得ることができ、のちに性格や信条の形成に直接影響を与えた体験を数限りなくすることになった。

赤道ギニア代表としていくつかの遠征に参加したが、印象深いのは2005年にガボン共和国で開催されたCEMAC（中部アフリカ経済通貨共同体）カップだ。CEMACを形成する6か国（赤道ギニア、カメルーン、チャド、中央アフリカ共和国、コンゴ共和国、ガボン共和国）によるトーナメント形式の大会で、私はこの遠征を通じて、アフリカ大陸に住む人々の民族気質の一部を理解することができた。CEMACカップに参加するためには、当時私の所属クラブであるCEサバデル（スペイン）に承認を得る必要があった。シーズン中に1週間不在となるからだが、特に問題とはならなかった。CEMACカップでは、各3チームの2組に分けられる。各チームを構成するのは、主に地元リーグに所属する選手で、海外のリーグからはU－23の選手が3名出場可能だ。同カップの期間は7日を超えることはまずなく、決勝に進出できなければ4日で終わる。

ところが、リーブルヴィル（ガボンの首都）に到着するや、あるニュースに震撼した。トーゴのニャシンベ・エヤデマ大統領が心臓発作で死亡したというのだ。西アフリカ全土で喪に服すことが布告された。CEMACカップの開催が延期されることとなり、私たちはガボンの首都ですることもなく虚しい4日間を過ごした。練習施設が閉鎖されていたため、野外の練習環境を求めて歩き回ることになった。ある朝、練習に必要なボールとコーンの入った袋を担いで出かけると、視界に収まらないほど広大な宮殿を見つけた。長大な敷地は地平線に消えるまで続いている。動物たちが自由に闊歩《かっぽ》している草地を登ったところに、見事なまでに美しい大邸宅がそびえている。私たちはそのとてつもなく広い牧場の入り口あたりに草が生えた一角があったので拝借することにした。大きく広がらないようにしながら、少し走ったり、リズムチェンジの練習をしたり、軽くボールに触ったりした。

しかしながら、ウォーミングアップや基本的なパス練習をしている途中で、武装した制服姿の男たちが、明らかに怒った様子で怒鳴り声をあげながらやってきて、私たちを敷地の外へとたたき出したのだ。当然ながら一言も漏らさず、彼らに従った。最初に感じた恐怖が過ぎ去ると、何が起きたのか尋ねてみた。すると、そこは、当時のガボンの大統領オマール・ボンゴの邸宅だということだった。「アフリカの大統領は、自分の邸宅が隣国の大統領の邸宅より劣っているなんてことは絶対に許さない。自国の誇り、つまり自分たちは誰にも劣っていないのだということを示すためのひとつの方法さ」と教わった。

その時、はっきりとわかった。植民地化が原因で、何世紀にもわたって自国の前途について何も決めることができなかったため、アフリカの諸国家は一旦自治を回復するや、常に名誉回復の機会を模索しているのだ。アフリカ先住民の多くの世代が、西洋人の権力の下で生きざるを得なかった。キリスト教の布教を口実に西洋人に服従を強いられ奴隷にまでおとしめられた。やがて屈辱の日々は、1950年代末になって植民地解放を求める声となり、その運動が制御できないほど活発化すると、アフリカ大陸の各国は次々と独立を宣言していった。そうした自由への熱望を経験した人々にとって、サッカーこそはその不屈の精神を解き放つことができる偉大な舞台だったのだ。

1

南アフリカ

マンデラ、木を揺らす者

「曲がる木は、
どれだけ強い風が吹こうとも、
折れることはない」

第二次世界大戦は、私たちの世界の成り行きの転換点だった。そんなことは歴史や地政学の博士にならずとも断言してしまえる。が、7千万人といわれる命を犠牲にした戦争の副次的な影響を確かめるには、虫めがね越しに覗き込むことが必要だろう。

アフリカにおけるヨーロッパの領地は、戦後に見直されることとなった。西洋の支配者たちはサッカーを植民地の〝国有化道具〟として周到に利用していったが、国民を民族的に分離させるという正反対の効果も幾度となく生み出されている。カメルーンやエチオピアといった大国で、原住民は白色人種の選手たちで構成されたチームしか大会に参加できない光景を目にすることになり、その受け入れがたい屈辱を晴らすべく奮起し既成秩序に反抗した。こうして原住民と植民者の分離化は進み、第二次世界大戦後のヨーロッパ人たちが再軍備の余力を残していなかったことも相まって、植民支配は少しずつ薄れていった。ただし、アフリカ人たちがこうした時勢に気づくまでには、少なくとも10年の歳月が必要となるのだが。

原住民と白色人種の差別は、サッカーに恋い焦がれる大陸の成長を著しく鈍化させている。原住民の大会参加の難しさが、抑えがたいはずの感情に歯止めをかけてしまったのだ。当時は意義のある計画を立てることなど不可能であり、たとえ原住民との調和が求められる時にも、その選択肢だけは真っ先に消去されることになった。

しかしアフリカ北部では、また事情が違っていた。北部はサッカー文化を成長させていくための進取性に富んでおり、その中軸となるプロジェクトの発足に尽力すると、1950年代にモロッコ、オラン〔訳注：現在はアルジェリアの都市〕、チュニジア、アルジェリアのクラブが集結するアフリカ北部カップを創設している。同トーナメントは国境を越えてスポーツを広めるとの目的から誕生し、完全なる成功を収めた。それは革新的なアイデアであり、分離を進めるどころかボール周りにある多様性を認めて、これまで存在していた壁をぼやかしたのだった。すると、このアイデアに惚れ込んだFIFA(国際サッカー連盟)が、アフリカの植民地のために実行委員の席を与えることを提案し、同地の原住民に世界的な影響力を授けようとした。ただし、それが素晴らしい善意からなされた提案でも、自分たちの土地で権力を持ち得ない原住民にとって、実行委員を務めるのは困難なことでしかなかった。自分たちの家を取り仕切れないなら、外でそうするのはやはり難しい。

1957年、アフリカ人たちは第二次世界大戦を終えたヨーロッパ人たちが弱っていることに気づき始めていた。その頃にはもうアフリカ主義と脱植民地化が叫ばれ、ガーナでそうした思想を先導するクワメ・エンクルマがその叫びをいっそう声高なものにして、熱狂の渦が生み出されている。こうしてスーダンの首都ハルツームで、運命を左右する会議が行われる運びとなった。その時期にヨーロッパの植民支配から逃れていたスーダン、エジプト、エチオピア、南アフリカが、アフリカサッカー連盟（CAF）の創立に踏み切ったのである。この出来事は植民地の終焉を求める政治的な動きに閃きと勢いを与えた。というのも、アフリカの複数国がひとつの目的の下に集った初の組織こそがCAFだったからである。CAFはサッカーで社会をつなげていくことを目指し、サッカーボールはこの時から、アフリカの様々な問題において重要な役割を果たすことを予感させるようになった。純然たるアフリカ主義を掲げる初の組織がボールを取り巻いて生まれたのならば、サッカーが影響を与えないわけがなかったのだ。

あの会議では、未来のサッカー連盟の基礎について話し合われただけでなく、アフリカ最大規模のトーナメントの開催も提案されていた。すでに統治権を手にしている国々に加えて、これから植民支配から脱する国々が一堂に会するトーナメントを開くことを。

「木が真っすぐ伸びていくためには、生まれた時から真っすぐでなければならない」

この言葉を念頭にCAFは創立され、第1回アフリカネーションズカップ（CAN）の開催を目指すことになった。この時、アフリカサッカーに大切な種が植わったのだった。

CAN開催に向けた交渉は滞りなく進んでいき、スーダン、エジプト、エチオピア、南アフリカが大会の参加国になる予定だった。が、順調なのも南アフリカの代表者フレッド・フェルが異論を差し挟むまでとなった。20世紀半ば、南アフリカには白色人種、インド系民族、バントゥー系民族、黒色人種の4つのサッカー連盟が並存。国民党とアフリカーナー党（オランダ系植民者の政党）の選挙勝利によって1950年に承認された人種隔離政策のために、同国のサッカークラブは混ざり合うことが許されなかった。人種による差別は当たり前で、人口の20%ほどだった白色人種が南アフリカ全体を支配していた。

1948年に南アフリカ首相に任命されたダニエル・マランは、海水浴場、飲食店、公共交通機関、病院、学校と、南アフリカ国民のあらゆる生活範囲に人種隔離政策を浸透させている。各人種のより良い成長と発展を促すとの名目で、異人種間の結婚は絶対的に禁じられ、性的関係を持てば厳罰に処されることになった。アフリカーンス語で「分離、隔離」を意味するアパルトヘイトはもはや国全体に染み込んでおり、そうした状況でフェルはCAFの執行委員会を激怒させる提案をもしている。その提案は、人種を混ぜ合わせないチームならば参加をする、というもの。つまり黒人、白人、混血、インド系民族のいずれかのチームしか出す考えがなかったのだ。

当然、この提案は受け入れられることなく、南アフリカは直ちにCAFの委員会から外された。CAFの上に立つFIFAによって、全人種の平等体制が築かれない限り委員会への参加を禁じられたのだった。かくして突き上げるような期待や喜びと、原住民を辱める大国の政府を横目に見る悲しみとの間で、アフリカ史上初の大陸選手権が開催された。アフリカサッカーのお祭りをつくり上げるためには、良質な基盤を築かなければならない――この考えを貫くことこそが、南アフリカの人種隔離政策を非難し、それが軽蔑すべき慣例と明白にする唯一の方法だったのである。スーダンで行われた第1回大会を制したのは、エジプトだった。〝ファラオズ〟は、自分たちこそが大陸最高のチームであることを示し、その2年後にはカイロで再びトロフィーを掲げている。ただし、その際にはエジプトではなく、アラブ連合共和国という名の下での優勝となったが。

1960年代になるとアフリカ各国で次々と独立宣言が発せられ、ヨーロッパの植民者たちは波に抗うことができなかった。1963年には、すでにイギリスから独立していたガーナが、

CAN初優勝。アフリカ主義の父でもある彼らの大統領クワメ・エンクルマは、〝ブラック・スターズ〟と呼ばれる選手たちの活躍に胸を張るとともに、共通の理想のために団結したアフリカ民族の力を称揚した。そして、その確信は1966年ワールドカップを前に、FIFAに対して反乱運動を起こさせるまでに至っている。アフリカとアジアを合わせて出場枠がたったひとつしか設けられていないのはアフリカ民族への軽蔑であり、もう許すことはできない――エンクルマはアフリカ大陸に、このような考えを植えつけたのだった。

こうしてアフリカの各国代表は、ワールドカップ予選を辞退するボイコットを行った。アフリカ大陸全土が自分たちの権利のために闘った反乱は、あまりにも長い時間が費やされる。彼らは自分たちの代表となる人物がいなかったため、モザンビーク人でありながらポルトガル代表としてプレーし、ポルトガルリーグの得点王、最優秀選手となったエウゼビオを担ぎ上げた。エンクルマの戦略性の高さが見て取れるこの策で、アフリカの団結力はいっそう強まっている。

その一方で南アフリカは、FIFAから国際試合の出場資格を剥奪されたままとなっていた。しかし人種隔離政策が、黒人、混血、インド系民族に対する差別が、すでに国の文化として定着していた中、1人の男が同胞たちに正しい未来を与えることを志し始めた。アパルトヘイト撤廃のために闘った活動家、ネルソン・マンデラその人である。

マンデラはヨハネスブルクで法律学を勉強していた時期に反植民地主義の運動に身を投じ、

アフリカーナーの計り知れない後押しによって国民党が選挙に勝った際には、彼ら体制にとってあきらめの悪い厄介者となった。南アフリカ国内で経済的にもっとも強大な地域トランスバールでアフリカ民族会議の支部長となり、政治家のキャリアをスタートさせる。その目的は明確そのもので、南アフリカにつくられた人種の壁を取り払うことにあった。マンデラはこれに並行して、マルクス、毛沢東、エンゲルスの書物を体得しながら、「デファイアンスキャンペーン（不服従運動）」も指揮。ガンジーより受け継いだ非暴力に基づいて、人種隔離政策に対する抵抗運動を展開していった。ただし、この挑戦はとても高くつくことになる。

1964年、マンデラは多くの国民を扇動した重反逆罪で逮捕、投獄された。ロベン島の強制収容所、囚人番号46664として4平方メートルの牢屋に入れられ、岩を砕いて砂利にする作業をしながら18年をそこで過ごすことになる。〝マディバ〟の愛称で知られる彼はサッカーをこよなく愛し、事実として独房の中庭が見える格子窓から、そのスポーツに興じることを許された囚人たちを見続けていた。彼には、そうできる権利が与えられていなかったのだ。この国でもっとも愛される囚人は1982年にポールスモア刑務所へと移送され、1988年には湿気過多の独房区画で結核の流行が深刻化したために、より快適に過ごせるビクター・フェルスター刑務所へ移された。

自由を奪われたマンデラは、内なる平和に安らぎを見い出している。牢屋の鉄格子はまるでメタファーのように、人種差別によってゆっくりと死へ向かう自由なき国を表していた。しかし、どれだけ長い時間を牢の中で過ごそうとも、彼は憎悪を募らせるどころか、平和的抵抗を続けていく意思を揺るぎないものとしていった。「敵と同じ武器で争ってはいけない」、それがこの囚人の考えだった。

マンデラの獄中生活を支えた詩がある。逆境への抵抗、精神の自由、魂の純潔、真っすぐな振る舞い、どんな悲劇の中にあっても建設的な姿勢を保つことを教えた詩が。彼はウィリアム・アーネスト・ヘンリーの詩句を、何度も、繰り返し暗唱し続けた。

夜が私を覆う
底が知れぬ闇のような漆黒
私の魂が侵されぬことを神に感謝する

ぼろぼろの状況にあっても
私はうめきも泣きもしない
悲劇に打ちのめされても
血を流しても

私は決して屈服しない

憤怒と涙の先で
暗闇がその残忍さとともに待ち伏せている
だが長きにわたって脅しを受け、また受けても
私に恐れはない

どれだけ門が狭くても
どれだけの罰を背負っても
私が私の運命の支配者
私こそが私の魂の長なのだ

この詩は、人種隔離に対する非暴力・不服従運動のシンボルとなっている。1989年にベルリンの壁が崩壊すると、世界じゅうの多くの体制が揺らぐことになった。もちろん、南アフリカも無関係ではない。1912年に設立され、陰ながらアパルトヘイトに抵抗していたアフリカ民族会議（ANC）がついに合法化の運びとなった。ANCの承認とともにマンデラは解き放たれ、この政党の最たるリーダーとなる。

27年の獄中生活を終えた活動家は、スーツとネクタイ姿で、妻のウィニーの手をとって刑務所を後にする時、あれだけの悲運を経験した男とは思えない穏やかさを備えていた。〝マディバ〟以外の72歳であれば、自由になる夢など、もうとっくにあきらめていただろう。

1964年、国家に対する反逆とサボタージュの罪に問われて鎖につながれたマンデラ。それから約30年を鉄格子の中で過ごし、今、新たな地平線が目の前に広がっていた。彼はその忍耐力でもって、希求し続けた第二のチャンスをつかんだのだ。年老いたとはいえ、南アフリカという共同体に尽くす気持ちは一切変わっていない。人類史の中でも最たる指導者の1人とみなされる男は、然るべき瞬間をついに迎えたのである。

1994年、南アフリカはその歴史で初めて、あらゆる人種に参加資格のある選挙を開催し、マンデラをトップに据えたANCが圧倒的な得票数で勝利を収めた。ネルソン・〝ホリシャシャ（コサ語で「木の枝を揺らす者」の意味がある）〟・マンデラは、まるで予言をかなえるかのように、アパルトヘイトを打ち破る者として、南アフリカ初の黒人の大統領になったのだった。

権威を手にした〝マディバ〟は、不平等が団結に先んじる文化の形成によって、対立と暴力が繰り返されてきた国をまとめ上げることに尽力する。1995年、南アフリカはラグビー・

ワールドカップの開催国となり、マンデラはこの大会を国民に向けた拡声器とした。〝スプリング・ボクス（ラグビー南アフリカ代表の愛称）〟は、決勝戦でニュージーランドを下して戴冠。マンデラは代表チームのキャプテン、白色人種のフランソワ・ピナールと友好関係を築き上げ、優勝という共通の目標を達成した。黒人と白人が一緒にトロフィーを掲げる姿、そこに込められたメッセージは、南アフリカ国民の精神性に大きな影響を与えることになる。「スポーツは国民が団結する上でもっとも強力な道具となる。スポーツほどの力を有するものは、ほかに存在しない」のだと〝マディバ〟は、事あるごとにそう語っていた。

南アフリカはラグビー・ワールドカップの開催から1年後、今度はCANの開催国となった。すべては1992年に、40年にもわたって禁じられてきた国際試合の出場を認められたことに端を発する。1996年大会を開催するはずだったケニアがその権利を放棄すると、大統領になったばかりのマンデラが立候補の手を挙げ、CAFから認められた。大陸最大のサッカーの祭典がやって来ることに、南アフリカ国民は大きく沸くことになった。

〝バファナ・バファナ（南アフリカ代表の愛称。ズールー語で「少年たち、少年たち」を意味する）〟は、ラグビーだけでなくサッカーでも栄冠を手にする気概に満ちていた。初戦ではカメルーンを圧倒。前半だけで〝不屈のライオン（カメルーン代表の愛称）〟にきつい2発を見舞っている。

1点目はチームのスター選手の1人フィレモン・マシンガが記録し、長距離からの曲射砲をゴールに命中させた。次にマーク・ウィリアムズがペナルティエリア内の混戦からボールを押し込んで加点。そして、スタンドのサポーターを狂気乱舞させたのが3点目だ。ペナルティエリア付近、マシンガとジョン・モシューがヒールパスも駆使したワン・ツーを見せ、モシューが滑らかなシュートでネットを揺らした。このプレーはヨハネスブルクに建てられた7万5千人収容［訳注：2009年の改修後は9万4736人収容可能］の巨大スタジアム、サッカー・シティに集まったサポーターの脅威的な熱狂を呼び起こしている。

黒人と白人で構成された南アフリカは、試合をこなすに連れてさらなる強さを発揮した。異なる人種の混成チームは調和を見せ、まるで新たな南アフリカの誕生を祝福するようだった。

南アフリカは決勝まで駒を進めてチュニジアと対戦した。ほぼ8万人の観客が見守る試合は、彼らにとって過酷な展開となる。〝カルタゴの鷲（チュニジア代表の愛称）〟が主導権を握って、ゆっくりとしたリズム、それでいて荒いプレーで苦しみを味わわせた。これを受けた南アフリカの監督クライヴ・バーカーは、打開策としてマーク・ウィリアムズを途中出場させる。すると彼が2ゴールを決めて、サッカー・シティは割れんばかりの歓声に揺れている。

こうして、スポーツ史に刻まれる優勝が成し遂げられた。多民族から成る新たな南アフリカが栄冠をつかんだのである。群衆の中で、マンデラからこぼれた笑みは屈託がなく、それでいて深みがあった。その目には優勝トロフィー以上に価値あるものが映っていた。

〝マディバ〟が自国のために取り組んだ最後の大仕事は、サッカーのワールドカップを招致することだった。南アフリカは２００６年大会を開催するため、ドイツと最後まで競い合ったものの、その時は敗れ去っている。それでも南アフリカにワールドカップを開催できる力があると示したマンデラの奮闘は、決して無駄にならなかった。人種隔離から解放されて久しい国は、２０１０年ワールドカップの招致に成功する。これはアフリカ大陸全体に笑顔をもたらしただけでなく、世界的にも喜ぶべき出来事となった。

ネルソン・マンデラの公の場への最後の登場は、平等の権利を実現すべく闘った、その立派な軌跡の有終の美を飾ることとなった。南アフリカ・ワールドカップで、ゴルフカートに乗ってサッカー・シティに姿を現した彼は、そこにいたすべての人々から喝采を送られている。スポーツを通じて異人種の共存を働きかけた男は、その功績に値する称賛を受けたのだった。

マンデラはもう年老いていて、投獄されていた頃から問題を抱えていた肺が、もたないところまできていた。ロベン島の牢屋の中で空想していた人種間の平等を実現し、アパルトヘイトという恥を葬り去り、国際規模の共同体から称賛を受けた男。彼は平和、調和、忍耐をこの世界に遺していったのだ。

アフリカで初めて開催されるワールドカップに南アフリカが選ばれ、
トロフィーを手にするネルソン・マンデラ【AP/アフロ】

2

エジプト

アラブの春がこだまする

「2頭の象が争う時、
苦しむのは草である」

2000年の幕が下りようとしていた時、北アフリカの住民は言った。「もうたくさんだ」。非植民地化後、個人の自由が改善されるどころか、軍部出身の独裁者が北部の国々を支配し、あまりにも長い期間権力の座に居座った。こうした大統領の多くは軍に守られ、また、その国に経済的利害のある世界の列強からの支援を受けて怖いものなしとなり、自分たちは善悪を超越した半神だと信じるようになった。国民のことなど意に介せず、ないがしろにした。そして国民はうんざりした。

チュニジアのあちらこちらの市場で果物を売って生計を立てていた露天商のモハメド・ブア

ジジは、民衆革命の火をつけた。ある日、明確な理由も事前通知もなく、警官が家族の収入源であるブアジジの商売道具を没収した。まじめに働いて生計を立てていた男の商売を、警察は何の説明もせず一方的にたたませたのだ。ブアジジはこの件を当局に告発したが、自分の権利は擁護されないという過酷な現実に直面した。警察署の警官たちはブアジジを馬鹿にした。ブアジジの子供たちはパンを奪われたことになる。誰にも耐えられない仕打ちだ。

ブアジジの返答は激烈だった。2011年1月4日に自殺したのだ。一般人には権利も自由もないことに抗議して自ら炎に包まれた。政府上層部による独裁の桎梏《しっこく》に耐えるよりも、26歳で焼身自殺することを選んだのだ。この行動が火種となり、生活を良くするという約束の下に服従を強いられてきた国民の怒りが爆発した。よく言われるように、胃袋が一杯なら革命は起きないが、食卓にあげる食料が欠乏すれば反乱が起きるのは時間の問題だ。市民による暴動は、すさまじい勢いで瞬く間に北アフリカじゅうに広がった。

どのような結果をもたらすのか予測できないハリケーンの発生と同じだ。北アフリカの社会は他の地域とは違う。人々は本来の社会活動を取り戻そうと、独裁政権とは一触即発の緊張した状態を続けてきた。だから、きっかけさえあれば、反乱など容易く起きてしまう。国の元首たちは、降りかかる火の粉を避けるべく、国際支援に頼った。特にフランスに援助を求めた。しかし、ヨーロッパの列強との共謀は平時では極めて有効だが、これまで虐げられてきた全国民のすさまじい反応に対しては全く効果がなかった。

最初の怒りの矛先はチュニジアのベン・アリ大統領に向けられた。ベン・アリは、ハンマメット湾に位置する地中海沿岸の都市スースで生まれた。スースは繊細な砂と透明な海に恵まれた楽園として知られる。幼少の頃から模範的な生徒だったベン・アリは電子工学を履修すると、チュニジアの独立と同時期の1950年代後半に国軍に入隊したが、前触れなく愛国的奉仕を中断して米国に留学した。自分にはもっと野心的な計画があることを自覚したからだった。チュニジアに帰国してからは、国家保安局で行った完璧な防諜活動の功績が認められ、瞬く間に独裁者ハビブ・ブルギバの信頼を勝ち取った。ベン・アリはモロッコとスペインで国家の任務を全うし、その仕事ぶりにチュニジアの初代大統領は至極満足したのだ。そのブルギバは権力の座に就いて30年が経ち、衰えを見せ始めていた。ベン・アリはブルギバの陰で年月をかけて昇進を続け、ブルギバに大統領を続ける力がなくなると自分が取って代わった。

権力の座に就くや、新米大統領は前任者時代の唯一の政党を解散させた。ベン・アリが初めて権力の甘い蜜を味わうと同時に、ブルギバが独裁制を敷きながらつくり上げた社会主義的な枠組みは瓦解《がかい》した。ベン・アリは米国留学時代に培ったと思われる新自由主義に傾倒し、5回連続で選挙に勝利した。いつもおよそ90パーセントの得票率で勝利する最強の候補者だった。しかしこの民衆による承認は虚構だった。実際にはチュニジア市民はこれらの投票において、日ごとに悪化する人権喪失に真っ向から異を唱えていたのだ。

国際監視団によって選挙における大きな不正はいくつも暴かれ、国際連合が作成した国際人権指数は止まることなく下落し続けた。ベン・アリにとって、２００９年は最後の大統領選挙となった。再選はしたものの、長期政権は末期を迎えていた。チュニジア国民は失業者の増加に業を煮やし、ついには断固たる態度で反乱を起こしたのだ。ベン・アリは２０１１年１月14日にサウジアラビアへ亡命した。ブアジジの焼身自殺からベン・アリ政権の打倒までわずか９日しかかからなかった。破竹の転覆劇だ。

近隣の権力者たちは警戒したが、ドミノ効果は止められなかった。地理的にエジプトとチュニジアに挟まれているリビアも、この前例のない市民による反乱は人ごとでは済まされなかった。リビアの現代史をより理解するためには、20世紀初頭に遡る必要がある。イタリア人が国境を越えた領土拡張の野心を抱き、わずかな資源をもって近隣のリビア領を植民地化した時期だ。ところが何年経ってもリビアからイタリア国庫への経済的見返りはほとんどなく、リビアの広大な領土の占有はイタリアの優先事項ではなくなった。第二次世界大戦が勃発するとそのことは明白となった。

大戦中、ヒトラーに激励されたドイツの軍隊「ドイツ・アフリカ軍団」とイギリス軍が、対決に恰好の場所としてリビアで交戦した。終戦の５年後になると国際連合は、イタリアが領土の5倍になるほどの広大な国を統治することは困難だとして、リビアの独立を承認した。こうして、エジプト（イギリスの保護国だったが独立した）に次いで2番目に植民地支配から解放された国となったが、数年後にイタリアは苦々しく思うことになる。

のちに国王イドリース1世として知られることになる、オスマン帝国領のリビア東部で生まれたムハンマド・イドリースは、国際連合上層部での議論をうまく利用し、自らがリビア支配の第一線に立とうとした。そして目的を果たした。明らかに西洋思想の持ち主であるイドリースは、国内問題を解決することよりも、視線をもっぱら外に向けることに時間を費やし、集団アイデンティティの復活を求める国民の声には耳を傾けなかった。1967年には、イスラエルと、エジプト、ヨルダン、シリアなどの中東のアラブ諸国との紛争が激化した。有名な「6日間戦争（第三次中東戦争）」の勃発である。だが、リビアにとっては優先事項ではないとしてイドリースは参戦を見送ったのだ。この決断は国民には許せないことだった。

1969年、カダフィ大佐がクーデターを起こした。イドリースは不意を突かれた。カダフィはいつも常軌を逸した行動を取る男だった。政治的イデオロギーについても気まぐれで、この新しい国家元首は、はじめこそフランス人の指導の下に政権運営をしていたが、のちにソ連の共産主義思想を取り入れると、リビアに戦火をまき散らしたのだ。例えば、チャド南部との戦闘、ウガンダ・タンザニア戦争への介入、20世紀末にリビアで発見された油田の分け前にあずかろうとするヨーロッパ列強の企てに真っ向から挑んだ戦いなどが挙げられるだろう。さらに米国によるトリポリ爆撃を耐え抜いたことにより、カダフィ大佐は多くの同胞にとって抵抗のシンボルとなっていった。

それだけにとどまらず、カダフィ大佐は反植民地主義を訴えてアフリカ連合の創立者の1人となり、パン・アフリカ主義の大黒柱としてガーナのクワメ・エンクルマと並び立った。カダフィ大佐のことを〝アフリカのチェ・ゲバラ〟と呼ぶ者もいた。しかし、リビアにおける表現の自由の剥奪、体制の利害と相いれない思想に対する弾圧といった常軌を逸した行動により、自己崇拝型で専制的な独裁者というイメージが民衆の中で膨れ上がった。リビアはアフリカの中では国民1人当たりの収入が上位にあるとはいえ、国民の不満を解消するには至らなかった。カダフィ大佐は、怒りを露わにした国民によって、42年間居座った権力の座から引きずり降ろされた。

このように民衆からの圧力により、イエメンのアブドッラー・サーレハ大統領も職務の放棄を余儀なくされたが、シリアのバッシャール・アル＝アサド大統領に限っては、民衆からの抗議の声を受けると、直ちに武力による弾圧を強め、現在も政権を維持している。

2011年のエジプト革命では多くの血が流された。若者を中心に民主化の動きが首都カイロに宿り始めると、保守派の政治に対して民衆は怒り心頭に発した。タハリール広場は反乱者の活動拠点となり、状況は緊迫していったが、すべての抗議運動において頻繁に繰り返し現れるものがあった。多くのデモ参加者が、胸に鷲の紋章が入った赤いシャツを着ていたのだ。それは、アフリカでもっとも成功を収めているエジプトの国民的クラブチーム、アル・アハリのユニフォームだ。

当時の国家元首であったホスニー・ムバラクは、友達づくりのために大統領に就任したわけではなかった。2011年には、権力の座に就いておよそ30年の時が経過していた。初出馬した時には抵抗勢力が不在の選挙であったが、のちには合法性が疑われるような選挙で勝利を重ねてきた。大統領として政治をつかさどる前は軍隊に所属していたが、軍人として瞬く間に昇進を果たし、空軍司令官および国防次官にまで出世した。1981年に前任者〔訳注：サダト大統領〕が暗殺されたことを受け大統領に任命されると、「非常事態法」として知られる法令を発令した。この法令を盾にしたムバラクの命令によって、警察の権限は拡大し(処刑も自由)、憲法上の権利はすべて停止され、検閲も強化された。一種の対反乱保険だ。まさに厳戒態勢が敷かれた。

しかし、これらのことをもってしてもエジプトの民衆を抑えることはできなかった。反乱の震源地であるカイロのタハリール広場では、人々が隣人や親類縁者の血が流れるのを目の当たりにしていた。大統領の命令を受けた治安部隊が、反独裁を掲げる民衆を暴力で制圧し、

800人以上の命を奪っていったのだ。2011年1月25日、抗議運動は激化した。政府軍の大規模デモの取り締まりによって多くの血は流れたが、頂点に達した民衆の怒りはとどまることを知らない。その18日後になってムバラクは政権の維持が困難になり、大統領職を辞任せざるを得なくなった。

このように社会が変動する中、エジプトのサッカー代表〝ファラオズ〟は、ハッサン・シェハタ監督が指揮を執り、ピッチ上でリーダーシップを発揮していたのは、レジェンド級のプレーヤー、モハメド・アブトレイカだ。彼の存在感は際立っていた。この時のエジプトは、アフリカ大陸では前例がないくらい才能のある選手に恵まれて、3回連続でアフリカネーションズカップ（CAN）を制覇した（2006年、2008年、2010年）。時を同じくして、エジプト国内のクラブチームでは最多の優勝回数を誇るアル・アハリがアフリカチャンピオンズリーグを3回（2005年、2006年、2008年）制している。エジプトサッカーは、社会の状況とは裏腹に、黄金時代を迎えていた。

エジプト代表は、恵まれたフィジカル一辺倒で勝負をするのではなく、ボールポゼッション率の高さを戦術の柱とした。CAN3連覇という快挙は、2006年のホームのエジプト大会が皮切りとなった。熱狂した国民の目には準々決勝のコンゴ民主共和国戦が焼きついていることだろう。その試合での〝ファラオズ〟の戦いぶりは今でもカイロの街角で語り草となっている［訳注：4－1でエジプトが快勝］。さらに決勝のコートジボワール戦はPKまでもつれ込むしびれる展開だったが、地元のサポーターはチームと一緒に歓喜の瞬間を味わっている。

続く2008年の大会は3連覇の中でも特別な意義のある優勝だった。本大会はブラック・アフリカの中心部ガーナで開催されたからだ。〝ブラック・スターズ（ガーナ代表の愛称）〟のほか、カメルーン、コートジボワール、セネガル、アンゴラ、マリが中部アフリカサッカーの希望の星として出場し、前大会の覇者を打ち負かそうと共謀した。それでもエジプトは歩を進めた。向かうところ敵なしのまま勝ち進み、準決勝でコートジボワールと対戦した。〝エレファンツ（コートジボワール代表の愛称）〟は2年前に決勝戦で敗北を喫して以来エジプトに対するリベンジを渇望していたようだが、華やかな合唱に魅了された観衆のように相手のプレーにうっとりしてしまった。〝ファラオズ〟は華麗なプレーで圧倒して4ゴールを決めた。エジプトから遠く離れた地でコートジボワールに勝利したことで、アフリカ大陸におけるサッカー最強国の地位を確固たるものにするという意気込みを示した。決勝のカメルーン戦では、両国の顔ともいえる2人の選手が明暗を分けた。カメルーンのリゴベール・ソングのミスをエジプトのモハメド・アブトレイカは見逃さなかった。このゴールが決勝点となり〝ファラオズ〟はCAN2連覇を果たした。

しかし、CAN連覇による幸福感に浸る中、大きな失望の波に襲われた。アフリカ大陸の王者として君臨したエジプト代表がワールドカップへの出場権を逃してしまったのだ。

それは2009年の秋のことだった。初めてアフリカの大地で開催されるワールドカップへの出場権をめぐって、アルジェリアとエジプトは真っ向から激突することになった。最終予選ラウンドで同組となった両チームは成績が全く同じとなったため、ワールドカップの出場をかけた、一発勝負のプレーオフを戦わなければならなくなったのだ。譲ることのできない一枚の切符をめぐって、対戦前からきな臭い空気が漂っていたが、グループステージの最終戦で暴動は起きてしまった。エジプトのホームであるカイロ国際スタジアムでは後半のアディショナルタイム（95分）にエジプトのモテアブが決勝ゴールを決めたことで、〝ファラオズ〟は〝砂漠のキツネ（アルジェリア代表の愛称）〟と同成績で首位に並んだ。これによってプレーオフの開催が決まると、スタンドに詰めかけた7万5千人以上の観衆は、張りつめていた緊張の糸が切れたかのように暴動を起こし、アルジェリアの6名のサポーターが命を落とした。数年後に荒れ狂う暴力の波を予見するかのような出来事となったのである。攻撃性があたり一面に漂っていた。エジプトではサッカーが暴力の引き金を引いてしまう。いつものことではあるのだが、残念で仕方がない。

アフリカサッカー連盟（CAF）も事の重大さを考慮し、プレーオフは中立国で開催するとした。この要望をスーダンが受け入れ、都市オムドゥルマンにて試合が開催されることになった。アーメド・ハサン、モハメド・ジダン、アーメド・ファティ、そしてアブトレイカを擁するエジプト代表にしてみれば、キックオフの90分後にはワールドカップの出場を決めているはずだった。しかしながら、ピッチ上で繰り広げられた戦いは、そうはならなかった。アルジェリアのヤヒアがボレーシュートをエジプトのゴールに叩き込んだことで、ワールドカップの出場権は〝砂漠のキツネ〟に渡ってしまったのだ。エジプトサッカーを愛し、その輝かしい歴史を知る人々は強い衝撃を受けた。

それから3か月後に〝ファラオズ〟はCANで3連覇を達成した。立ち直りは早かったかのように見えたのだが、この栄冠はこれから待ち構えている苦難の道を前に最後の喜びの時であった。

エジプトのサッカー界は健闘していたにもかかわらず、政治や社会の混乱の渦がサッカーをも巻き込んでいった。スタジアムは代理政争のような場となり、政権擁護の指導者や政権反対の指導者、あるいはその他の派閥の指導者らがそのシンパのサポーターを引き連れて喧嘩などの騒ぎを起こす。スタンドは、やり場のない若者たちの不穏な空気が漂い、罵り合いの汚い言葉であふれていた。いつ破裂してもおかしくない圧力鍋のようだった。

アル・アハリは、エジプト・プレミアリーグが1948年に創設して以来リーグを牛耳ってきたチームで、ピラミッドの国だけでなく、アフリカ大陸のどのクラブチームよりも栄冠に輝いてきた。首都カイロのアル・アハリと、隣接するギーザを拠点とするアル・ザマレクとのエジプトダービーは、ライバル関係によって、いつもヒートアップする。そんなライバル関係の両チームにも、民衆による抗議運動は思いもよらない作用を引き起こした。ある時、タハリール広場で抗議デモが起きると、ムバラク政権側の警官が反乱を鎮圧しようと馬やラクダを駆り、デモ隊を攻撃してきた。そこへアル・ザマレクとアル・アハリの過激派が手を組んで騎馬警官と戦ったのだ。有名な「ラクダの戦い」だ。けれども、歴史的に敵対関係にある2つのクラブのサポーター集団がひとつになったのにもかかわらず、これから起こる悲劇を回避することはできなかった。

2012年2月1日、すでにムバラク大統領が追放されてから1年が経過していた。いまだ多くの傷が癒えていなかったが、エジプトの都市ポートサイドでは激しい敵意を持ったチーム同士が試合を行っていた。アル・マスリとアル・アハリの対戦だ。アル・マスリが打倒されたムバラク体制を支持していたのに対し、アル・アハリのサポーターはタハリール広場やカイロの他の地域でも抗議デモの最前線に立っていた。だが、両クラブの間には、政治問題をはるかに越えた過去の因縁による敵対関係が存在している。

アル・マスリは地中海沿岸のポートサイドを本拠地としている。過激派のサポーターはアル・アハリに関係するものすべて——例えば、大手ブランドの支援、メディアでの露出度、人気、そして特に経済力——に憎悪を抱いていた。その上、アル・マスリの若手有望株が、アル・アハリの名声と資金力に物を言わせた魅力的なオファーを受諾してポートサイドを去り、カイロへと向かった。そして、ホスニー・ムバラクの政権が倒れたことにより、両クラブの関係はさらに悪化することとなった。

こうして、1年間の冷戦期間中も憎悪が煮えたぎり続けた状態でのアル・マスリとアル・アハリの正面対決が、無事に終わるとは誰もが思わなかったのではないだろうか。試合は、実力ナンバーワンのチームが敵意に満ちた地に乗り込んだ割には、特筆に値するような出来事も起きないまま静かに進行した。たまにある揉め事といえば、これまでも両者の試合で見られるような些細なものだった。ところがである。審判が試合終了［訳注：試合は3－1でアル・マスリの勝利］の合図をするやいなや、〝緑の鷲〟ことアル・マスリのサポーターはナイフや石などの凶器を手にしてアル・アハリの選手とサポーターに襲いかかった。

アル・マスリの会長の私設警察がアル・アハリの選手を警護したが、その目の前で、自分たちのサポーター、つまりエジプトという国のために必死になって自由を守った人たちが無慈悲にも殺されてしまった。この悲劇の犠牲者は74人にも上った。恐怖と苦痛を生み出したムバラク体制を支持していた連中の暴力によって、74人の命が失われたのだ。

エジプトリーグは直ちに中断され、地元での試合が開催されないまま2シーズンが過ぎた。スタジアムのスタンドで起きる暴力事件の予防措置として、２０１２年から２０１３年にかけてエジプトではサッカーの試合は行われなかった。暴徒が殺傷事件を起こすためにサッカーを利用するというのなら、その可能性を根から切ってしまうのが一番だ。それでもアル・アハリは、国内の選手権はともかく国際トーナメントへの出場は続けた。

興味深いことに、このエジプトリーグ苦難の時代に、世界レベルの才能を持つ選手が成長した。もっともわかりやすい例がモハメド・サラーだ。抜群のスピードを誇るエジプトのストライカーは、エジプト・プレミアリーグに出場し始めるとすぐにＦＣバーゼルが目をつけた。エジプトリーグが中断されることによって、欧州リーグのスカウト陣からは注目されなくなったが、ＦＣバーゼルのスカウトはこの唯一のチャンスを逃すつもりはなかった。サラーを間近で見るためにスイスで親善試合を開催し、ＦＣバーゼルとエジプトU－23を対戦させた。〝モー〟ことモハメド・サラーは、後半に2ゴールを挙げるなどの活躍を見せＦＣバーゼルの首脳陣を納得させた。数日間はトップチームに帯同することとなり、エジプトのストライカーにとって、これが欧州サッカーとの出会いになった。数か月後、エジプトのサッカークラブであるアル・モカウルーンでチームメイトだったモハメド・エルネニーもＦＣバーゼルでロッカールームを共有することになる。時折、もっとも乾燥した大地に、良い香りの花が咲き開くことがあるものだ。

エジプトリーグの試合はなかったものの、アル・アハリは国際的責任を果たし続けなければならない。〝赤い巨人〟はアフリカチャンピオンズリーグへの出場を続け、大きな目標に挑むべく情熱を注いだ。さほど窮地に陥ることもなく予選を通過して、準決勝が最初の難関となった。立ちふさがったのはサンシャイン・スターズだ。このナイジェリアのクラブチームはほとんど無名の存在で、アフリカで最重要な大会に出場するのも初めてだった。ナイジェリアにおいてでさえそれほどのチームではなかった。世界的な選手アーメド・ムサの出身クラブであるカノ・ピラーズや、近年のナイジェリアで一番栄冠に輝いているエニンバFCなどの偉大なチームの足元にも及んだことがない。

アル・アハリとサンシャイン・スターズによる準決勝第1戦はナイジェリアで行われる予定だった。ナイジェリア南部に位置する都市アクレでは、紛争の多い他の地域と違って、異なる宗教や民族が調和しながら共存している。サンシャイン・スターズの本拠地はアクレ・タウンシップ・スタジアムで、5千人ほどの観客しか収容できない質素なものだ。しかし、アフリカ大陸最強のクラブチームを一目見ようと大衆が押し寄せてくることを見越して、試合は数キロ離れた、2万人収容可能で、U−17ワールドカップ開催のために3年前に改装したオトゥンバ・

ディポ・ディナ国際スタジアムで開催されることになった。

人工芝の上で行われた準決勝の第1戦は、まさに波乱含みの展開となった。キックオフから30分までの間にアル・アハリは2ゴールを決めて試合を決定づけたかに見えたが、ナイジェリアのクラブは格上のアル・アハリに対して牙を剥いたのだ。旧約聖書『サムエル記』の少年ダビデのように、巨人ゴリアテに真正面から立ち向かう決心をしたのだ。サンシャイン・スターズはロングボールをディフェンス裏に放り込みフォワードを走らせるキック・アンド・ラッシュを展開し始めた。その姿は獲物を追う野生の肉食獣の群れのようであった。ナイジェリア人が生まれながらにして備えているトップスピードを見せつけられて、試合は3－3の引き分けに持ち込まれた。アル・アハリの選手からしてみれば、ニジェールの河岸を散歩するような気分だったのが、鋭利な牙を剥く野獣に出くわしたわけだ。

第2戦はカイロで行われた。安全を確保するため試合は非公開となった。エジプトサッカー協会はアル・アハリのチャンピオンズリーグ出場は認めていたが、地元での試合の際にはスタンドでの観戦を許可しなかった。その日、サンシャイン・スターズは、自身のホームで見せた強烈な攻撃性を発揮するどころか、エジプトの〝ゲド〟ことモハメド・ナギにゴールを決められてしまうと気落ちしてしまったかのように精彩を欠いた。元の地味なナイジェリアのチームに戻ってしまい、アフリカチャンピオンズリーグへの歴史的参戦の幕を閉じた。

2012年、アル・アハリは再び決勝戦の舞台に立った。史上9度目だ。まるで宿命であるかのように、対戦相手はエスペランス・スポルティーブ・ドゥ・チュニスだった。モハメド・ブアジジが政府当局への抗議と引き換えに焼身自殺をして革命の種を植えつけたチュニジアのクラブチームであり、大会2連覇を狙っているディフェンディングチャンピオンだ。

第1戦はアル・アハリのホームゲームだ。エジプト第二の都市アレクサンドリアにある威容を誇るボルグ・エル・アラブ・スタジアムで開催された。今回は有観客試合となったが、安全性を考慮し、過熱したサポーターたちの間で衝突が起きることを未然に防ぐため、試合はカイロを離れ、社会的混乱が比較的ましなアレクサンドリアで開催されることになった。スポーツ施設としてはエジプト最大の収容可能人数を誇り8万6千人の観衆を収容できるが、ゴール裏のスタンドを無人化したり、チュニジアとエジプトのサポーターを分離する緩衝帯を設けたりする工夫がされた。とはいえメインスタンドなどは観衆であふれかえっていた。

先制したのはエスペランスだった。シェマンが左足で放った鋭いカーブのコーナーキックにセンターバックのヒシリが合わせた。しかし徐々にアル・アハリのボール支配率が上がると、時計の針は、もうまもなく90分というところで、バイタルエリアでボールを奪ったアル・サイド・ハムディがゴールネットを揺らした。1―1の同点でゲームセット。この結果はアウェー側に有利に見えるが、それは相手がアル・アハリでなければの話だ。

第2戦はエスペランスのホーム、ラデス・オリンピックスタジアムで開催された。ブアジジが弾圧に抗議して自ら炎に包まれて殉教者となり、国民に革命を起こす勇気を与えた場所からわずか6キロ離れているだけだ。そのスタジアムで、アル・アハリは1年半前に命を落とした74名のサポーターのために勝利を捧げるつもりでいる。エジプトのサポーターのために確保されたスタンドはユニフォームの赤色でほとんど埋め尽くされていた。その中に「74」という数字が書かれたプラカードがいくつも掲げられている。アル・アハリはアフリカチャンピオンズリーグ7回目の優勝を果たすためだけにそこにいるわけではない。エジプトの巨人には果たすべきもっと大きな目的があった。ポートサイドで命を落としたサポーターたちの救済だ。

一方、エスペランスはエジプトのサッカー界が混乱している隙に乗じて連覇を果たし、エスペランスの黄金時代を幕開けしたいところだったが、最終戦は終始アル・アハリが有利に試合を進めた。野心的なエジプト人が確固たる意志を持って試合に臨んでいたからなのであろう。前半終了間際に、第1戦でゴールを決めたアル・サイド・ハムディがゴールラインぎりぎりのところからゲドのゴールをアシストする好プレーを見せた。後半が開始されると、1点をリードしているアル・アハリはストライカーのソリマンが覚醒する。ナイル川西岸の故郷ミニヤーで鍛錬しテクニカルなプレーを身につけたソリマンは、目の覚めるようなシュートをエスペランスのゴールに突き刺した。この2点をアル・アハリは守り切り、7度目のアフリカチャンピオンの座に就いた。

　エジプトの巨人アル・アハリは偉業を成し遂げた。政治的混乱を乗り越え、活動停止を余儀なくされているエジプト代表や国内リーグの状況に巻き込まれることなく戦い続けた結果、前回優勝チームのホームスタジアムで「アフリカ最強のクラブチーム」という称号を奪還した。そして何よりも、ポートサイドの地で暴力と狂信の犠牲になった74人の魂に捧げる勝利であった。

Columna

1 私のアフリカ初体験

「君の中に敵がいないのなら、外のどんな敵も君を傷つけられない」

19歳で自分の好きなことをやっていれば、何もかもがうまくいっている気がするものだ。私もそうだった。成人に達しないうちに、当時セグンダ・ディビシオンB（スペインリーグの3部に相当）に所属していたCEサバデルのユースでデビューしたのだ。カンテラ（下部組織）も3年目（かつ最終年）に差しかかると、トップチームのレベルで通用するサッカーを体得するために次はどこへ進むのがベストなのか、適切な判断を下すことが非常に重要になる。とても好調なプレシーズンを終えた私に、クラブの当時の監督が話しかけてきた。

「ちょっといいか。俺はお前のプレーには満足している。しかしお前がこのチームでプレーすることはない。お前のポジションには、もっと経験豊かな選手が何人かいる。もう少しうまくなるまでお前の出番はないってことだ」

これほど歯に衣着せぬ物言いをされたのは全経歴を通して他にはない。最初はこの言葉にムッとしたが、結果的に感謝することになった。ECグラノリェースのトップチームにローン移籍し、トップチームのトレーニングを受けられるというベストな環境を得られたからだ。気合の入ったシーズンとなったが、本当に楽しんだシーズンは間違いなくこれが最後だった。

夏の到来を感じ始めたある日の午後のことだった。最後の数試合となったどの試合の後だったかは記憶にないが、赤道ギニアのサッカー連盟の代理人が私の元へやってきて、父の祖国がサッカー強化のために取り組んでいる新しいプロジェクトについて細々と説明を始めた。いわく、「赤道ギニアのサッカー代表はアフリカで物笑いの種となっていて、赤道ギニア相手に得点を挙げられない国はなく、FIFAランキングの底辺を彷徨っている。このままではいけない」と。

そもそも同国のサッカーリーグに問題があった。リーグを構成する16チームは、首都マラボがあるビオコ島の8チームと、大陸部の8チームに分かれている。リーグを再活性化するために政府が少しばかりの資金を提供する場合、最初に大喜びでその資金を受け取るのは、マラボのハッサン2世大通りにあるサッカー連盟だ。その資金は、各クラブへの分配額が決まる前に、いくつかのフィルターを通ることになる。残った金額、つまり実際にリーグに注入できる金額は、国庫から捻出された金額とは異なっている。ひどい話だ。そして各クラブがこの支援金を受け取ると、試合日程が作成されてリーグを開始することができた。

試合は通常2か所で開催された。ビオコ島での試合はラ・パス・スタジアムで行われた。国内にある賑やかな地域のひとつロス・アンヘレス地区にあり、街の中央市場の隣に位置しているスポーツ施設だ。大陸部での試合は大西洋岸にあるバタ・スタジアムで行われた。

地元の試合管理もずさんだったが、当時の赤道ギニアでは代表チームにも組織的問題があった。選手の招集がいつもぎりぎりだったし、遠征に必要な書類が揃わないのは問題の種であった。また、国内には招集された代表選手がトレーニングをするためのグラウンドも、休息や食事をとるための施設も完備されていない。代表チームの活動拠点がないのだ。こうした障害が赤道ギニアのサッカーをどん底に突き落としていた。さらに悪いことに、状況が改善される望みはなかった。

スポーツ青年省は、こうした物笑いの種に終止符を打つべく、スペインでプレーしている赤道ギニアの血を引くサッカー選手とコンタクトし、祖国のエンブレムを守るためだと説明してリクルートするよう指示を出した。これで赤道ギニアは他の代表チームと堂々と渡り合えるようになるはずだ。親の母国の代表チームに参加して国際的スターになる機会を提供すれば、スペインの優れたチームで成長した選手たちもその気になるに違いないというのだ。

そのプロジェクトへの参加を打診されたことは、まさに青天の霹靂《へきれき》だった。だがあまり逡巡《しゅんじゅん》している時間はない。現地人と欧州帰化組の混成サッカーチームの初実験として、モロッコ戦が2週間後に予定されていたからだ。様々な考えが私の頭の中を目まぐるしく駆け回った。その時まで物事はいたってシンプルだった。選択を迫られることがあっても、比較的簡単に判断を下せた。どのような決断をするにせよ、スポーツでも家族や教育関係でも急展開を伴うようなものはなかった。だが今回の提案は違う。私の気持ちは揺れに揺れた。

それまで自分のルーツであるアフリカとの接点といえば、ピーナツやキャッサバが入った鶏肉料理や、たまに同郷人が催すイベントや、父がいつも車のラジカセでかけていたローカルの音楽くらいだった。しかし、今、そのような経験を凌駕《りょうが》し、自分の起源の一部をこの目で確かめる機会が訪れた。

私は「はい、喜んで行きます」と答えた。赤道ギニア代表への参加を決断した後、家で家族と話をした。いわゆる「許可を得るより謝罪する方が手っ取り早い」作戦だ。家族は最初おしなべて懐疑的だった。私は親の母国の代表チームでプレーする外国生まれの赤道ギニア人として最初の世代の1人となり、のちに続く多くの後進のための道を開いた。

思い出してみるといい。集団でスペインに渡った赤道ギニア人の第一世代がスペインの地を踏んだのは1960年代のことだ。学校での成績が良かった学生らに奨学金が与えられたのだ。赤道ギニアがスペインの自治領だった時代（自治領となったのは1963年。完全独立を果たしたのは1968年）、最高政治責任者だったボニファシオ・オンドはスペイン政府との協力体制を築き、潜在能力が高い学生の実力を大きく伸ばそうとした。同じ言語や似たような習慣のおかげで、大志を抱いて地中海の反対側からやってきた黒い肌の若者たちは、容易にスペインになじむことができた。中には、のちにサッカー選手となったビセンテ・エンゴンガ（元スペイン代表）のように、スペインで勉強を続けたいというだけでなく、一流のサッカー選手になるという野望を抱いて渡航する者もいた。

1968年の独立宣言は、国にとって大きな成果だった。以前から国民が熱望していたことであり、隣国の大半がすでに非植民地化していたことを思えば、当然の一歩でもあった。あまり感心できないのは、フランシスコ・マシアスが共和国の初代大統領に選出されたことだ。マシアスは鉄壁の独裁制を確立し、多くの赤道ギニア国民がスペインへの避難を余儀なくされた。

2000年代初頭、赤道ギニアのインフラは十分整っているとはとてもいえなかった。それでも私は今回のチャンスを逃すことなどありえないと、全力を尽くして家族を説得した。そして荷造りをしてマラボへ旅立った。他の3人の赤道ギニアの子孫である、セルヒオ・バリラ、ルスラン・エラ、ホセ・ルイス・セノブアとともに。

熱帯の領土に足を踏み入れると、うんざりするような湿気が重くのしかかってくる。飛行機のドアの敷居をまたいだ瞬間から汗をかき始める。また、２００３年当時の旧マラボ国際空港は現在の空港とはまるで比べ物にならない。荷物引渡用のベルトコンベアがなく、スーツケースは檻のようなものの中に山積みにされていたため、柵の間から手を突っ込んで自分の物を取り出さなければならなかった。今回の旅で最初に学んだ教訓は、アフリカではすべてをありのまま受け入れるしかなく、いくら状況を改善する方法があると考えたところで、何も変えられないということだ。

2時間かけて手続きをしたあと空港を出ることができた。中部アフリカの国の多くで、グループの移動にもっともよく利用される交通手段は座席数30ほどのミニバスだ。通路が無いため、次の列に移動するためには、各列の座席をひとつ起こさなければならない。私たちには新しいことばかりだ。思い起こせば、自分たちの習慣とは違うことが起こるたびに、私たちはお互いに驚いた顔で見つめ合った。例えば、街へ向かう高速道路を走っていて、前方に軍人がライフルを手に料金所を挟んで立っているのが見えた時もそうだ。

最初の夜は、おぼろげな記憶によれば、ホテルらしき所に宿泊した。6時間の旅の疲れと、湿気と、足跡を残してやるという気負いから生じる自分自身のアドレナリンのため、疲れ果てて倒れ込むようにして眠った。

モロッコ戦に備えていくつかの練習場でトレーニングをした。どの練習場もスペインから来た選手にとっては受け入れがたい状態だった。ラ・パス・スタジアムで練習した時だったと思うが、ピッチは全面水浸しだった。熱帯性気候の土地なので、施設が多量の雨を受けることなどわかりきっているのに、ピッチがこれほどひどい状態になるとはどういうことなのか。この不始末の責任はさるヨーロッパ企業にある。よい仕事をすることよりも金儲けばかり考えて、排水設備の設置を怠ったのだ。そのため雨が降るたびにピッチには水があふれてくるぶしまで浸かった。

しかし、夢があればどんなことでも耐えられる。もう一度飛行機に乗ってバタへ向かう。赤道ギニアの大陸部にある港湾都市だ。冒険の中のさらなる冒険。プロペラが2つしかないポンコツ飛行機は乗客で一杯だったが、操縦桿を握る2人のパイロットには安全基準を厳格に遵守しようという気はあまりないようだった。その飛行機の収容可能な乗客数は70か80人だったが、実に様々な光景が展開していた。通路の奥で立っている乗客、生きた動物、主に鶏を入れたかごを膝の上に載せている乗客、さらに大胆な例としては、漁具の銛《もり》を持ち込んだ乗客……。バルセロナからマドリードへのフライトでは、100ミリを超える飲み物すら持ち込めないのに、中部アフリカでは先端が尖った鉄器を手に持って搭乗することができる。地上から数キロの高度を飛んでいることを気にしなければ、見ていて楽しい光景ではあるが。

バタに到着すると、またしてもミニバスに乗って内陸部へ向かう。そして地元のリーグでキャリアを積んでいる代表チームの他のメンバーと合流した。自己紹介する時間もほとんどないまま、新たなトレーニング・セッションを始めた。そこの練習場もやはり私たちが期待するような必要条件は満たしていなかった。アフリカサッカーの強豪中の強豪モロッコとの対戦まであと2日か3日というところだったが、私の感覚では未解決の問題が山積みだった。宿泊するホテルも決まっていないし、戦略やフォーメーションも確定していない。どうも行き当たりばったりのようだ。これがアフリカ遠征から学ぶ2つ目の教訓だ。何かにつけてあやふやで、何となく決められている程度なのだが、そこに何やら神秘的な力が働いて、大抵の場合なんとかなってしまう。

トレーニングを終えると、1階に部屋がいくつかあるアパートメントホテルらしき所へ連れて行かれた。1部屋に2人か、多くて3人寝泊まり可能だ。戦略会議、サッカー場でのトレーニング、食事の時間割が定められた。物事が整然とし始めた。ところが、何やら不可解な理由で、サッカー連盟が宿泊費の支払いを怠ってしまった。請求書に対して支払いがされないため、当然ながらホテル側は直ちに反応し、私たち全員をたった2部屋に押し込めた。ダブルベッドの2部屋に20人！　どうしろというのか？　しかも食事抜きにされた。「これを見てみなさい。サッカー連盟が未払いの請求書よ。ここで寝かせてもらえるだけラッキーね。もしもあんたたちじゃなかったら、通りにたたき出だされているわ」とホテルの担当女性が何度も言っていた。

このカオスの中、家族——アフリカではこの上なく大切にされる概念だ——が思いがけず私を歓迎してくれた。父のいとこが私たちの現状を伝え聞いて、収穫したマンゴーやパイナップル、バナナなどのトロピカルフルーツで一杯の籠を2つ持ってきてくれたのだ。私や仲間が栄養を摂れるようにとの贈り物だ。これには感動した。私と父のいとことは血のつながりがある。しかし彼は私に会ったこともない。それでも気を遣って2つの籠を食べ物で満たし、苦労して運び、空腹を和らげるようにと差し入れてくれた。今でもあの親切な行為を思い出すと感謝の気持ちが湧いてくる。会ったこともない人のために、見返りを期待することもなくあのような努力をするというのは、誰にでもできることではないからだ。

翌日にサッカー連盟は支払うべきものを支払い、状況は正常化した。モロッコ戦まで残り48時間。もう不測の事態が起こりませんように。

19歳の時に自分の身に起こる重要なことのほとんどは初めて経験することであり、新たな事態に直面するたびに驚くことになる。例えば、トレーニングに出発する時間になってもまだ寝ている選手を待たなければならないのは普通のことだった。私には理解できないことである。そんな時、カプシチンスキがその輝かしい著作『黒檀』に記した言葉が含蓄に富んでいることに気がつく。いわく、「ヨーロッパでは、人間は時間の奴隷である。時間は厳格で柔軟性に欠けており、人間が時間を形成することはできない。ヨーロッパ人には整然とした予定表があり、毎日何時に何をするのかあらかじめ決められている。だが、アフリカでは逆だ。時間はもっと柔軟なもので、人間が時間を形成できる。アフリカではすべての準備が整って初めて成されるべきことが成される。つまり、時が来れば起こることは起こるということだ。アフリカ人にはそれまで待つ天賦の才能が備わっている」

トレーニング・セッションのひとつを終えた時、1人の男の子が私に近づいてきた。年齢は6、7歳といったところか。満面の笑みで顔を輝かせている。自己紹介によれば私の幼いときこの1人だということだ。私がここに来ていることを知って会いたくなったらしい。こうした話を聞いた後、私は本能的にその子の足元に視線を落とした。練習場はバタ郊外にあって、そこまでの道は埃だらけだ。その道を歩くのに適した靴を履いているのかどうか確かめるためだ。しかし少年は裸足だった。「靴はどこ?」。私はついそんな質問をしてしまった。

返事を聞かなくても答えはわかっている、といった類の質問だ。相手の現実を知りもしないのに勝手に判断して、深く傷つけてしまう行為だ。少年の説明を聞く前から、この子は靴を失くしたのだと決めつけていた。友達と靴を使ったいたずらでもしているうちに、ベニート川の底に沈んでしまったのに違いないと。しかしここで私は教訓をひとつ学ぶことになる。少年は言った。「持っていた靴が小さくなっちゃったんだ」。この言葉は矢のように私に突き刺さった。

自分が恥ずかしくなった。自分のいとこを先入観で判断した。この少年はただ灼熱の太陽の下を大変な思いをしながら私に会いにきてくれただけなのだ。少年にホテルまで一緒に来てもらい、柵の外で待っているよう頼んだ。

私は部屋でシャワーを浴びると、父のいとこがユーロと交換してくれたCFAフランをひと握り持って外に出た。幹線道路の近くに屋台が並んで何でも買える所がある。私は少しの間ホテルを離れ、少年をそこに連れていった。携帯電話用のプリペイドカードや衣類やいろいろな種類の食べ物が売られている。中古の、中古の、中古といったシューズとTシャツを2着買った。どちらも少年が好きなサッカーチームであるレアル・マドリードのイミテーションだ。買った物を、売り子がこのあたりではよくある黄色と黒のビニール袋に入れてくれた。少年はそれを抱えながら、「レアル・マドリードなんてすごい、レアル・マドリードなんてすごい」と繰り返し言っていた。家への長い帰り道を歩かずに済むようにタクシー代を渡したら嬉しそうな顔をして帰っていった。「きっとそのお金でお菓子を買い、結局は歩いて帰るのだろう」と思った。まだ2時間しか経っていないのに、早くも偏見に満ちた判断をしている。私はうなだれて、もう二度とすまいと誓い、ホテルに戻った。

試合前日、2003年6月のある金曜日のこと、すべては順調に進んでいるように見えた。私たちは本部を出て、旧バタ・スタジアムに向かった。試合前に会場で練習するためだ。スタジアムに近づくにつれて、騒がしくなってきた。観客数およそ1万人か1万2千人の収容能力を持つ競技場の前に到着した。私の両目は正面ゲートに釘づけとなった。人々が中に入ろうと一斉に押し寄せているが、入り口はあまりに狭く大混乱となっている。これだけの人々をあんなに狭い隙間に一度に通すよりも、針の穴にラクダを通す方がよほど簡単だ。

私たちは裏口から入ったが、人々の塊が総立ちで中央スタンドを埋め尽くしているのを見ると背中に悪寒が走った。私たちはボールを蹴り始めた。その瞬間新たな教訓を得た。2日で4つ目だ。それは「アフリカではサッカーは純粋に楽しむためのものだ」ということだ。ウォーミングアップの最中に、観客が私たちの近くにやってきては細々とした技術的な話をしてきた。ファーストタッチでのパスを3、4回ほど決めた時や、カーニョ(股抜き)を1回決めた時には、やんやと喝采を浴びた。そのあとの最終練習では、ゴールを決めるたびに、あるいはゴールキーパー、特に国の真のアイドルであり、〝ブラック・キャット〟の異名を取るベンハミンがセービングを決めるたびに、私が今まで経験したことがないドンチャン騒ぎが観客の間で繰り広げられた。

代表チームのユニフォームを着て試合をするのはどんな気分なのかと尋ねられると、言葉で説明するのは難しいと私はいつも答えている。祖先の国のエンブレムを身につけてという質問になると、さらに難しい。赤道ギニアのために試合をするということは、私たち子孫がこの国から授けられたものに対するお返しをするということになる。歴史的に、貪欲な植民者に搾取され、原住民指導者にはその悪政に苦しめられてきた国民に、自分たちが一番得意とするものを使って喜んでもらうのだ。代表チームに参加すると、責任以上のものを感じて行動しなければならない。それはプレッシャーではなく積極的な義務感といったもので、これが自分をもっと速く走らせ、もっと高く跳ばせてくれるのだ。国際試合の数分前、両チームは国歌を聞くために整列する。その時、自分は国の歴史の一部を形成しているのだと感じる。その歌、国民を団結させるその頌歌《しょうか》には、その土地の文化も習慣も知らないよそ者に虐げられ、従属させられた歴史が込められている。その瞬間、不眠のことも、ひどいホテルのことも、永遠に続くのではないかと思える乗り継ぎだらけの旅のことも、外面的なことはすべて吹き飛んでしまう。頭に残るのはただ目的を果たすことのみだ。

試合前夜、私たちはいつもより早めに寝るため自室に戻った。その中にいると窒息しそうで時間の進みもスローに感じる湿気も、一度慣れてしまえば比較的楽に眠れるようになる。ところが真夜中、誰かが乱暴にドアを叩いた。鈍い音がしつこく続く。夢ではなく現実の出来事で、3分後には代表選手は全員、うとうとしながらもミニバスに乗っていた。目的地に着くと、私たちはあらゆる種類の罵詈《ばり》雑言を吐きながら車から降りた。鬱蒼《うっそう》とした植物に囲まれ、まさにここぞアフリカというような場所だ。呪術師がたき火のそばで私たちを待っていた。「魔術をするのさ」と〝ブラック・キャット〟が私にささやいた。魔術だって？　いったい何のことだ？　我らのゴールキーパーにそう尋ねたかったが、言葉が口から出てこなかった。

あの時のことは、まるで今朝の出来事のように、今でもありありと思い出す。火にまつわる一連の儀式の後、呪術師は髭剃り用のナイフを取り出した。昔の床屋が使っていたような古めかしく、安全に持つための柄もついていない類のナイフだ。私の知らない言語だったが、その厳かな語りから、何か尋常ではないことが起きるのではという予感がした。チームメイトの通訳によれば「チームがひとつであることを示す瞬間が到来した」ということらしい。呪術師の指示ははっきりしていた。私たち全員が各自、足の甲にいくつか切り傷をつけ、流れ出てきた血を手に取り、チームメイト同士で血に塗れた手を握り合うのだ。おわかりいただけると思うが、当然私はこの呪術には参加しないことにした。かといって、反抗的な態度を見せる必要もなかった。暗闇に包まれていたおかげで、この野蛮な行為をしなくても見咎められなかった。という訳で、この儀式に積極的に参加した選手もいたし、私を含めてあまり呪術を信じていない選手は、一歩下がって離れた所からただ見守っていた。

翌朝、つまり試合当日の土曜日の朝、私たちは朝食を取り終えると、足を慣らしがてらバタの道々を歩いた。巨大なパナフリカ・ホテルのある通りを進んでいくと、バタの古いスタジアムが見えてきた。前日にも増してかまびすしい人々の喧噪ぶりからすると、何やら面白いことが起きているらしい。スタジアムに真っすぐ向かう道に入ろうとしたところで、一般スタンドの部分が人でぎっしり詰まっているのが見えた。私は驚いて時計を見た。〝稲妻軍団（赤道ギニア代表の愛称。正式にはNzalang Nacionalで、Nzalangはファン語で「稲妻」を意味する）〟のサポーターたちは、まだ試合開始まで5時間もあり、私たちが到着すらしていないのに、スタンドを一杯にしているのだった。

ホームゲームの結果は、物議を醸すゴールで勝敗が決した。モロッコ代表はヌールッディーン・ナイベト、ムスタファ・ハッジ、ナビル・バハ、モハメド・エル・ヤッゴビ、マルアーヌ・シャマフなど、当時テレビでしか見たことがない選手を擁していた。私たちは0－1で敗れた。1人の選手が怪我をしてサイドラインで手当てを受けている時に決められたのだ。試合が終了すると、ロッカールームに引き上げたが、みんな憤懣《ふんまん》やるかたない。強豪相手によく戦ったとはいえ、引き分けに持ち込むことができなかったからだ。それにもかかわらず、サポーターたちは不機嫌どころか、大喜びだった。彼らにとって結果は二の次だった。〝稲妻軍団〟はアフリカ大陸の強豪国のひとつと堂々と渡り合ったのだ。その日の夕方、バタは誇りに満ちあふれていた。

3

ザンビア

アフリカのサッカーには記憶力がある

「ともに歩む人々の足跡は決して消えない」

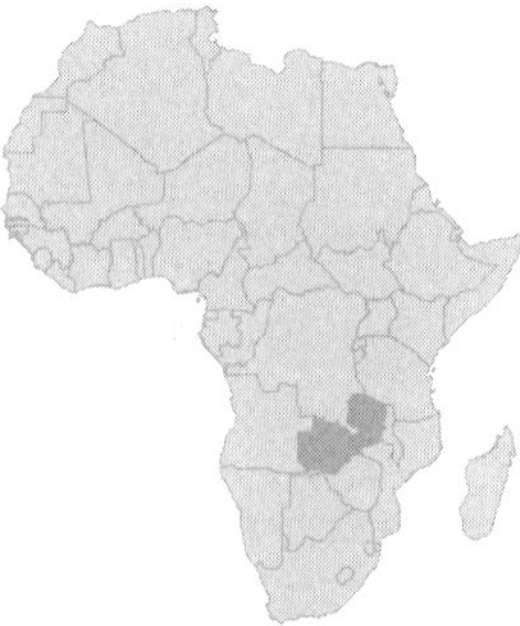

ザンビアと聞いて西洋の人々が思い浮かべるのは、ほとんどなんの印象もない、どこか遠くにある弱小国だ。首都ルサカでは、あちらこちらでソーセージノキの木を見かけ、非常に独特な景観を呈している。ソーセージノキはザンビア土着の木で、非対称な姿で優雅にそびえ立ち、魔法で描かれた絵がザンビアじゅうに飾られているかのようだ。ザンビアの動物相や植物相についてては、これはもう多様であるとしか言いようがない。しかし、虫めがねを使ってザンビアの世界を覗いてみると、改めて胸が痛み、大惨事の匂いが蘇る。

10世紀から15世紀にかけてのバントゥー系民族の拡大期に、中部アフリカに存在した300

以上の部族からなる民族の習慣がザンビアに定着した。その後、植民地時代にイギリス人は、アフリカ大陸の南部中央に位置するこの地域を保護領にしたら面白いのではないかと考えた。1889年、イギリス植民地政策の強力な推進者セシル・ローズは、異常な自己顕示欲からか、その地をローデシアと名づけた。ローデシアは南ローデシア（現在のジンバブエ）、北ローデシア（今日のザンビア）およびニヤサランド（現在のマラウイ）から成っていた。植民地という形でイギリスの支配地域は拡大していく。植民地を通してその地域の天然資源を支配し、イギリス南アフリカ会社を通してイギリス帝国にあらん限りの富をもたらした。驚くべきことに、この会社を率いていたのはセシル・ローズその人だった。

植民地からの脱却を目指し、社会主義思想を持つ政治家リーダーのケネス・カウンダは統一民族独立党（英語の略号でＵＮＩＰ）を設立。これを基盤にザンビアの主権を獲得するべく圧力をかけた。1964年、イギリス政府は原住民の要求を受け入れ、かつて来た道を戻っていった。カウンダは権力の座に就いて以降、教育と福祉に関しては大変興味深い政策を施した。基礎的な学校教育への就学率が1パーセント未満の国において教育普及プログラムを推進することで、恵まれない家庭に様々な便宜を図った。奨学金の支援を受けられるようにしたり、教育センターに通えるようにしたり、無償で学校の教材を受け取れるようにしたのだ。また、基礎食料品に関する支援も提案した。将来の新生国家の原動力となるべき新世代が生まれ育つよう、その種をまき、肥料を施し、水をまくのだ。さらに、当然の流れとして、この地の本来の名前ザンビアを国民に返すことを決定した。この国全土への水の供給源であるザンベジ川にちなんだ国名だ。

ザンビアは、すべての旧イギリス植民地の例に漏れず、誕生当初からスポーツの息吹が感じられる国だ。イギリスからの独立が宣言された日、花火の閃光がルサカの空を照らした。そしてまさにその時、東京オリンピックが開催されていた［訳注：ザンビア独立は1964年10月24日、東京オリンピック開催は10月10日〜24日］。これは取るに足らないエピソードに見えるかもしれないが、実際にザンビアの歴史は、サッカーという競技とともに歩み始めたのだ。ザンビアの人々は、いつの日かオリンピックの表彰台に、ザンビアの国旗が誇らしく翻るところを夢見た。オリンピックの年に独立したのだから、国際的なスポーツの祭典で活躍できないわけがないではないか。

植民地時代から国民はイギリスの伝統スポーツであるサッカーに夢中になった。しかし、サッカーのレベル向上のために注がれた情熱とは裏腹に、ケネス・カウンダ大統領にちなんで名づけられた〝ＫＫイレブン〟の愛称を持つザンビア代表チームは、1980年代の終わりまで輝きを放つことはなかった。1964年の独立記念日から、ザンビア国民の課題リストには「偉大なオリンピック大会に参加する」という項目が赤丸で囲まれたままだったが、やがて24年が経ち、ついに夢は現実となった。ザンビアのサッカーが世界の舞台へとデビューを果たしたのだ。1988年開催のソウルオリンピックのことであった。

当時、急速に進む経済危機の只中で、国の制度は不安定な状態にあった。大統領はある決断を下した。それはのちに問題視され、最終的には大統領職を犠牲にすることになる。ザンビアの戦略的セクターで経営されている外国企業の株の51パーセントは国が保有すべきだという法令を発布したのだ。天然資源を持つ国の多くではよく採られる保護策だ。しかしそれが問題化したのは、鉱業を基本とする外国企業の株のその51パーセントは、ケネス・カウンダ自身が所有権を持つコングロマリットの手中に落ちたからだ。事態が本当に切羽詰まるまでは、誰もこの事実を問題視しなかった。

1973年の石油危機は、石油を富の主な源泉とする国の大半をどん底に突き落とした。ザンビア大統領は、財務的均衡を取り戻すため、規定通りの対策を取らなければならなかった。すなわち、現地通貨クワチャを切り下げて輸出の魅力を維持し、国民への社会支援を削減したのだ。こうした対策にもかかわらず、1980年代半ばには、国は巨額の累積債務に苦しんでおり、国民は大きな騒乱を起こし始めた。しかしソウルオリンピックのおかげで、息も絶え絶えになっていたカウンダは一息つくことができた。

〝KKイレブン〟は素晴らしい状態で韓国の地を踏んだ。ヌドロブ率いるチームはすべてを備えていた。安心してゴールを任せられるチャバラ、豊かな想像力で現実離れしたプレーを仕かけるムソンダとブワルヤ、たくましい体格を活かして攻撃するチャビンガ。グループリーグでは、イラクと引き分け、グアテマラを大量得点で撃破し、イタリアを惨敗に追い込んでグループ1位で通過した。〝アズーリ（イタリア代表の愛称）〟に対して4－0で勝利したことは、ザンビアサッカーの金字塔となった。試合開始直後のイタリアは力強かった。ACミラン、ユヴェントスFC、SSCナポリの選手を揃え、サッカー界の序列がいかに重いものであるか目にもの見せてやるという布陣だ。しかしアフリカ人にとっては、どこにも書かれていないゲームの法則などはどうでもよく、ただ楽しみたいだけだ。

キックオフのボールが蹴り出されると、ザンビア国民特有の陽気さを発揮しながら、がむしゃらに走り出した。世界を驚嘆させるサッカーのお披露目となった。その先頭に立つチームのスターがカルシャ・ブワルヤだ。ザンビアは1－0でリードしたまま後半になってフリーキックのチャンスを得ると、キッカーのブワルヤが放ったシュートはイタリアの壁をすり抜けるように曲がるとゴールポストをかすめてネットへと突き刺さった。ザンビアにとって歴史的な試合を決定づけたゴールにイタリアのゴールを守っていたタッコーニは茫然自失となったに違いない。アフリカのチームがヨーロッパのチームを威圧したその力にサッカー界は我が目を疑った。オレンジ色のユニフォームを身にまとったザンビア史上最高のサッカー選手が、光州での歴史的試合で3得点を挙げて国民的英雄となった。〝KKイレブン〟は決勝トーナメントまで進み歓喜に沸いたが、準々決勝で西ドイツに敗北を喫し、メダルへの道は閉ざされてしまった。しかし、そんなことはどうでもよかった。ザンビアの人々は欲していたものを手にしたのだ。オリンピックで偉大な功績を残した。夢はかなった。

国の経済問題に引きずられることもなく、ザンビア代表の選手たちは、国民のDNAに刻まれた生命力が自分たちの原動力なのだと信じ始めた。次に注目を浴びたのは、アルジェリアで開催された1990年のアフリカネーションズカップ（CAN）だ。この大会でザンビア代表は試合ごとに調子を上げ、決勝戦を目指して足場を固めていく。準決勝でナイジェリアと対戦するまでは好調を維持したが、〝カドゥナのバッファロー〟の異名を取るナイジェリアのラシディ・イエキニがあらん限りの激情をほとばしらせ、試合はナイジェリア優勢で進行した。結局、ザンビアは0－2で敗北したが、続く順位決定戦ではセネガルに1－0で勝利し3位に輝いた。アフリカの数ある強豪国を差し置いて表彰台に上がるのはたいしたものであり、二度も続けて世界の舞台で活躍したことは、ザンビアの全国民にとって誇らしい出来事となった。

ザンビア代表はわずか5年で相当なレベルアップを成し遂げた。アフリカサッカー界のエリートの地位を確保し、勝って当たり前の常勝軍団となった。1993年の春も、1年後に開催予定のワールドカップ・アメリカ大会に向けての予選は順調で1次予選を通過していた。ところが本大会出場に向けて大きな障害が2つあった。モロッコとセネガルだ。〝アトラスのライオン〟と〝テランガのライオン〟は、熱狂の渦に包まれているザンビア代表を牙で食いちぎりそうだ。ザンビア代表はまさに円熟期にあり、米国の地で行われるワールドカップに出場できるだけの実力を備えていた。史上最高ともいえるチームが大きなチャンスに挑むのだ。ザンビア人もやればできるということを世界に知らしめる絶好の機会であった。

最終予選では、同じ組の3か国が本大会へのたった一枚の切符をめぐって戦う。その火蓋を切るべく、ヨーロッパでキャリアを積んでいる、いわゆる特権組を除いた選手は全員、首都ルサカからセネガルへ向かって飛ばなければならなかった。チャールズ・ムソンダ、ジョンソン・ブワルヤ、カルシャ・ブワルヤのヨーロッパ組は、直接首都ダカールに行き、そこで他の仲間と合流することになっていた。ちなみに、カルシャ・ブワルヤは、〝KKイレブン〟の絶対的なリーダーであり、PSVアイントホーフェンで華麗な左足を披露していた。ヨーロッパ組を除く選手は、ルサカから飛行機に乗らなければならなかったが、その旅は最初から何かと問題含みだった。それは悲劇の前兆、大惨事の幕開けだった。

ザンビアサッカー連盟には十分な予算が無く、選手団を試合開催地まで運ぶチャーター機を借りることができなかった。緊急措置として、スポーツ省は軍用機を手配したのだが、それは整備されていない機体だった。のちの調査で、この機体には技術的欠陥がいくつもあり、その累積した長い故障記録が白日の下にさらされることになった。ザンビア空軍が所有するデ・ハビランド・カナダ社製DHC－5DBバッファロー型機は航続距離が短く、途中2か所で燃料の補給を行う必要があった。その給油の際には長距離移動に耐え得る状態ではない老朽化した機体を休ませる時間も盛り込まれていた。最初の給油地であるコンゴ共和国の首都ブラザヴィルでは、特に不測の事態は起きなかった。しかし2つ目の給油地であるガボンの首都リーブルヴィルで悲劇は起きた。

選手団を乗せて離陸した飛行機は巡航高度に達すると機材トラブルが発生したのだ。まさに空飛ぶ棺となった機体はガボンの沖合に墜落してしまった。その事故で選手団は全員死亡。この惨劇はアフリカ大陸全土に精神的なダメージを与えた。悲痛の叫びが広大なアフリカ大陸にこだましていた。物事が起こるのには理由がある、神様は人知を超えた計画を持っている、悲劇からは未来に向けた積極的な教訓を得られるものだ、とよく言われる。しかし、そうしたどのような言葉も、それがどれだけ神秘的なものであっても、ザンビア国民の苦しみの十分の一すら和らげることができない無益なものだった。

18人のサッカー選手、コーチ陣、乗務員が無残にも命を落とした。これまでにもアフリカは数々の不幸に見舞われてきたが、この墜落事故も惨い限りだった。無情な結末を阻止する暇を全く与えられなかった人々は茫然自失とし、冷たく鋭い短刀で頭を2つに割られたかのように感じた。それでもその衝撃を耐え忍んだ後に残る道はただひとつ。死した英雄の誉れのためにも前進あるのみだ。その時、怒りと苦悩の中から、尽きたはずの力を引き出そうとするカルシャ・ブワルヤの姿が浮かび上がった。このストライカーにはわかっていた。あの事故がどれだけ無残な悲劇だったにせよ、すべてを終わらせたわけではない、一縷《いちる》の望みが残っているのだと。素晴らしい計画を続けるための細い糸を引っ張るのだ。この偉大な国民的スターは死を免れた。だからこそ、責任を一身に引き受け、率先して復活を目指さなければならない。がむしゃらにリーダーシップを発揮する時だ。

1994年のワールドカップに向けたアフリカ予選は続行されなければならない。アフリカサッカー連盟（CAF）はザンビア代表に1か月強の猶予を与えた。前に進みたいかどうかよく考え、イエスであれば、事実上の新チームをつくるための時間だ。当然ながら最初は棄権すべきかと衝動的に考えた。しかし、ザンビア国民は屈することを知らない。それゆえ、リーブルヴィルで死した者たちの記憶を栄誉あるものにするのだという一念を持って、前進することに決めた。カルシャ・ブワルヤは仲間の遺志を継いで勝利を目指すことに没頭した。仲間が忘却されるなどあってはならない。物語を完結させたいと願った。

航空事故から5週間しか経っていなかったが、もう最終予選を開始しなければならない。国際試合の経験のない選手を取り込んで再編されたチームで、ザンビアはモロッコをホームで迎え撃たねばならなかった。インデペンデンス・スタジアムは5万人の観客で一杯だ。試合中、感情があふれ出て涙が止まらない。涙がいまだに塞がらない傷口の鎮痛剤になるかのように。そうした雰囲気の中で、〝チポロポロ（「銅の弾丸」を意味するザンビア代表の新しい愛称）〟はジョンソンとカルシャの両ブワルヤの活躍によって勝利に導かれた。国は狂喜に包まれ、歴史的な日となった。

カルシャが放った見事な直接フリーキックが滑らかなカーブを描きながらディフェンスの壁を越えてザンビアに勝利をもたらし、会場は狂喜乱舞の場と化した。その後、ホーム・アンド・アウェーでセネガルと対戦し、一試合は引き分け、もう一試合は4－0で圧勝した。これで勝ち点の合計は5となった。あと1ポイント積み上げれば本大会への出場はかなう。そして運命の日がやって来た。カルシャと新しい仲間たちは、すべてを賭してマグリブ［訳注：アラビア語で「日が沈むところ」を意味する。日は西に沈むことから、西方にあるモロッコ、アルジェリア、チュニジアなど北アフリカ北西部を指す呼び名］の地で戦った。モロッコとザンビアの一戦は大いに盛り上がった。アフリカサッカー史上屈指の名勝負であり、純粋なスポーツというものを超越した試合となった。ワールドカップに出場し、物語を完結させ、亡き仲間たちを讃えるためには引き分けで十分だった。しかし、モロッコのアブデスラム・ラグリッシにファーサイドのゴールポスト付近にヘディングでシュートを決められ、ザンビアは敗戦し、〝チポロポロ〟の夢は潰《つい》えた。リーブルヴィルの悲劇後、ほとんど立ち直ったかに見えたが、まだその時ではなかった。もう少し待たねばならない。

翌1994年に、チュニジアで開催されたCANでは、あらゆる予想を覆してザンビアは決勝戦にまで進んだ。この大決戦の相手はナイジェリア代表〝スーパーイーグルス〟だった。オコチャ、カヌ、アモカチ、イクペバ、オリセーなど、ナイジェリア史上最高の世代を擁するチームだ。試合開始早々にザンビアがコーナーキックをものにして先制点を挙げたが、次第にスーパーイーグルスはいつも通りの鋭い猛攻を見せるようになり、〝皇帝〟アムニケが2得点を挙げて試合をひっくり返してしまった。またしてもザンビアは打ちのめされた。黄金世代の記憶に栄光を供えるチャンスを再び逃した。ナイジェリアは1990年のCANでもザンビアに引導を渡した相手だ。しかし、運命はまだとっておきの切り札を隠していた。

ザンビアでは、サッカーを通して1993年の英雄たちを讃えて供養することを決して忘れることはなかった。陽気さを失うことなく、あの胸を突き刺すような痛みを克服したいと願う新世代の選手が次々と誕生した。20年が過ぎ、エルヴェ・ルナールが監督に就任。このフランス人監督が選ばれたのは、大きな目標に挑むため、すなわち赤道ギニアとガボンが共催する2012年のCANで優秀な成績を残すためだ。代表チームの主力を構成したのは、地元ザンビアリーグや南アフリカリーグ、コンゴ民主共和国のＴＰマゼンベで活躍する選手たちだ。アフリカ大陸の外でプレーしている選手は２人のみ。スイスのＢＳＣヤングボーイズでプレーしているエマヌエル・マユカと、中国２部リーグでプレーしているクリス・カトンゴだ。２人とも決定力を発揮するだろう。

ザンビア代表は赤道ギニアの首都マラボに到着した。苦悩の源であるあの悲劇の舞台の近くで素晴らしい痕跡を残し、あの悪夢は完膚なきまでに克服されたのだと世に示すのだ。ルナール率いるチームへの期待は大きくはなかったが、確固たる足取りで前進した。グループリーグでは、セネガル、リビア、赤道ギニアと同組になり、セネガルを下し、リビアとは引き分けた。3試合目の赤道ギニア戦では、偉大なるカルシャ・ブワルヤの後継者、主将のクリス・カトンゴのゴールで試合を決めた。こうして準々決勝へと駒を進めた。

準々決勝で〝ルナール・チルドレン〟は、またしてもスターのクリス・カトンゴの活躍でスーダンを難なく粉砕。ベスト4進出を果たし、好成績を残すという目標を達成した。しかし不屈の闘志と才気がみなぎるレインフォード・カラバとエマヌエル・マユカの野心はこれだけでは満足しなかった。新興の才能ある選手たちを無理に抑えつけることは何をもってしてもできはしない。準決勝では当時アフリカ最強だった代表チームとの対戦となる。アイェウ、クワドォー・アサモア、アサモア・ギャンらを擁するガーナだ。２０１０年のワールドカップで準々決勝まで進み、あと一歩のところでアフリカ勢初の準決勝進出を逃したチームだ。

試合開始早々からガーナ代表〝ブラック・スターズ〟にペナルティキックが与えられ、会場は激震する。蹴るのはアサモア・ギャン。過去の亡霊と対峙するため、不吉な11メートル地点に戻ってきた。母国では〝ベイビー・ジェット〟という愛称で呼ばれるギャンは、1年半前、重要な場面でペナルティキックを失敗したことがある。その出来事は、ヨハネスブルクに夕闇が迫っていた頃だった。ガーナ代表は、アフリカ勢初のワールドカップ準決勝進出を果たす絶好の機会を得た。しかし運命は永遠の栄光を授けることを拒否。クロスバーはギャンのシュートを弾き返し、同時にアフリカ大陸全土の期待も弾き返した。

1年半後、ギャンの瞼に再び責任という文字が浮かぶ。ゴールポストの隙を狙って低く蹴る。しかしケネディ・ムウェーネが猫のように飛びつきボールを弾く。またしてもこのストライカーの目の前で栄光の門は閉じられた。断崖絶壁の淵を覗いたザンビアは、このあと興奮した神経を落ち着かせ、試合を楽しむことにした。これまでザンビアに大いなる結果をもたらしてきた哲学だ。カラバとカトンゴはリズミカルにガーナ人の間を駆けめぐるようになった。軽やかさを取り戻した〝チポロポロ〟のプレーにガーナはなす術もなく、やがて優位な体格を活かすことができなくなってきた。こうしてアフリカの重要な試合にふさわしい熟し方をしながら時計の針は進められた。すなわち一種のカオス的均衡になったともいえるだろう。これを予測不能な一蹴りで打ち破ったのはマユカだ。バイタルエリアで相手選手を背負ったままボールを受け取ると、タイミングを見計らってから体を反転させてシュートを打ち込んだ。ゴールキーパーは横跳びしてセーブを試みたが手は届かず、ボールはゴールポストに弾かれると角度を変えてゴールネットを揺らした。この正確な矢のような一撃で、ザンビアは決勝への切符を手にした。物語の完結までもう少しだ。残るはあと一勝負。

その一大決戦のため、ザンビア代表はガボンの首都へ行かなければならなかった。１９９３年の悲劇の現場から数キロしか離れていない場所だ。歴史と向き合うと心が痛んだ。主力選手とコーチ陣は、今やザンビアサッカー連盟の会長となっていたカルシャ・ブワルヤに同伴してリーブルヴィルの海岸へ行き、１９９３年に殉死した英雄たちの供養のため献花をした。胸を引き裂く光景だ。ザンビアサッカー開花期世代の偉大なスターは、代表チームという、もうひとつの家族を失った。しかし沈み込むどころか立ち上がって戦い、亡き戦友と誓った目標を達成する一歩手前にたどり着いたのだ。

決勝戦の相手はそんじょそこらの相手ではない。コートジボワールだ。短剣のような主力選手としてヤヤ・トゥーレ、ディディエ・ドログバ、サロモン・カルーを擁し、本大会を無失点で勝ち上がってきたチームである。途方もなく大きな障壁だ。

アフリカ大陸の様々な状況を分析する際、人は合理的に分析しようとする。しかし、すべてを包み込む神秘的なものが存在する。悲劇は特に苛烈であり、喜びは熱狂の極致だ。アフリカサッカーの歴史は極度の悲惨さとあふれんばかりの栄光を基に織りなされている。

決勝戦はリーブルヴィルのアンゴンディジェ・スタジアムで行われた。試合は予想されたシナリオ通りの開始となった。コートジボワールが試合を支配し、ピッチ上でザンビアの選手を圧倒した。ジェルヴィーニョに幾度となく突撃を仕かけられると、ついにはペナルティエリア内で引き倒してしまった。ザンビアはまたしてもペナルティキックの脅威にさらされた。絶体絶命に思われた。奇しくも、その会場は19年前にザンビア代表の仲間が命を落とした場所の近くにあるスタジアムである。しかし運命は彼ら選手のためにもっと凝った筋書きを用意していた。ドログバはペナルティキックを外した。偶然だろうか。誰もそうは思わない。コートジボワールのスターが放ったシュートはクロスバーのはるか上を超えていった。1993年の死したた英雄たちはリーブルヴィル上空の贅沢なボックス席で試合を楽しく観戦していて、ドログバの放ったボールを空に向けて引きつけたのだと信じる人たちもいる。

試合はPK戦にもつれ込んだ。何か素晴らしいことが起きるという予感があった。どちらが2012年のCANで頂点に立つかは、11メートルからの勝負の行方次第となった。勝利に向けて分があるのはコートジボワールだが、2006年大会の決勝戦でエジプトに対しPK戦で敗れた経験を持つ。対するザンビアは、たいして期待をされないまま決勝戦まで進んできた。

しかし、ここはガボンの地。あの英雄たちが命を落とした国で優勝したいという思いは強い。このPK戦は、その後のサッカー史の一部となった。

コートジボワール代表〝エレファンツ〟が先行、ティオテの先制ゴールで幕を開けた。左腕にキャプテンの腕章を縫いつけているカトンゴが責任を果たして同点。ザンビアは常にコートジボワールの後を追いかけねばならなかったが、これにより筋書きはさらに劇的なものになる。コートジボワールの3番手バンバは右を狙って打ったが、ムウェーネが素早く反応してボールを止めた。しかし、ムウェーネの立ち位置が半メートル前に出過ぎていたとしてキックのやり直しが命じられた。バンバは二度しくじらない。同じく5番手はディディエ・ドログバ。試合後半に得たペナルティキックを失敗したが、今度は成功させた。ザンビアの5番手はゴールキーパーのムウェーネが登場したが、この重大な瞬間にはそぐわない冷徹さで、落ち着いて決めた。7人目までは両チームとも誰も失敗することなく均衡は破られることはなかった。穢《けが》れなきPK戦だ。

コートジボワールの選手たちは筆舌にくつしがたい苦悩を味わっていた。コートの真ん中で肩を組み、黙り込み、ほとんど呼吸をしていない。アフリカサッカーの黄金世代である彼らにとっては、この大会で優勝することは義務であった。一方、ザンビアの選手たちは歌い、祈り、手をたたき、ずっとリラックスしている様子だった。結末は運命の手に握られているということを知っているかのように。その夜の15番目のキッカーの前に、コートジボワールの監督フランソワ・ザホイは逆上したかのような身振りをして、選手たちに向かって叫んでいた。彼が何を言ったのか、今も誰も知らない。わかっていることは、おそらく監督の命令により、コロ・トゥーレが11メートルのキックをするために進み出てきたことだ。ペナルティエリアの半円を超えたあたりまで下がり、非常に長い助走をつけてゆったりしたシュートを打ったが、ボールはムウェーネの手に当たった。今度こそはルールに則った形でボールを止めたのだ。次はレインフォード・カラバだ。この軽い体と自由な精神の持ち主は、芝生の上を漂いながら、有終の美を飾る決意を固めていた。もし成功すれば自分と仲間たちはアフリカの王者だ。しかし放たれたボールはバリー・コパが守るゴールのクロスバーの上を飛んで行った。ザンビアの選手の心臓にまたしても短剣が突き刺さる。これほど何度も絶望に襲われながらも、それに打ち勝てるような性質を人間は備えていない。１９９３年の英雄たちは天から声援を送り続けていた。

　ドログバはジェルヴィーニョに近づいて、耳元で何か言葉をささやいた。ジェルヴィーニョがペナルティキックを恐れていることは誰もが知っている。だからチームのキャプテンであり精神的支柱であるドログバはジェルヴィーニョを励まそうとしたのだ。それでも、ジェルヴィーニョは失敗した。予想通りだからというわけではないが、〝エレファンツ〟はそれほど気落ちしなかった。人生はいつも二度目のチャンスを与えてくれるものだ。そして今度はスンズがそのチャンスを両手につかんでいた。ザンビア代表の半分はベンチの横で膝をついて祈っている。センターサークルに集まっているフィールドプレーヤーたちは手で天を差しながら歌っている。その輪の中からスンズが全ザンビアの運命と対峙するために進み出てきた。ボールを置くと彼もまた歌い出した。そして、歌を口ずさみながら勢いよく助走をつけると、蹴り出されたボールはゴールマウスへと吸い込まれていった。またしても、アフリカでは神秘の力が非常に大きいことを示すこととなった。

スタジアムからわずか7キロの地点で無念の死を遂げた選手18人を含むあの時の遠征隊は、このおとぎ話のような救済のエピソードで再び生命を得たことだろう。カルシャ・ブワルヤは、観覧席から感動と誇りを覚えながら物語が完結する様子を見届けた。また、ザンビアの全国民も、過去の深い傷が癒え始めるところを目撃した。サッカーボールには未決済勘定を精算するための記憶力がある。

4

マリ

セイドゥ・ケイタ、平和のために

「〝一貫性〟というのは、根は苦いが果実は甘い木である」

時折、地球に生まれる何百万人もの中から特別な人間が出現する。澄んだ眼差しと堕落しない心を持った純粋な人間であり、通った跡に善をまいていく。セイドゥ・ケイタが偉大な人物なのは、サッカーマリ代表として100以上のキャップ数を誇るからというだけではなく、暴力に囚われた国で平和大使になったからでもある。

首都バマコは、大河ニジェール川の河岸にある。食物を耕し、家畜に水を与えられる肥沃《ひよく》な土地だ。より良い生活環境を求めて、過酷なサハラ砂漠を避けて国の南東部に位置しているため、国の中心部からはかなり外れている。バマコは国の中枢神経としてトンブクトゥ［訳注：「黄金の都」として世界遺産に登録されている、かつての交易都市」を引き継いだ。トンブクトゥは、ベルベル人とアラブ人が出会う砂漠の出入り口という戦略的位置のおかげで、何世紀もの間交易拠点として栄えた。しかし天候が不安定であり、川の氾濫による洪水が絶えず、国の経済活動も行政もトンブクトゥからバマコに移動せざるを得なかった。快適な場所への引っ越しだ。

西アフリカのこの一帯にある大都市は、農作物、非常に多産な土地から採掘される鉱物、繊維産業用の原料の活発な取引により常に賑わっている。アクラ（ガーナの首都）、アビジャン（コートジボワールの首都）、ラゴス（ナイジェリアの都市）、そしてバマコも一国の経済の原動力として機能する巨大都市だ。これらの都市のうち、海への出口を持たないのはバマコだけだ。それでもニジェール川があるだけましとしなければならない。ニジェール川を利用して商品を流通させることができるのだ。

マリには、何世紀にもわたって培われた商業文化がある。1960年にフランスから独立すると、それ以降、国の経済運営のために社会主義政策を採用した。こうした状況の中で、ムーサ・トラオレが中央集中型経済と一党独裁制により23年間大統領（1968－1991）として君臨したが、自由主義的な潮流が政権に終焉をもたらし、1991年に失脚した。

セイドゥ・ケイタは12人兄弟の家族の一員として、1980年にバマコで生まれた。大所帯の一族の懐で、ケイタは責任感、謙虚さ、他人を助ける意思といった、確固たる価値あるものを急速に吸収した。ケイタ自身がある時語ったように、バマコの埃だらけの通りで友達と何時間も何時間もサッカーに明け暮れ、どこの街角であろうと即席で試合をした。夜明けから日没までサッカー三昧。この上ない幸福だ。セイドゥ・ケイタは、1970年に最初のアフリカ年間最優秀選手賞を受賞したサリフ・ケイタの甥であり、その体にはサッカー中毒の血が流れているのだ。伯父はASサンテティエンヌ、オリンピック・マルセイユ、スポルティングCP、バレンシアCFでプレーし、1970年代以降ヨーロッパの地を踏んだ他のアフリカ人たちの見本となった。そのおかげで彼らは以前よりずっと有利な環境で飛躍できた。サリフ・ケイタは、旧大陸において自分自身の力で光輝くために、その時代のあらゆる固定観念に挑んだ真のパイオニアだ。

オリンピック・マルセイユにはサリフの痕跡がまだ残っていて、17歳のセイドゥを迎え入れた。しかしその若者の体力と左足はスタッド・ヴェロドロームのような大舞台で活躍するにはまだ十分に熟していなかった。そのため、もっと完璧なサッカー選手に変貌を遂げるためには、まずはリザーブチームでのプレーに甘んじざるを得なかった。反抗心を持つわけでもなく、もっと活躍できるクラブへの移籍を考えるわけでもなく、遅かれ早かれチャンスは来るはずだと落ちつき払っていた。贅沢とは縁のなかった幼少時代に、辛抱するということと、その時が来るまでの待ち時間は自己鍛錬のためにあるということを学んだのだ。

　1999年、フランスサッカーに身を置いて2年後に出番がやってきた。ナイジェリアで開催されたFIFAワールドユース選手権（ワールドユース）だ。これは世界から注目を浴びるための前段階、エリートへの一歩手前だ。新興のサッカー選手たちは自分にはどんな特徴があるのか、一流の舞台へ上がるための準備がどのくらいできているのか、自分の技量を測りながら確かめるのだ。この大会に参加したあと短期間で世界のアイコンとなった選手に、イケル・カシージャス（元スペイン代表）、シャビ・エルナンデス（元スペイン代表）、ロナウジーニョ（元ブラジル代表）、ラファ・マルケス（元メキシコ代表）、アサモア・ギャン（元ガーナ代表）、ロケ・サンタ・クルス（元パラグアイ代表）、フランク・ランパード（元イングランド代表）らがいる。なお、本大会で優勝をさらったのは、決勝で日本に圧勝したスペインだ。

　マリ代表〝イーグルス〟は、あまり期待されることもなく同大会に出場した。実力は伴っていなかったが、開催地のナイジェリアに近いことがちょっとした動機となった。ただ、選手全員の中で1人だけ群を抜いている選手がいた。両足が筋肉質で軽快に駆け回り、自分の左足を中心にチーム全体を組織立てられる、そんなケイタは若き代表チームの主役だった。特に、強靭な体力を要求される試合で競うことに優れ、その持久力はプロとしての全キャリアを通していつも最高の武器のひとつとなる。

マリは、グループリーグでポルトガルとウルグアイを下して決勝トーナメントに進出した。ベスト16のカメルーン戦は、気まぐれなサッカーの神様からの思いがけない贈り物となった。ブラック・アフリカの典型的なゲームとなり、試合が始まると最初の1分から、選手たちは戦術的にも心理的にも足かせから解き放たれ、ピッチ上では自由奔放な楽しむためのサッカーが展開された。延長戦にまで突入したが、エースストライカーのマハマドゥ・ディッサのおかげで、マリが5－4で勝利し準々決勝へ駒を進めた。ベスト8の対戦相手は、開催国でもある難敵ナイジェリアだ。しかしマリは怯むどころか、2万人のナイジェリアサポーターの目の前で勝利を飾った。観客はケイタと仲間たちが展開する素晴らしいマリのサッカーに目を見張ったが、迎えた準決勝のスペイン戦で、マリは1－3で敗退した。準決勝の高い壁を乗り越えることはできなかった。試合はラ・マシア（FCバルセロナの下部組織）出身のスター選手シャビの独断場だった。シャビのゴールは試合を決定づけ、マリ国民の期待を吹き飛ばしたのだ。

ピッチ上で見事な活躍をしたケイタは、同大会のゴールデンボール賞（大会MVP）を獲得した。開催地がアフリカだったことがケイタの受賞に有利に働いたと言われることが今でもある。それでも、並外れた才能の持ち主が何人も参加したユースの大会で最高選手に選ばれたことにより、サッカー界で名を成し始めた。ケイタは飛翔した。このミッドフィルダーは、自分はどこからきて、そしてとりわけ、どこへ行きたいのか、いつも謙虚な気持ちで考えながら前に進んできた。そしてU－20での成功のあと、さらに切磋琢磨するために当時はリーグ・ドゥ（フランス2部リーグ）に所属していたFCロリアンに移籍すると、瞬く間に頭角を現し、クラブのリーグ・アン（フランス1部リーグ）昇格に貢献した。

やがて2005年になると、すでにベテランの域に達していたケイタは、マリ代表に欠かすことのできない絶対的な存在となっていた。だが、翌年のワールドカップ・ドイツ大会に向けて予選が行われている中で、マリ代表チームは何の前触れもなくアフリカならではの厳しい状況に直面していた。アフリカサッカー連盟（CAF）は最終予選を1組当たり6か国とし、各組の1位がそのままワールドカップ出場権を得るとしたのだ。この決定に首都バマコが激しく動揺した。マリと同じ組にトーゴがいたからだ。小国でサッカーの伝統も浅いが、いざグラウンドに立つと圧倒的な力を見せるエマニュエル・アデバヨールを擁している。

マリはバマコにあるスタッド・ヴァァン・シス・マルスでトーゴと最終予選の第6戦を闘わなければならない。前回の試合の苦い記憶が蘇る。その試合でアデバヨールはピッチを闊達に走り回り、空中戦を制し、〝ハイタカ（トーゴ代表の愛称）〟軍団をグループ1位に押し上げるゴールを決め、マリを完膚なきまでに叩きつぶしたのだ。息詰まる雰囲気の中、トーゴをこのままワールドカップに行かせるのか、その可能性を消滅させるのか、マリ代表〝イーグルス〟はやるだけのことはやらねばならない。極めて重要な試合に5万人のサポーターが押しかけ、マリ代表に声援を送った。ここで負ければ、ワールドカップへの出場はほとんど絶望的だ。地元のサポーターにとって大きな希望は、ケイタに加え、フランス生まれでありながら祖国のために尽くすことを決意した2人のフォワードの選手だ。

この2人はヨーロッパでは高い評価を受けていたが、マリ国内での2人を見る目はかなり厳しかった。サポーターとしては、2人がマリのエンブレムを胸につけても、ヨーロッパでプレーする時と変わらぬ優れたパフォーマンスを披露してほしいところだ。しかし2人のセンターフォワードはいつも疑いの目を向けられ、虫めがねで粗探しをされているように感じていた。そのため、サポーターを満足させるために、他の代表選手よりも結果が求められた。その1人がFCナントのスターであるママドゥ・バガヨコであり、もう1人がトッテナムのフレデリック・カヌーテだ。カヌーテはオリンピック・リヨンの下部組織で育っているためか、特に厳しい目で見られた。2人はマリを史上初めてワールドカップに連れて行く責任を負っていた。

バマコでの試合は、マリにとっては最高の形で始まった。クリバリのゴールで先制すると、マリはグループ1位になれるのではという期待が膨らんだ。そして、マリのリードに狂喜したサポーターは、ワールドカップ出場権をすでに手にしたかのような空想にふけり始めた。しかし、その後は試合を支配するどころか、トーゴのすさまじい攻勢に手を焼いた。トーゴのサッカーは烈風のように相手を瞬く間になぎ倒してしまう。ミッドフィルダーのサリフとママムが試合をひっくり返し、電光掲示板のスコアを1―2とした。特に痛々しかったのはアディショナルタイムで入れられた2点目だ。90分を過ぎてのゴールは決定的であり、マリは何の反攻もできなかった。マリはワールドカップ出場の夢と決別した。もっとも無残な負け方だった。試合の最終局面で2ゴールを食らってしまったのだ。

この敗北に気分を害したマリのサポーターはピッチに乱入、不満を露わにした。スタンドから引き抜かれたイスが頭上を飛び交い、マリのサポーターは棒と石で暴れ回り、トーゴの選手は、いまだどのように逃れたのか不明だが、無事にロッカールームにたどり着くことができた。真にカオスだった。全員の安全を確保しなければならない警察は断固たる措置を取り、混乱を収拾するために催涙弾を発射した。しかし、そのようなことをしても、ワールドカップの夢を奪われて怒り狂い、不満を暴力で表明することしか頭にない群集には焼け石に水だった。

第一の標的は試合の審判だった。この試合の審判に宿敵のガーナ人を指名するなどとんでもないと多くの人は考えていた。審判に対する怒りが鎮まると、次の標的はまさにフランス生まれの2人のフォワードだった。「バガヨコとカヌーテを連れてこい！」と、猛り狂ったサポーターたちはわめき出す始末。2人をスケープゴートにして、痛ましい敗北の代償を払わせるのだ。この嘆かわしい諍《いさか》いの結果、バガヨコはナイフで腕を刺されて負傷し、カヌーテは体じゅうを殴打された。2人のスターが安全な場所に保護されると、暴徒と化したサポーターの群れは通りに出て抗議を続け、街中の商店に放火し自動車を燃やした。敗北を受け入れることなどできず、破壊活動でフラストレーションを発散した。

カヌーテがチュニジアで開催されたアフリカネーションズカップ（CAN）で英雄に祭り上げられたのはほんの1年前の話だ。マリのユニフォームを着用しての初出場だったが大会の得点王となり、〝イーグルス〟を準決勝まで導いた。それからわずか14か月で状況が劇的に悪化してしまった。

Belleな（美しい）バマコが一夜にしてRebelleな（反抗の）バマコに変貌してしまった。オリンピック委員会の本部まで放火され、マリのスポーツの歴史が綴られた多くのファイルが焼失してしまった。試合が行われたスタジアムの暴動が制圧されると、狼藉者の一団はバマコのアンシエンポン橋を渡って地元のもうひとつのスポーツ複合施設「スタッド・ママドゥ・コナテ」を襲撃し、その一部を破壊した。この暴動により国家安全の責任者と警察局長が左遷された。この決断をしたのは共和国の大統領アマドゥ・トゥマニ・トゥーレだ。予想された通り、今回の市民の抗議運動は、ならず者らがサッカーの敗退を利用して組織したものだということに落ち着かせようとした。しかし、そうした公式見解とは異なる動機を唱える声が挙がり始めた。マリそしてマリ国民は国家への帰属意識が薄れてきているのだという意見が強まっていった。マリで何か重大なことがふつふつと煮えたぎり始めていた。結末の見えない危機が迫っている。

トーゴとマリのライバル関係はまだ数年続くことになる。敗北と、特にその後の騒乱によって呪われたあの不吉な日、セイドゥ・ケイタは憂慮すべき現実を肌身で感じ始めた。いつ爆発してもおかしくない潜在的暴力が国を支配していたという現実だ。サッカーはいつも社会の様々な面を映し出すが、今回のマリの観衆の不満も例外ではなかった。サポーターたちは、窮屈な日常生活から解放されたスタジアムで、ありのままの自分をさらけ出し、ありのままに行動する。しかし、それは歓声や声援といった陽の部分だけに限らない。不満を抱えればサポーターたちの態度はやがて豹変してしまうという側面もはらんでいる。バガヨコとカヌーテに向けて示された差別行為や、多くのサポーターが反射的に見せた怒りとその後の暴力は、もう鎮まったとはいえ、ケイタには即座に警報として感知された。

次のマリとトーゴの決戦は2年後、今度はガーナで2008年開催予定のCANへの出場をかけた戦いだ。この出場権をめぐる試合をするにあたり、トーゴの人々はアウェーとなるマリを敵意むき出しで迎えた。バマコで観客がピッチに乱入した事件が今でもまざまざと思い出され、トーゴの首都ロメは隅々まで極度な緊張感に包まれた。こうした状況の下に行われた試合では、マアマドゥ・ディアッラを相棒にしたケイタが率いる〝イーグルス〟が以前よりもずっと堅固だった。そしてトーゴをものともせず勝利した。今回も代表入りしたカヌーテは2年前から刺さったままの棘をふるい落とすかのようにゴールを決めている。しかし、観衆の攻撃性がそのまま黙っているわけがなく、今度はトーゴのサポーターたちがピッチに乱入した。カヌーテはベルトで殴られて負傷し、シディベはナイフで切りつけられた。人々がグラウンド内を縦横無尽に走りまわり、弾丸が宙を飛び、ナイフの刃がきらめいている。ケイタはまたしても目の前で展開されるアフリカの兄弟たちの暴力行為に茫然自失した。わずか2年の間に2度の大暴動。何か歯車が狂っている。

暴動の波が引いた後、特に大きな傷を負っていたのはカヌーテだった。カヌーテは無限の脚力を誇るアタッカーであり、ストライカーとしての体格と試合を支配する司令塔としての頭脳を持ち合わせていた。センターラインから相手ゴールまで、音もたてずにボールを運ぶことができた。自分のルーツはアフリカにあると認識し、フランス代表ではなくマリのエンブレムを守ることに決め、平均で3試合に2ゴールを挙げ、祖先の大陸のディフェンス陣に恐怖の種をまいてきた。セビージャFCでも活躍し、数々のゴール、躍動感のある走り、ピッチ全体を俯瞰する能力により、セビージャファンの間では生きた伝説となっている。そしてその頃、グアダルキビル川［訳注：セビージャ市街近くを南北に貫く川］の岸辺では、そのカヌーテが両手を広げて偉大な友を待っていた。

欧州でキャリアを積んでいたケイタだが、2007年の夏に飛躍を遂げた。フランスのFC

ロリアンからRCランスを経て、スペインのセビージャFCに加入すると、ラ・リーガの最初のシーズンで優れたパフォーマンスを見せて、ネルビオン［訳注：セビージャFCのホームスタジアムがある地区］の絶対的アイドルとなった。すると今度はFCバルセロナへの移籍が実現したのだ。

ペップ・グアルディオラのバルサでも前代未聞の輝きを放ちながら、堅実性も身につけた。カタルーニャ人の監督はケイタを宝石のように大切に扱った。バルサには才能ある選手があふれていたが、それでもピッチのセンターには筋力、ゴール力、走力の揃った選手が必要だと考えていたからだ。しかしケイタを特別なサッカー選手に仕立てていたのは、その華々しさにもかかわらずクラブでの活躍ではなかった。UEFAチャンピオンズリーグでの2度の優勝を含めプロとして16ものタイトルを獲得したが、ケイタという人物を別次元に大きくしたのは、同郷の人々の権利を断固として守ろうとしたことであり、マリ国民との約束を通していつも人々に勇気を伝えてきたことだ。

マリでは多種族が混在しているため、すべてのことが複雑化する。宗教はイスラム教が大半を占め、12の言語が使われ、地域ごとに様々な民族グループが散在している。北部にある、肌が焼けるほど灼熱のサハラではトゥアレグが多数派民族だ。このベルベル系民族の特徴は、何年にもわたって培われた遊牧精神と、砂漠のような敵意に満ちた環境で生き抜く能力だ。2012年1月、マリの北部で流血を伴う反乱が起きた。トゥアレグ族による反乱軍はアザワドの独立を求めて戦闘を開始した。アザワドはマリ北部の重要な3つの州（ガオ、キダル、トンブクトゥ）を含む地域で、マリと北アフリカを結ぶ地域一帯を支配することが目的だ。つまり、砂漠への出入り口を抑えようとしたのだ。

トゥアレグ族の反乱軍が北部でのさばりマリ軍と血みどろの争いを繰り広げていた頃、CANが開催されていた。マリ代表は準々決勝を戦うため、大会の共催国のひとつガボンへ向かった。退屈な前半戦のあと、後半戦は開始早々に電撃が走った。ガボン代表のオーバメヤンが敵陣ゴール近くまで右から切り込み中央に折り返すと、フリーで走り込んだムルンギがそのボールを〝イーグルス〟のゴールに叩き込んだ。現地のサポーターは歓喜の踊りを舞い、大統領のオマール・ボンゴは貴賓席で握りこぶしを振り上げた。ガボンの人々は勝利を確信していた。だが、試合終了5分前のこと、マリのアタッカーコンビが躍動する。モディボ・マイガが浮き球をヘディングで逸らしてシェイク・〝カニバル〟・ディアバテのゴールをアシストした。ディアバテはペナルティエリア内で体を半回転させ——2メートル近いアフリカ人ストライカーよりもクラシックバレエダンサーの方が似つかわしい動きだ——、同点に追いつくゴールを決めた。そしてPK戦までもつれ込んだ。双方の国の大スターたちが責任を持って最後のシュートを打つ。オーバメヤンが失敗して現地サポーターに気まずい雰囲気が走る。地元チームにとどめを刺したのはケイタだ。マリは8年ぶりに準決勝進出を決め、喜びもひとしおだ。

しかし、マリ代表の主将であり、PK戦で試合を決めるシュートをしたケイタは、試合後、マリのあらゆる階級の人々を揺さぶる宣言をした。

「今夜、準決勝への切符を手に入れ、きっとみなさんは満足でしょう。でも私は違います。祖国の問題のせいで胃がひどく痛みます。ですので、この場でお願いさせてもらいます。どうかマリ北部での戦争を終わらせてください。私たち同じ国民同士が殺し合うなんてありえません。大統領にお願いします。この戦争を止めるために必要な手段を取ってください」

心の底から発せられたメッセージは説得力があり人々の心に響いた。

クーデターによるアマドゥ・トゥマニ・トゥーレの失脚と、新国家アザワドの一方的な独立宣言によって紛争は終結した。2005年のワールドカップ予選トーゴ戦後の暴動で、大統領はマリ国民が制御不可能だということに気づき始め、そしてついに追いつめられて権力を手放すことになった。南北の意見を統一しようという試みはその後も何度かなされたが無駄に終わる。この国の亀裂は広がる一方で、譲り合うなどありえなかったからだ。

マリ代表は、準決勝でコートジボワールと対戦して敗退。ケイタはそれから数年の間、代表チームの一員として国際試合への参加を続けた。2015年、CANの開催地はモロッコに決まっていたが、同国でのエボラ熱の流行を憂慮して大会の開催を断念すると、候補地は赤道ギニアのみとなった。この大会は、当時ASローマでプレーしていたケイタにとって最後の大きな国際大会となる。祖国への最後の奉仕だ。自分の誕生を見守ってくれた国のエンブレムのためにずっと尽力してきた。その輝かしい経歴の最後を飾る素晴らしいチャンスだ。「クラブでタイトルを獲得することも素晴らしいが、代表としての大いなる勝利に優るものは何もない」とこの主将は常々言っていた。同大会中に100キャップ・25ゴールを達成し、マリ史上最高のプレーヤーとなった。

グループリーグでは、カメルーンとコートジボワール相手に両試合とも1－1の引き分けをともに演じたマリとギニアが、モンゴモ・スタジアムで激突した。このスタジアムは赤道ギニアの大統領が、アフリカサッカーの祭典のために故郷の街に建設したものだ。ギニアが元ACミランのケヴィン・コンスタンのゴールで先制。ペナルティキックをパネンカで決めたのだ。何度でも見入ってしまう美しいゴールは、よだれかけの用意が必要なほどだった。その数分後、マリは相手のハンドにより、同じくペナルティキックで同点とするチャンスを得た。しかし、主将ケイタが放ったボールは弱々しくゴールキーパーのヤッタラの手に収まった。後半になって、モディボ・マイガがヘディングで同点にすると、モンゴモに駆けつけたマリのサポーターは歓喜し、今度は「セイドゥ、セイドゥ！」と、今大会が最後の国際大会となるケイタに向けて、鼓舞し続けた。そこには、先ほどのペナルティキックの失敗など気にするなという思いも含まれていた。しかし、試合はそのまま1－1で決着。順位表では、2位争いをするマリとギ

ピッチ内外の洗練された振る舞いによって、ペップ・グアルディオラからも
絶大なる評価を得ていたセイドゥ・ケイタ【ロイター/アフロ】

ニアがすべてのポイントで並んでいた。どこをどうとっても両者に差をつけられない。どちらのチームがコートジボワールとともに決勝トーナメントに進むべきか、決める方法がない。

もっとも正当な非常手段はPK戦を行うことだっただろう。グループリーグの決着としては不条理かもしれないが、アフリカでは緊急事態で臨機応変に対処することには慣れている。PK戦も自然な解決法だとして誰もが受け入れたに違いない。しかしアフリカサッカー連盟（CAF）は想定外の事態に直面して何の反応もできなかった。両チームがポイントも得失点もすべて同点で終わるなど、その日まではありえなかったのだ。

両チームが残した成績を基にした非常に複雑な解決策を模索することなく、CAFはすべてを偶然の手に委ねることにした。翌日、赤道ギニアの首都マラボのホテルに両国のサッカー連盟の代表者を招集し、抽選によってガーナが待ち受ける準々決勝の進出チームを決めた。マリ代表のカスペルチャク監督とギニア代表のデュスイエ監督がこの方法に激怒した。アフリカ大陸における最高峰のスポーツ大会において、国の存続と同じくらい重要なことを抽選箱に入ったボールで決めるなど言語道断だ。

特にこの物語の主人公が置かれた立場を考えると悲痛なものがあった。ペナルティキックを失敗したことが短剣のようにぐさりと記憶に突き刺さったまま、ケイタはまだマリ代表として続けられるかどうかを運命の手に委ねていた。もし運命の女神がマリ代表に冷たくすれば、

100以上のキャップ数と25ゴールを誇る男のキャリアがその日の午後に終わってしまう。個人の栄光よりも国民の安寧を常に優先してきた紳士、ヨーロッパのクラブではすべてを手にしたものの、自分のルーツを忘れるどころか、力ある立場を利用して同胞たちに対する正当な扱いを訴え続けてきたサッカー選手のキャリアがだ。

だが運命の女神は冷酷にもケイタに背を向けた。抽選の結果、ギニアの決勝トーナメント進出が決定した。サッカーとマリ社会に大きく貢献してきた、アフリカの偉大なる大使は国際舞台から引退した。抽選のボールがそう望んだからだ。

自らの特権的立場をいかして、母国マリの様々な状況を変えようと尽力してきたサッカー選手の黄金期の終幕は栄光に満ちたものとはならなかった。しかし、ケイタが〝イーグルス〟に残した足跡はとても大きい。ペップ・グアルディオラ監督率いるバルサで活躍したが、目標を見失うことはなかった。自分が今どこにいて、そしてとりわけどこへ行きたいのか知りたい時は、今の自分が形成される元となったルーツを思い出してみればよい。ケイタは、歩いた先々で教訓となるような素晴らしい言葉を残した。このことから、ケイタが偉大なサッカー選手だったということだけではなく、いつも先を見据えていた男という人物像も浮かびあがってくる。マリでは、社会的大義に関わり、最高指導者たちと向き合い、2つに分裂した国で平和を求めて戦い続けたことにより、伝説の人となっている。新世代の人々にとってのお手本だ。

5

ナイジェリア

〝スーパーイーグルス〟は天高く舞う

「先に川に到着した者ほどきれいな水にありつく」

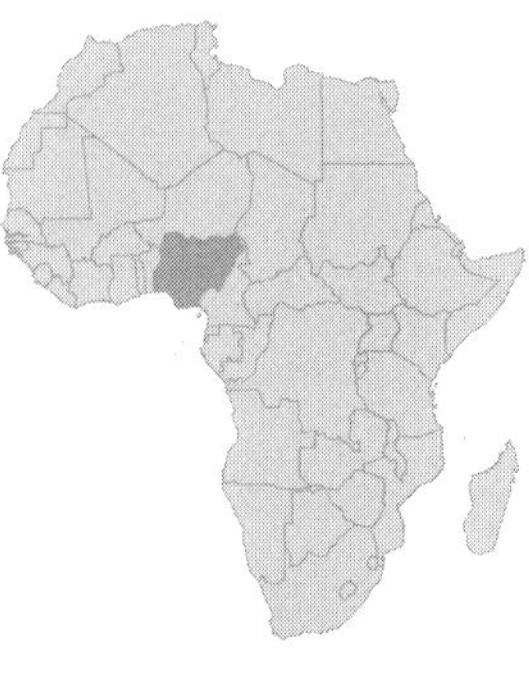

ナイジェリアの人口はおよそ2億人。アフリカでもっとも人口が多い国だ。多様な文化、多数の民族、イスラム教とキリスト教に分かれた双頭の宗教、いまだに塞がらない過去の傷口。これらの事情により、このアフリカの大国を支配することは非常に複雑で困難だ。１９６０年まで続いたイギリス植民地時代に地下資源の石油と天然ガスが主要財源になることがわかったが、それが原因で権力争いが生じ、深く根を張って根絶が困難な汚職を助長し続けている。

ナイジェリア人のＤＮＡに刻まれた遺伝子のおかげで体格に恵まれているため、スポーツはいつも国の誇りの大きな源泉であり続けてきた。ナイジェリアのスポーツ選手は、生まれついての爆発力、苦痛に対する並外れた抵抗力、豊富な運動量を可能にする筋肉質な体に恵まれ、いつも抜きんでた活躍をしてきた。

サッカーでは、ナイジェリアはこの優越性を1990年代半ばまで示すことができなかった。1980年に開催国となったアフリカネーションズカップ（CAN）を除いて、隣国のザイールやカメルーン、ガーナ、コートジボワールに対して優位に立てなかったし、ましてや北アフリカのライバルたちに対しては目も当てられない状況だった。しかし〝スーパーイーグルス〟の黄金時代をこじ開けることになるユース年代の選手権が開催された。

それは1993年に日本で開催されたFIFAU－17世界選手権だ。そこに現れたナイジェリア代表は才能ある選手にあふれ、名誉挽回の意欲に燃えたチームだった。質の高い選手としてディフェンダーのババヤロ、ミッドフィルダーのウィルソン・オルマ、フォワードのヌワンコ・カヌを擁し、同選手権では最初から最後まで他のチームを圧倒し、決勝戦ではガーナを粉砕した。そして、大きな勝利を繰り返してサッカー界の頂点に立ちたいと願うようになった。このことは何か大きなものに育つ種となり、ナイジェリアサッカーのもっとも輝かしい時代を創出することとなった。

世界を制覇したいと願う若者たちのチームに年上の選手らは刺激を受けた。翌1994年のCANでは、ナイジェリア代表はチュニジアの地で威信を見せつけた。この大会で思い出されるのは激しい闘志で得点を重ねた、今は亡き〝カドゥナのバッファロー〟ことラシディ・イエキニだ。イエキニはこのあと短期間だがレアル・スポルティング・デ・ヒホンに在籍した。ナイジェリア代表から才気があふれ出ていた。このチームはアフリカ史上最高の代表チームのひとつに成長する基盤があり、5年間で世界の強豪に仲間入りした。〝王子様〟ルファイがゴールを守り、オーガスティン・〝ジェイジェイ〟・オコチャはボールを足に縫いつけたかのようにコントロールしながら堂々とした態度で試合を支配し、敵陣ではフィニディが馬のように駆け回り、アモカチとイエキニがハンマーのようにシュートを繰り返す。〝スーパーイーグルス〟は天高く舞っていた。

次の舞台は同じ年の夏に米国で開催されたワールドカップだ。この大会で、ナイジェリアはすでに黒い大陸で声を限りに叫んでいたことを、世界相手に示し始めた。それは、世界の強豪と互角に張り合えるだけの実力を身につけたということだ。数か月前のCANでナイジェリアを優勝に導いたクレメンス・ウェステルホフ監督が率いる若者たちは、このワールドカップでも注目に値する戦いぶりを見せた。グループリーグでギリシャとブルガリアを下してベスト16に進出したのだ。そこで待っていたのは勝利に飢えたイタリアだ。前大会ではイタリアが開催国だったが、準決勝でPK戦の末敗退した。その苦みを口から取り除きたいのだ。

試合の出だしはナイジェリアに追い風が吹いた。アムニケがコーナーキックからの攻防戦でシュートを放って相手ゴールのネットを揺らした。しかしフォワードのアモカチが負傷すると、それを境にオランダ人監督の采配に変化が起きた。〝スーパーイーグルス〟の監督は自分の将来を左右することになる重大な決断を迫られた。選択肢は2つ。アフリカ風にリスクなど考えず本能のままにプレーを続ける。あるいは、ヨーロッパ風に理性的に行動する。ウェステルホフ監督は後者に傾き、ムティウ・アデポジュを投入すると、オコチャを前に出してトップ下に置いた。守備固め、防衛のための交代だ。

ナイジェリアじゅうの人々が、今回のワールドカップで全世界に対して、ナイジェリアは世界の舞台で堂々と難なく戦えるのだということを示すものだと思っていた。しかし監督は保守的な態度を取って矛盾したメッセージを送った。試合終了間際にロベルト・バッジョがシュートを放って同点とし、延長戦で再び〝神のポニーテール（バッジョの愛称）〟がペナルティキックを決めて決定的な打撃を相手に与えた。ナイジェリアは準々決勝に進むことなく敗退した。隣国カメルーンは1990年のイタリア大会で準々決勝に進出したというのに。監督は二重の罰を受けた。選手からも世論からも厳しい批判を浴びたのだ。アフリカサッカー史上最高の世代を擁し、すべてが有利な状況であったにもかかわらず、一歩前に出るどころか恐れをなして後ずさりしたのだ。ナイジェリア人は臆病者を許さない。

そんなナイジェリアの政治および経済状況は日増しに混迷の度を深めていった。1993年、奇妙な状況下でサニ・アバチャ将軍が政権を奪取してナイジェリアの第10代大統領となった。夏に行われた選挙では実業家のモシュード・アビオラが過半数の票を得て当選した。しかし物議を醸した判決により選挙は無効となった。不正があったためとされたが、国際監視団は問題ないと見ていた。数週間後に再選挙は実施されたが、重大な危機が生じて辞退が相次ぎ、最終的にサニ・アバチャが政権の座に収まったのだ。

アバチャが最初にしたことは、政権に対する批判が激しいラゴスから逃げ出して、自分の出生地カノにより近いアブジャを新しい行政首都に指定することだった。大統領は最初から多国籍石油企業と手を結んでいたが、これがアバチャ政権に対する反対運動を生み出すことになる。ナイジェリア沿岸への廃棄物の投棄は健全な生態系に甚大な被害をもたらした。詩人で作家のケン・サロ＝ウィワが活発的に反対運動を指揮し、政府の基盤を揺さぶった。ウィワは、ニジェール・デルタに定住する、ナイジェリアの少数民族オゴニの出身だ。

国の南東部での大規模な石油採掘と汚染の放置によりオゴニ族の生存が危険にさらされた。そのため、抗議運動が高まるにつれて、アバチャ大統領は国民を取るか多国籍企業の金を取るか選ばなくてはならなかったが、大統領のポケットにその金が入っていたことがのちに明らかになる。つまり、国の最高指導者は国民に背を向けたのだ。何千人もの農夫や漁夫が石油の残《ざん》滓《し》に翻弄された。大統領は事態の収拾を図るために、国内に騒乱を引き起こしたとしてサロ＝

ウィワと8名の活動家を処刑した。

予想通り、大統領は国際社会からの批判にさらされる。まず、ナイジェリアはイギリス連邦［訳注：主にイギリスとその植民地であった独立主権国から構成される国家連合］の資格を3年間停止された。そして南アフリカで社会の統合を進めていたネルソン・マンデラは、国の指導者が人権を侵害しているとしてナイジェリア産石油のボイコットを呼びかけた。政権奪取後わずか2年でアバチャは影響力が非常に大きな世界の国々を敵に回すこととなった。しかし大統領は衝撃的な報復をした。1996年に南アフリカで開催予定のCANにナイジェリア代表は参加しないと宣言したのだ。以前からアフリカのベストチームであり前大会優勝者のナイジェリア代表は、アバチャの命令によりマンデラがホームで準備していた祭典に参加しないことになった。

国民を窒息させ、CAN不参加を表明した政権の下、ナイジェリア代表は同じ夏に開催されたアトランタオリンピックには疑念の海に包まれながら出場した。この素晴らしいサッカー選手たちは急激に悪化する国内情勢に心を痛めながらも、祖国から遠く離れたサッカーグラウンドで国民の期待に応えなければならなかった。複雑な任務だった。

ナイジェリア代表監督でオランダ人のジョー・ボンフレールは、1994年のワールドカップではナイジェリア代表のアシスタントコーチを務めていた。その時期に多くのことを学んだが、中でも特に価値ある教訓がひとつあった。ナイジェリア人は臆病風に吹かれることを許さないということだ。そのため、ウェステルホフが解任され、自分がオリンピックチームを引き受けることになった時には、その教訓を忘れまいと心に誓った。

国の社会不安とサッカーへの期待のはざまで、ナイジェリア代表はオリンピックでの戦いを開始した。グループリーグは派手ではないが効率よく迅速に通過した。準々決勝ではホルヘ・カンポスを擁するメキシコと対戦。前半にオコチャの才気あふれるシュートが炸裂し、試合終了間際にはババヤロがゴールを決め、ジョー・ボンフレールの生徒たちは北アメリカの代表チームに対して落ち着いた勝利を収めた。もっとも、過去に名を馳せた偉大なアフリカ代表チーム（88年のザンビア、90年のカメルーン、94年のナイジェリア自身）を定義する形容詞を探した時に、「落ち着いた」は選択肢に入らない。しかし96年のナイジェリアは十分成熟し、どのような試合状況にも適応できた。オランダ人監督が前任者の失敗から学んだのは確かだった。

ブラジルとの準決勝は一大スペクタクルだった。〝カナリア軍団〟は2年前のワールドカップ優勝時よりもさらに強力なチームだった。ナイジェリアとブラジルはグループリーグでも対戦したが、その時の試合は、当時サッカー界の期待の新星だったロナウド・ナザーリオのゴールのおかげでブラジルが勝利した。しかしメダル獲得まであと一歩の準決勝では、まさに真剣勝負の様相を呈した。

前半戦終了時のスコアは1－3で、ブラジル人は歓喜し、スタンフォード・スタジアムのスタンドを埋める7万8千人の観衆の大半は悲嘆にくれていた。中立の観客の多くがナイジェリアの応援に回ったのだ。物語にドラマ性を加えるために言っておくと、オコチャは点差を縮めるチャンスだったペナルティキックを失敗した。どんなチームもこのような痛手の後には落ち込むものだが、イクペバが2点目を入れたおかげで乗り越えた。そして試合終了間際、〝スーパーイーグルス〟はコーナー付近でスローインの権利を得た。その日は自分が主役ではないとわかっていたオコチャは両手でボールをつかんでミサイルのように投げる。ボールはゴールエリア近くに着地。その時まさに魔法のようなことが起きた。2回蹴られ損ねたボールは、ゴールに背を向けてゴールエリア内にいたカヌの足元へと転がってきたのだ。背後ではブラジルのゴールキーパーであるジーダがカヌのうなじに荒い息をはいている。その時、不可能に近い状況を打開するための1、2秒をカヌにプレゼントしようと時間が止まったかのようだ。このナイジェリア代表のストライカーは、ボール目がけて滑り込んでくるジーダの上を越すように足の甲でボールを軽くリフトすると、体を反転させながらゴールマウスへとシュートを決めた。

重大な局面に、ひらめきの女神が創造した作品のようだ。3－3の同点。カヌは満面の笑みで両腕を後ろに広げて走りながら、喜びを体全体で表した。しかしこれだけで終わらない。守りに入って後ずさりなどせず、今回は一歩前に出た。そして今夜のヒーローが再度ゴールを決めて試合を勝利で締めくくった。盛大なお祭り騒ぎだ。決勝戦に駒を進め、オリンピックのメダル獲得は確定だ。

栄光までまだあと一段ある。決勝戦の相手は、南米のもうひとつの怪物アルゼンチンだ。クレスポのセンタリングから、〝ピオホ（シラミを意味するクラウディオ・ロペスの異名）〟ことロペスのヘディングシュートにより〝アルビセレステ（白色と水色を意味するアルゼンチン代表の愛称）〟が先制。しかしナイジェリアはびくともしない。アルゼンチンは攻め続けたが、絶好の瞬間にまたもやアフリカサッカーの魔法が現れた。カヌの右クロスからババヤロが値千金のヘディングゴールでカバジェロの守るゴールを撃ち抜き、前半のうちにアルゼンチンに追いついた。しかし後半になってクレスポにペナルティキックを決められて、再びリードを許してしまうが、それも束の間、誰もが予感していた通り、しばらくしてアモカチが同点のシュートを放つ。ナイジェリアの選手たちは失敗から学び、この決勝戦では難しいことは考えないでプレーしようと決めていた。

1993年のU－17世界選手権でまかれた種が最高の輝きを放ちながら花開いていた。最終的に試合は3－2でナイジェリアが勝利。選手の首にかけられた金メダルは世界じゅうで称賛を浴びた。しかし、またしても、これまで何度も起きてきたように、外部要因がこの国のサッカーの行方に直接インパクトを与えることになる。

ボコ・ハラムは、アフリカ西部で活動するイスラム過激派テロ組織である。宗教を言い訳に使い、また「宗教の浄化」を主張しながら、ナイジェリア一帯で残虐な行為を犯している。市民へのテロ行為は2011年以降暴力の度合いを増し、ナイジェリアでは200万人を超える国内避難民を生み出し、ニジェール、チャド、あるいはカメルーンへ難を逃れた亡命者は25万人を数える。もっとも衝撃的な出来事のひとつが国の北東部に位置するチャドで起きた、女学校の生徒300人を誘拐した襲撃事件だ。女生徒らはトラックに載せられどこかへ連れ去られた。この誘拐事件は各紙の1面を飾り、世界じゅうで報道され、後日ソーシャル・ネットワークでは#BringBackOurGirls(私たちの少女を返して)というハッシュタグであふれた。その後、西洋諸国の外で起きる残虐事件の大半と同様、そのボコ・ハラムの事件も世界で忘れ去られた。そこから近い町バガでは、その数週間前にこのジハード主義組織の手によって100人のキリスト教徒が殺されている。テロリストたちはナイジェリアの北東部を支配下に置き、さらに支配地を拡大しようとしていた。

〝スーパーイーグルス〟は、国内で相次ぐ残虐事件のため、胃に重みを感じながら2014年のワールドカップ・ブラジル大会に臨まなければならなかった。ワールドカップでは偉大な役割を果たすだけでなく、国民の心からテロへの恐怖心をそらす一助となるべく戦わなければならない。ナイジェリアは前年（2013年）に開催されたCANで優勝を果たし、サッカー人気が復活したことでジハード主義のイスラム過激派グループをいらつかせていた。

当時のボコ・ハラムの指導者アブバカル・シェカウは、いくつかのビデオを流布させ、その中でサッカーは西アフリカ全土を堕落させている邪悪なものだと決めつけた。シェカウは言う、「サッカーボールはイスラムを信仰する市民を分断する障壁なのだ」と。コーランのどの一節にもシェカウの声明を補強するようなことは書かれていなかった。しかしこの男の指揮下にある組織の反応はすさまじかった。ワールドカップの試合が行われている間に、ナイジェリア各地で自動車爆弾が炸裂。通りの近くのオープンスペースに設置されたスクリーン周辺に殺到した住民がブラジルで行われている〝スーパーイーグルス〟の試合を観戦していると、相次いでテロの標的となって修羅場と化した。国民の血が流されるたびに、代表チームの選手はますます神経をすり減らした。

それでもナイジェリア代表は確固たる足取りでワールドカップを歩み続けた。グループステージを中盤のオナジとオビ・ミケルの働きやエメニケの得点力のおかげで突破すると、ベスト16での対戦相手はフランスということもあり好試合が期待された。国民を喜ばせたいという気持ちと、試合が行われるたびにナイジェリアでテロが起こるという苦悩のはざまで、〝スーパーイーグルス〟はブラジリアでの極めて重要な試合に臨まなければならない。

試合中、ゴールキーパーのビセント・エニェアマは躍動感あふれる活躍を見せた。特にポール・ボグバのボレーシュートをはじいたアクロバティックなセービングは見事としか言いようがない。後半になるとナイジェリアが試合を支配し、野心にあふれたその姿は1996年のオリンピックのチャンピオンチームを彷彿とさせた。ビクター・モーゼスの疾走、エメニケのシュート、エニェアマのセービング。オジェニ・オナジの姿も際立ち始める。正確な左足を武器に中盤を支配していた。オナジが生まれ育ったジョス市（ナイジェリア中央に位置する都市）はその約1か月前に起きたテロ事件［訳注：118名が死亡するテロ事件が2014年5月20日に発生。ボコ・ハラムの犯行とみられている］によって、悲しみに打ち沈んでいた。オナジとしてもこの大会には並々ならぬ思いで臨んでいた。しかし後半途中、そのオナジにマテュイディが激しくタックルしてナイジェリアじゅうを震撼させた。無情なことに、オナジは脛骨を骨折して負傷退場となったが、その骨折の痛みは、仲間たちが前に進み続けることを助けられないがために感じる痛みの比ではなかった。オナジの不在は、〝スーパーイーグルス〟にとって致命的だった。結局、試合に敗れてブラジルを後にした。ただし、胸を張って。

ナイジェリア出身で、同国の著名な文筆家の1人であるチママンダ・ンゴズィが語っているように、ナイジェリアは「脆い何本かのピンに支えられた、いくつもの民族の巨大な混合体」だ。この国の人々は、2億人もの人口を抱える国をいつ粉々に吹き飛ばすかわからない爆発性を秘めた均衡の中で生き延びながら、〝スーパーイーグルス〟が天高く舞うことを夢見ている。

6

トーゴ

血と石油

「平和のうちに自分の問題を解決できないならば、戦争を避けることはできない」

アフリカの中央地帯は、ブラック・アフリカに含まれる。サハラ砂漠の南部に広がるあの広大な一帯だ。文化や色彩、歴史、人種、伝統の壮観な坩堝《るつぼ》であり、細かく調べ始めると多様過ぎて手に負えない。大西洋が海岸線を浸し、大陸のシルエットを特徴づけるあの大きく湾曲した西部には、驚くべき特異性がうごめいている。コートジボワールとナイジェリアに挟まれた土地を3つの国が奇妙な形で分け合っている。3つの国は垂直線によって分けられ、非常に細くて長い姿が目を引く。ガーナとベナンが一番細い国であるトーゴを両脇から監視しており、トーゴはほとんど存在しないスペースに隙間を空けようとして永久にもがいているようだ。そ

のように隣国からぎゅうぎゅう押されながらも、決して押しつぶされまいとトーゴは常に闘いの中に身を置いている。この地理的現実はメタファーであり、窒息死しまいと生き延びようとするトーゴ国民の宿命をよく映し出している。

ギニア湾に無理やりはめ込まれたようなこの小さな共和国に名づけられた名前トーゴは、グベ語群とともに主要言語であるエヴェ語に由来しており、「湖が絶える土地」を意味する。アフリカのこの一帯は非人道的な扱いを受け、16世紀から18世紀にかけて人身の取引が活発化し、「奴隷海岸」とさえ呼ばれるようになる。ヨーロッパの主な大国のみならず、北アフリカの同胞たちまでもがこの地域に網を打ってリベリア人、ブルキナファソ人、トーゴ人などの筋骨たくましく耐久力のある男たちを捕まえて、まるで単なる商品であるかのように売りさばいた。

19世紀末に開催されたベルリン会議では、アメリカ大陸とアフリカ間の交易に好都合な位置にある一帯を保護領とする権限がドイツに与えられた。この地域は新たに「トーゴランド」と名づけられる。しかし、第一次世界大戦が終結すると新展開を見せた。武力紛争の後、フランスとイギリスが同地を分け合うことに決めたのだ。フランスは、元々圧倒的な存在感を示していたアフリカ北西部で植民地政策を強化し始めた。自国の文化、習慣、言語など「フランコフォニー［訳注：フランス語の話者の人々で構成される言語共同体を指す概念］」の概念につながるものを何から何まで、目まぐるしい速さで導入し、無理やり押しつけた。もはや単なる土地の侵略ではなく、植民地化された国民の日々の生活にも入り込もうとしていた。領土を物理的に占拠するだけでは不十分であり、現地の文化に介入し、自分好みの型にはめ込もうとしていた。

1960年代初頭、大半の植民地と同様、トーゴは独立宣言をした。首都ロメは、国の短い海岸線を覆う細かい砂の浜辺で足元を海に浸し、40以上の異なる民族を抱える国の商業の中核だ。熱帯気候であり、雨季には何リットルも何リットルも雨が降り注ぎ、そのおかげで農業が経済の主な原動力となっている。国民は、農業開発にその生計が支えられ、度重なる打撃から立ち直ることができた。

サッカーについて言えば、トーゴは世界の舞台で輝いたことが一度もなかった。アフリカネーションズカップ（CAN）には散発的に出場したが、出場しても予選敗退かそれより少しまし な程度だった。しかし2006年、〝ハイタカ〟軍団はあらゆる予想を覆して活躍し、トーゴサッカー史上最大の武勲を立てた。ワールドカップ出場だ。若手エマニュエル・アデバヨールと2人の最高の仲間ロマオとモハメド・カデルに率いられたトーゴ代表チームは、喜びと誇りにあふれた。この三又の武器はパニックの種をまきながら進撃し、全く予測不可能な動きをするマシーンだった。このマシーンを設計したのは、今は亡きステファン・ケシ監督だ。元ナイジェリア代表選手で、キャリアの大半をベルギーでプレーした。このチームには無秩序なところがあり、それがために対戦相手は震え上がり、トーゴ人の攻撃を制止するための防御メカニズムを見つけることができなかった。〝ハイタカ〟軍団は試合をコントロールする必要もなく、試合のリズムをつくり出す必要もない。そして何もない所から生み出されたどんなアクションからも、最高の選手たちを通してシュートが次々と製造された。

1984年生まれのシェイ・エマニュエル・アデバヨールは、平凡とは言えない幼年時代を過ごした。生まれて最初の4年間歩くことができなかった。それは家族、特に、成長するに連れて重くなっていく息子を背負わなければならなかった母のハジア・アデバヨールにとっては拷問を意味した。エマニュエルの足の問題を解決しなければという必死の思いで、ハジアは西アフリカじゅうを旅して治療法を探したが無駄足だった。しかし、ある日曜日の朝、ハジアは伝統に従って教会にいると、ボールが道の地面で跳ね返る音が聞こえた。突然、神様からの贈り物かとでもいうように、息子は母親の両腕から離れてそのボールを追いかけて走り出した。一度も歩いたことがなかった子供が、初めて母親の膝から飛び出したのは、ボールを追いかけて走り出すためだった。アデバヨールの運命は定まっていた。サッカー選手として成功に満ちたキャリアがアデバヨールを待っている。

自然の奇跡が、何年も後にトーゴを史上初のワールドカップ出場に導くことになる。そのアフリカの神秘が何十年と語り継がれることになる伝説の端緒となったわけだ。しかし、その後またもやアデバヨール家にとってショッキングな事件が起きた。父親のシャドラクが、息子がワールドカップで戦う姿を見る前に他界したのだ。この悲劇により、母親は、3人の息子と3人の娘、合わせて6人の兄弟の面倒を1人で背負い込むことになる。それでもトーゴのストライカーは、克服不可能なトラウマを抱えることもなく、スカウトに見出され、14歳で渡仏。その後は、ASモナコでも代表チームでも偉大な成績を残し続けた。

2006年ワールドカップへの切符をポケットに入れたまま、その前にエジプトで開催されるCANに臨まなければならなかった。その大陸規模の大会において、ステファン・ケシ監督率いるチームが得意とする電光石火の攻撃でアフリカサッカーの頂点に上りつめることが期待されていた。トーゴ代表の選手たちは、胃袋がむず痒くなった。ついに自分たちの時代がやって来たと確信した時に感じる感覚だ。しかし期待外れに終わった。

グループリーグで同組となったのはカメルーン、アンゴラ、コンゴ民主共和国だ。トーゴ代表は3試合とも派手に負け、高転びに転んだ。初戦の相手はコンゴ民主共和国。おなじみのフランス人監督クロード・ルロワに指揮された〝レオパルド（ヒョウ）〟は、自由にボールを持たせると非常に危険な相手となる。自由奔放に走ることを許された2人のストライカーは、美味な戦利品を捕獲するチャンスを逃すことはない。トレゾール・ムプトゥとトレゾール・ルアルアの2人の豪華な捕食者は、いわばチームの「宝」だ。この試合の前半は均衡が保たれたまま時計の針は進んでいったのだが、ハーフタイム直前の45分のことだった。コンゴがトーゴからボールを奪取した。コンゴにとって理想的な状況となった。トーゴの守備陣形は崩れたままで、ピッチにはスペースが生まれている。コンゴのカウンターアタックとなった。ルアルアがルックアップしたまま軽快な走りでボールを前に運ぶ。トーゴのディフェンダーが戻り切る前に、もうひとりのアタッカーであるムプトゥにボールを預けた。ムプトゥはラストパスを受けると柔らかいボールタッチでシュートを放った。ボールはトーゴのゴールを守るコッシ・アガサの頭上を越えてゴールマウスへと吸い込まれ、完璧なカウンターアタックを締めくくった。そして試合は後半になるとルアルアがゴールを決め、コンゴ民主共和国が勝利をものにした。

トーゴにとって痛い敗戦となった。強豪の集う選手権でグループリーグの初戦を落とすと、最初から逆流の中を泳がねばならなくなる。2試合目でまた別の捕食者と対戦しなければならないとなるとなおさらだ。その捕食者とは、カメルーン代表〝不屈のライオン〟だ。2000年と2002年のCANで栄冠に輝いたものの、2004年は王冠を奪取し損ねたカメルーンは、本大会で王者奪還を狙っている。カメルーンは最初の試合を3－1で勝利しており、2試合目には自信満々で臨んでいた。その当時、カメルーンのサミュエル・エトーは敵のディフェンスをものともせず、向かうところ敵なしだった。ドリブルも、ボールコントロールも、ゴールへのシュートも、人が想像しうるすべての方法で自由にボールを操る。そんなエトーが後半の中頃にゴールを決めた。トーゴのペナルティエリア前でボールを拾ったエトーの打ち込んだ弾丸シュートにゴールキーパーのコッシ・アガサは愕然とする。これでトーゴは2連敗となり、アデバヨールと仲間たちのグループリーグ敗退が確定した。

第3戦はアンゴラとの試合だった。単にどちらがグループ最下位になるかを決めるだけの手続きのようなものだったが、ウドゥン・スプーン［訳注：最下位のチームもしくは個人に贈られる賞。実際トーゴには与えられておらず、ここでは皮肉として引用］はトーゴのものとなり、ケシ監督はひどく苛立った。代表チームをワールドカップ初出場へ導いた監督が、出場を楽しみにしていたワールドカップ・ドイツ大会の前に、CANで轟音を立てて倒れてしまったのだ。普通の状況であれば、たいていのサッカー協会は監督が忍耐と汗で手にした成功の蜜を最後まで吸わせるところだが、トーゴでは物事はそのようにはいかなかった。CANのグループリーグでの敗退は国辱なのだ。サポーターらの不満の高まりを受けて、トーゴサッカー連盟は早急に決断した。なんとワールドカップの3か月前に監督を解任したのだ。真の爆弾だ。

最大の緊急事態の解決策として、監督にはオット・フィスターが適任であるとされた。このドイツ人監督は、1972年にルワンダ代表の監督を引き受けたことを皮切りに、以来40年以上にわたってアフリカ大陸のチームを指揮してきた。アフリカでの監督歴は一覧表にすると大変長いものになり、ルワンダの他にブルキナファソ、セネガル、ザイール、ガーナ、カメルーン、アフリカ北部のいくつかのクラブ、スーダン、そしてもちろんトーゴも含まれている。アフリカの代表チームの監督として30年の経験を積んできた人物が、トーゴにとって初めてのワールドカップという檜舞台で、〝ハイタカ〟軍団を指揮する責任を担うことになった。円熟期にある選手が何名かいるし、監督には経験に裏づけされた知識がある。状況はそれほどひどくないように思われた。

この代表チームの選手の大半は、フランス、ベルギー、スイスなどの中堅クラブに所属していたので、選手揃えは極上だ。ワールドカップは大観衆に自分をアピールできるまたとない機会だ。2002年のセネガル代表が好例だ。日本・韓国共催のワールドカップで好成績を残したおかげで、多くの選手が好条件の契約にサインした。ワールドカップ出場は、選手にとってスポーツ的な動機になるだけでなく、経済的な刺激にもなる。トーゴサッカー連盟は、それまでの功績に対して高額の報奨金を約束していた。蜂蜜をかけたクレープだ。しかし、ご想像の通り、それは現実的とするには出来すぎた話だった。ドイツで大会が始まって数日後、代表チーム内部で騒動が持ち上がった。選手と指導者間で報奨金の支払いについて合意に達しなかったのだ。約束した金が届かない。アフリカサッカーの永遠の問題だ。

選手たちは初戦の韓国戦をボイコットすると脅した。この緊急事態に対し、FIFAはこの揉め事への介入を決断。世界最大のスポーツイベントで爆弾を破裂させようとしている選手らに対し、埋め合わせをすることにした。1974年大会のザイールのようなスキャンダルに発展しつつあったが、サッカーの最高組織が素早い対策を施した。

〝ハイタカ〟軍団はスイスにも韓国にもフランスにも敗れた。トーゴがワールドカップで決めた唯一のゴールは、カデルが韓国戦の前半において右足で放ったシュートだけだった。ダイビングした韓国のゴールキーパーの手をすり抜けたボールはファーサイドのゴールポストに弾かれながらもゴールマウスの中へと消えていった。このゴールで瞬間的にトーゴに有利な試合展開となったが、それも時間の問題でたちまち崩壊した。トーゴは本大会で1試合も集中力を90分間維持して戦うことができなかった。3戦全敗の成績は年初のCANと同じ結果だ。トーゴサッカー連盟は、代表チームの徹底した構造改革を実行しようとしたが、成果が出ることはなかった。

トーゴのワールドカップへの旅はこのようにして始まり、そして終わった。もっと落ち着いた環境であれば、手中にあったダイヤモンドを使いこなして、もっとうまく戦えたのではないかという印象だ。トーゴ代表のスーパースターである、エマニュエル・アデバヨールはあの頃にはすでにアーセナルFCに所属してプレミアリーグでゴールを決めていたのだから。〝ハイタカ〟のサポーターたちは、それまで巨人に見えていた隣国のガーナやナイジェリアのようなライバルたちと同じ目線で睨みあえるようになるのではと夢想していたのだ。

2010年、トーゴ代表が完熟期を迎えていた頃にアンゴラでCANが開催された。当時のアンゴラは石油の生産が絶頂期にあった。かつてのポルトガル植民地は、富裕な、まさに酒とバラの日々を謳歌していた。国の沿岸で原油やガスの鉱床が発見されたことにより、アンゴラの経済は急成長を遂げた。27年にわたり国を疲弊させた内戦が2002年に終結すると、アンゴラの人々の人生はにっこりと微笑み始めた。同大会もいつも通り、16の代表チームを1組当たり4か国として4組に分けた。このうち3つのグループは平穏な場所、すなわちルアンダ(首都)、ベンゲラ、ルバンゴで試合が行われる。石油がもたらした繁栄をここかしこで肌身に感じられる所だ。

ところが、グループBはこれらの街から離れた、特別な場所で開催されることになっていた。コートジボワール、ガーナ、ブルキナファソ、トーゴの代表が対戦するのは、暴力と経済的野心と無秩序がはびこる飛び地だ。大会をそのような危険極まりない場所で開催するなど軽率のそしりを免れない。本当に馬鹿げた話だ。

石油の名の下におびただしい血が流されるのを見てきた土地、まるで難攻不落の要塞のような土地が存在する。飛び地であるカビンダは、アンゴラを構成する18の州の中でももっとも特殊な州だ。その特殊性は、アンゴラ本土から外れた北方に位置し、陸上では本土と全く接していないことにある。コンゴ共和国とコンゴ民主共和国に挟まれながら大西洋に面しているこの小さな土地は、硫黄含有率の低い上質な原油が無尽蔵に湧き出る泉だ。計算によれば、1日当たり70万バレル、つまりその地域の住民1人当たり1バレル以上の石油が採掘される。カビンダ州は石油の埋蔵量が豊富だが、中央政府のコントロールは行き届かない。このような状況には、戦争はつきものだ。

カビンダはいつ領土紛争が起きても不思議ではない状況に置かれてきた。鬱蒼とした熱帯雨林に覆われており、石油鉱床が発見される前から、非常に上質な木材やカカオをめぐる紛争の対象になりえた地域だ。1961年になると非植民地化の波がアンゴラにも押し寄せた。ゲリラたちは、もはやその波を止めることはできないとみると、アンゴラを支配するポルトガル政府を弱体化させるべく徹底した抵抗運動を開始した。14年が経過した1974年、ポルトガルのサラザール独裁政権に終止符を打ったカーネーション革命を機に、アンゴラは決定的な自治権を獲得した。植民地のくびきからの完全な解放を目指して、アンゴラ全面独立民族同盟（UNITA）が指揮する暴力行為が活発化し、ついにポルトガルは、他の植民国家が数年前にそうしたように膝を屈した。有名なアルヴォー合意において、ポルトガルはアンゴラの独立を認め、その承認にあたってカビンダもアンゴラの領土に含めた。アンゴラ政府とUNITAは合意書に署名した。しかしカビンダ解放戦線（FLEC）は署名しなかった。カビンダとアンゴラ中央政府の間には両者を結びつける絆が実質的になかったため、署名をしたくなかったのだ。

1960年代、カビンダの資源保護を目的とし、また中央政府の支配から完全に脱却したいという希望のもと、反帝国主義運動が絶頂の頃にゲリラが集結してFLECが創設された。この天然資源豊かな領土では、人口の90パーセントがフランス語を話し、ポルトガル語を話すのはわずか10パーセントだ。このデータを見れば、この地域をアンゴラから引きはがそうとする理由が理解できる。両者には多くの違いがあり、カビンダの住民は、赤と黒を下地にして中央に鉈《なた》と星、歯車を配した国旗に何ら一体感を感じない。赤は独立を獲得するまでの14年間に流された血を表し、黒はアフリカ大陸に帰属していることの象徴だ。歯車と鉈は工業や農業の労働者の象徴であり、成長と繁栄を表す星を伴っている。そう、とても壮大な国旗だ。しかしカビンダの人々は見向きもしない。

カビンダの支配をめぐる領土紛争や集団犯罪を終わらせるものと思われた平和合意から数年が経過しても、カビンダは危険地域であり続けた。それには理由がある。カビンダではアンゴラの石油の60パーセントが産出されるため、その利益は上流社会によって牛耳られることになるのだ。2006年、サッカートーゴ代表が史上初めてのワールドカップに臨んでいた頃、FLECは武装活動の停止を宣言した。アンゴラ政府がカビンダで採掘される原油輸出の10パーセントを同地域の成長のために再投資すると約束したからだ。しかしそのインフラへの再投資が100パーセント果たされることは決してなかった。

2010年のCANに参加するため、アンゴラに向かったトーゴ代表は、アフリカ全土の心臓を凍りつかせた悲劇に巻き込まれることになる。誰も問題があるとわかっていることを実行したりはしない。しかし、問題が生じるリスクが高くても計画を続けると決断した場合、それは誰が見ても英断ではなく無謀で軽率な決断となる。

スポーツイベントに参加するためにアフリカの国へ遠征した場合、主催国はそのチームの安全を確保する義務を負う。軍警察は、その外国の代表チームの滞在中は常時、搭乗するバスを警護しなければならない。〝ハイタカ〟軍団は数日間コンゴ共和国のポアント・ノワールで調整を行った。ポアント・ノワールとカビンダは近いのでバスで移動することにした。2時間半ほどの道のりなので、チームはグループリーグ開催地到着まで快適に過ごせるだろう。

2010年1月8日、プロトコルに従って、25名の人員で構成されるトーゴ代表が乗ったバスは、アンゴラ軍警察の護衛隊に警護されながらカビンダに入った。しかし、バスがマッサビにある最初の入国手続き所に現れると、FLECのメンバーがバスに対し、高性能の機関銃で一斉射撃を開始した。この襲撃の明白な理由は何もない。射撃、弾薬、叫び声、銃弾のうなりが絶え間なく降り注ぎ、車体に衝撃を与えた。

警察は反乱者たちに対して徹底抗戦したが、事態は収まらない。恐怖の最前線から生還した選手の1人ドセウィによれば、完全武装していたFLECの銃撃は15分間続いたというが、実際には、制御不能な状況下において、経過する時間を正確に感じとるのは困難だったに違いない。バスのボディやガラスを叩き続ける銃撃は終わる気配がなかった。選手とチームスタッフは座席の下に隠れて嵐が過ぎるのを待つか、最悪の場合は銃弾が命中して死んでしまうのではと恐れていた。声に出して祈る者がいれば、パニックになって叫ぶ者、恐怖のあまり体が硬直して動けなくなってしまう者もいた。

銃撃がやみ、あたりに静寂が戻っても、選手たちの頭の中では耳をつんざくような音がまだこだましていた。それでも全員が立ち上がった。ただし3人を除いて……。バスの運転手、チームの代表者、コーチ陣の1人は、バスの前方にいて、哀れにも命を落とした。他にも立ち上がれない者が2人いた。2人とも代表チームのサッカー選手だ。センターバックのセルジュ・アカクポは激しい銃撃にさらされ、2発の銃弾を受けて失血したが、幸運にも運び込まれた病院で止血処置ができ、命に別状はなかった。

もっと悲惨な目にあったのは、コジョビ・オビラレだ。フランスでプレーしていたが、CANの参加にこだわっていたゴールキーパーだ。オビラレは、トーゴ代表の伝説の守護神コッシ・アガサの後を継ぐため招集された。待ちに待った瞬間がやってきたのだ。オビラレは親友のエマニュエル・アデバヨールの隣の席に座っていた。悪夢が始まった時、2人とも並んで座席の下に隠れた。神様が止めに入って命を助けてくださいますようにと祈りながら。神の摂理は働いた……が、半分だけだった。銃弾のひとつがオビラレの胃を貫き脊椎に留まった。銃撃がやんですぐ、アデバヨールはオビラレが動かないことに気がついた。国民的大スターは怪我人を抱き起こすと、両腕の中でオビラレの体から血がゆっくりと流れ出るのを見た。最悪の予感が現実になってしまったかのようだ。「すぐに一発目の銃弾を受けた。その後で二発目だ。動けなかった。全く動けなかったんだ。俺を床に寝かせてくれ、と叫びながら頼んだが、誰の耳にも届かない。あのすさまじい音の中じゃ無理もない」とのちにオビラレは語っている。

事の重大さを受けて救急用航空機がオビラレをヨハネスブルクの権威ある病院へ搬送した。手術をして脊椎に突き刺さった銃弾を摘出するためだ。リスクの高い外科手術で、最悪の事態もありえた。最終的に生命は救われた。しかし人目を引く腹部に残った傷跡や今や肌身離さず持ち歩いている松葉杖によって、オビラレは生死の境を彷徨ったという事実を毎日のように思い出す。

当然ながら、トーゴサッカー連盟は大会への出場を辞退することに決定した。と同時に、今回の胸を引き裂くような悲劇を受けて、大会そのものが中止になることを期待した。しかしそうはならなかった。いつも最優先なのはスポンサーの意向だ。これによりグループBは準々決勝進出をかけて、3チームだけで争うことになった。悲惨な状況を前に他の代表チームらが気持ちをひとつにして、一緒になって反旗を翻す、というようなことも起きず、大会は続けられた。

ワールドカップ史上初めてアフリカ大陸で開催される大会が5か月後に迫っていた。そのため過剰に警報を発することは不都合だ。例の惨事はあくまでもCANとは何ら関係のないテロ活動であり、ワールドカップ・南アフリカ大会に先立つ本大会には何ら影響がないと示し続けることが重要だったのだ。トーゴの首都ロメのスタジアムで、3名の死者を弔うための国葬が行われた。葬列の最前列ではアデバヨールが泣きむせんでいた。悲嘆にくれ、友のオビラレが生と死のはざまで苦闘しているヨハネスブルクのミルパーク病院に思いを馳せながら。

このCANではエジプトが優勝した。3大会連続で王冠を獲得し、圧倒的な貫禄を見せつけた。しかし〝ファラオズ〟の功績は、飛び地カビンダでトーゴ代表が受けた銃撃の陰に隠れてしまった。アンゴラサッカー連盟は直ちに弔意を表したものの、すべての代表チームに対して、目的地への移動は飛行機を利用するようにという明確な指示を出していたと主張した。安全が全面的に保証され、秩序だった移動をするためには、飛行機の利用が最適の方法だ。トーゴは最初の合宿地ポアント・ノワールからカビンダまでの距離が近かったため、陸上移動を決定した。この決定が3名の棺桶を作らせ、ゴールキーパーのキャリアを完全に終わらせた。

これほど悲劇的な事件だったにもかかわらず、〝ハイタカ〟軍団のミッドフィルダーであるリッチモンド・フォーソンは、被害はもっと大きくなりえたと断言している。トーゴ代表はバスを2台使用し、それが一列になって走行していた。1台には選手とコーチ陣が乗り、もう1台には大会期間中に必要な荷物や食料品がすべて積み込まれていた。2台のバスの見た目は全く同じだ。運命のいたずらか、ユニフォームやら器具やらを積んだバスが先頭を走っていた。そして、より激しい銃撃に見舞われたのはこちらのバスだった。言い換えれば、もし選手らを乗せたバスが先頭を走っていたら、悲劇はさらに血にまみれたものになっていたことだろう。

CANで活躍し、プロとして大きく飛躍するはずだったゴールキーパーのコジョビ・オビラレは現在、フランスの街ロリアンの公園で自分の子供たちが遊ぶのを、松葉杖で体を支えながら眺めている。オビラレはトーゴのサッカー連盟に対して、国家の任務を遂行しようとして回復不可能なダメージを負ったのだからと主張し、援助を求めた。だが、アデバヨールの友の嘆願は何ひとつ聞き入れられなかった。フランス政府は違った。身体障害に対して年金を支払い、社会的排除のリスクがある子供たちにサッカーを奨励する協会を支援している。オビラレは、自分が有用で評価されていると感じる役割を果たしながら、サッカーに対して再び夢を感じている。新しい人生は望んでいた人生とはかなり違うが、飛び地カビンダの呪われた国境で死を目の当たりにした後では、結局それも人生だ。

Columna

2 国民の喜び

「我々は幸福を求めて世界をめぐるが、時間が経つにつれてわかってくる。幸福は仲間のいる場所にあるのだと」

アフリカのサッカー代表チームがオリンピック参加を目指して進む道のりは波瀾万丈だ。予選が多く、その日程がＦＩＦＡの年間スケジュール表から漏れていることがある。また、各チームを構成する選手の年齢は23歳を超えてはならないというルールも重要な意味合いがある。これらすべての条件が、オリンピック予選を不確実性に満ちたトーナメントにする。例えば、パスポートが届かない。予選の日と同じ日にクラブでの試合があると、ベストの選手を揃えられない。国境を越える移動では、永久に目的地には到着できないのではないかと思えたり、若くて知名度が低いと代表選手に見合った組織的な支援を受けられなかったりする。

予選を2試合終えて、赤道ギニアは3戦目でスーダンと当たった。代表チームの公式スケジュールによれば、U－23代表の試合とフル代表の試合が部分的に重なっていた。移動が複雑だったり試合時間が同じだったりすることを考慮し、サッカー連盟は、スーダンの首都ハルツームへ遠征するU－23代表を国内リーグに所属する若い選手で編成することに決定した。代表チームはホームでリベリアを迎え撃つが、勝利を確実なものにするため、ヨーロッパから招集された私を含む23歳以下の選手はマラボに残り、2008年のアフリカネーションズカップ（CAN）進出をかけた重要な試合を戦うことになった。9月初めのあの日の午後、私は生涯でもっとも印象に残る光景を目撃した。マラボが位置するビオコ島を天空から見守るバジーレ火山の麓で、ヌエボ・エスタディオ・デ・マラボは見応えのある風景を演出していた。

当時の赤道ギニアのサッカーは、フル代表にベンハミン・サランドーナ、ロドルフォ・ボディポ、フベナル・エジョゴ、ファン・ラモン・エピティエといった人気選手が参加していて、幸せの絶頂期にあった。スペインのエリートクラブで活躍する選手が国民の大きな誇りである〝稲妻軍団〟のエンブレムを守っていたのだ。FIFAアンセムのメロディーが終わると、リベリア国歌が流れだしたので然るべき敬意を払いながら拝聴した。しかし、赤道ギニア国歌の出だしの有名な歌詞「我らの大いなる幸福の道を、さあ歩もう」のメロディーが流れ始めると、何やら構内の音響装置が故障したらしく、何も聞こえなくなった。ご想像いただける通り、数世紀にわたる植民地支配を思い出させ、祖国の団結を呼びかけ、何度も「自由」という言葉が叫ばれる国歌を聴かずして、私たちは試合を始めたくなかった。

すると国歌の演奏が流れない中、このアフリカの中心の地で2万人もの観衆が声を限りに国歌を歌い始めた。不慮の事態に多くの国民が一斉に声を張り上げて愛国心を見せたのだ。なお、試合終了後に判明したことだが、国歌が流れなかったのは装置の故障ではなかった。音響技師がシエスタで寝過ごしてしまったのだが、そのことに誰も気がつかなかったらしい。このエピソードは、赤道ギニアがリベリアとの試合に勝利したことによって締めくくられた。幸福感に包まれた観客は母国の代表を誇りに思ったことだろう。

しかしながら、スーダンへ行ったU－23代表の状況は芳しくなかった。うんざりするような移動のあと、チームは精細を欠いて思うような試合運びができず、0－2で敗戦するという厳しい結果になった。すべてを失ったかのようだ。とてもではないが予選をひっくり返すなど無理だろう。しかし奇跡を信じ、何か重要な決断をすればチャンスはある。それからひと月が経ち、すでに10月を迎えていた。フル代表とU－23代表の試合が再び重なった。U－23代表はホームでスーダンを迎え撃ち、フル代表は隣国カメルーンに行き、1か月前にリベリア戦で得た勝利の意義を高めるために、ポイントを増やさなければならない。この非常に困難な目標に対応するため、U－23代表の最高責任者として、スペイン人のサッカー指導者であるキケ・セティエンと契約した。しかしこのプロジェクトは1週間足らずの短命に終わった。

数日にわたり、U－23代表は若手ヨーロッパ組を欠いたままで、スーダンに対して金星を狙い順位を上げるべきかどうか検討された。フル代表がカメルーンで実のある戦果を挙げることはあまり期待できなかった。一方、ランクの低いスーダンに対しては順位を上げられる可能性がわずかながら残っており、そうすればオリンピック出場の夢もまだ捨てずにいられる。十分理にかなった考え方だ。しかしこれらの試合に先立つ数日のトレーニング期間で、私たち4人の若手ヨーロッパ組は何の通知も受け取らなかった。いかにもアフリカらしく、最後の最後に、ハシント・エラ、ルベン・エピティエ、ダニエル・エブイ、そして私の4名をマラボに残したまま、フル代表のチームバスは何事もなかったかのように出発していた。

置き去りにされたことに対する私の最初の反応は大変ネガティブだった。ドゥアラでカメルーン代表〝不屈のライオン〟と対戦し、アフリカ大陸の歴史的チームに対して自分がどれだけ通用するのか試してみるチャンスだったのだが、最悪の形で雲散霧消してしまった。重要性が低い試合に回されたという感情がしばらくして鎮まると、スーダン戦への出場は個人的な挑戦だと自分に言い聞かせ始めた。2日前からチームメイトたちは、アウェーの試合ではどのような悲運に見舞われたのか私に説明してくれた。それが私をさらに刺激し、チームが置かれている逆境を跳ね返してやろうという気持ちになった。

試合が行われたのはマラボにありがちな天候のすぐれない午後だった。雨の薄いカーテンが街中を包み込み、憂鬱な気分になる。サポーターたちも意気が上がらないらしく、スタジアムに駆けつけた観客は少ない。それでも私たちは、少なくとも決勝トーナメントへの切符をかけて戦う準備は整っていた。兆しとしては私たちに分があった。ウォーミングアップ中に感触がいいかどうかわかるものだ。その日のピッチは湿っていて、蹴るとボールはよく走り、サッカー選手にとっては理想的な状態だ。

前半のうちに私たちは2点のリードを奪った。私はその最初の45分のことをほんわりと思い出す。予選通過のための土台となるその2得点を挙げたのは私なのだ。1点目はルベン・エピティエが左で蹴った地面すれすれのセンタリングに合わせたものであり、2点目はハーフタイム直前にペナルティキックを決めたものだ。仕事は半分済んだが、後半にダメ押しをしなければならない。

ロッカールームでは、全員が勝利は自分たちの手にあると感じていた。このまま私たちのリズムで試合を続ければ、スーダンには苦しい展開となるだろう。誰も予想していなかったのは、スーダンの選手たちの体力が著しく低下していたことだ。後半になってスーダンは3点目を失うと崩壊した。彼らのリズムがてきめんにおかしくなった。私たちについてこられないのだ。試合は5－1で私たち赤道ギニアの一方的な勝利となった。試合が終わって相手方に目をやると、選手たちはベンチに集まって体を寄せ合っている。そうか、わかった。ラマダンが始まっていて、そのつけが回ってきていたのだ。アフリカサッカーでは規定や制約が十分整っていないかもしれないが、宗教関係について何かしら付加するべきだ。

オリンピック出場まで残り2ステージ。赤道ギニアは次のステージの抽選で爆弾を引き当てた。対戦相手はガボン。隣国であり永遠のライバルだ。スペインとフランスは植民地時代に現地人の声など無視して協定を結んだ。それ以降、赤道ギニアとガボンの間にはいまだに領土問題がくすぶっている。両国が領有権を主張する地域が紛争の焦点だ。両国ともギニア湾に面しており、多くの習慣を共有し、主要民族も同じファン族だ。それにもかかわらず、領土はいつも飽くことなく両国間に対立を生み出してきた。特にムバニエ島をめぐる対立は苛烈だ。ムバニエ島は砂と鬱蒼とした植物に覆われた小さな島で、大西洋に囲まれ、赤道ギニアとガボンの国境あたりに位置する。1900年にパリ条約が締結され、フランスとスペインは、特にサハラ地域とギニア湾における両国の植民地の境界について合意した。コリスコ島、ココテロス島、大エロベイ島、小エロベイ島、およびムバニエ島はスペインのものとなった。

赤道ギニアが1968年に独立した際、コリスコ島とムバニエ島も含めてスペイン領土はすべて赤道ギニアの領有になるものと理解された。しかしガボンの見解は違った。ガボンによれば、赤道ギニアの植民地時代終焉後の初代大統領フランシスコ・マシアスが、1974年に当時のガボンの大統領オマール・ボンゴとムバニエ島の「無条件の譲渡」について合意したというのだ。ほとんど無人の島ということもあり、これが大問題になることはなかった。しかし、20世紀の終わりに試掘が行われ、地下に石油があることが確認されると状況が変わった。ご想像の通り、両政府ともムバニエ島が自国の領土であることを裏づける法的根拠の確認作業を急いだ。論争が過熱し、2003年にガボンの軍隊が島に侵入するという事態に至った。この問題は現在ハーグの裁判所の手に委ねられており、どちらの国が同島の合法的領有者なのか決定されるはずだ。

さて、ガボンとの初戦は2006年11月だった。両国家間に危機が存在する只中にバタ・スタジアムで行われた。3年前に私が代表デビューした時と同じ光景だ。スタンドは、ガボンが膝を屈するところを生で見てやろうという1万5千人以上のサポーターであふれかえっている。赤道ギニアが試合を支配し、何度も蹂躙《じゅうりん》しては敵陣ペナルティエリアを脅かした。私はトップ下で自由に動くことができたので、ボールを受け取って、ゴールを狙うストライカーたちにパスをすることに専念した。しかしゴールは決まらず、観衆はいらいらし始めた。

試合も80分になると、耳をつんざくような音がスタジアム中に響いた。そこらじゅうにサポーターがいる。スタジアムの照明塔に登っている者もいれば、さらに大胆に壁をよじ登ってスタンドの一番高い所に陣取っている者もいる。足元の高さは7、8メートルある。空を見上げると、軍用機が頭上低くグラウンドの上を飛んでいる。巨大な鉄の鳥たちの目的はただひとつ、力を誇示して敵を威嚇することで、そこを支配しているのは私たちなのだと思い知らせてやる。こうした目的は誰の目にも明らかで、私たちはガボン代表〝パンサーズ（クロヒョウ）〟にさらなる脅しをかけたいくらいだった。しかしこれだけのことをしてもガボンを怯ませることはできず、試合はノーゴールのまま引き分けた。すべての決着は5日後にガボンの首都リーブルヴィルでつけることとなった。

次の試合までの時間が短いのは幸運だった。実力は私たちの方が上だという感触が残っていたからだ。隣国の首都へ移動した。私が初めてガボンの地を踏んだ時と違い、今回は質の良いホテルに宿泊し、練習場も最低限の条件は満たしていた。そして楽しいことが起きた。

どういうわけだか知らないが、リーブルヴィルの市民は私たちの練習を見に来るのが好きだった。子供たちは、両国間の歴史的な敵対関係のことなど知らないので、単純に楽しんでいた。私が練習試合に参加する番になると、タッチラインの外でお祭り騒ぎが起きた。どうやら私がセットプレーの練習をしたり、攻撃の起点となるプレーをしたりすると騒ぎは大きくなる。「モアン・タン！ モアン・タン！」と叫びながらはしゃぐのだ。「どういう意味だい？」とゴールキーパーのトレーナーに尋ねると、「白い男の子っていう意味さ！」と腹を抱えて笑いながら教えてくれた。

試合当日、私たちはスタッド・オマール・ボンゴに到着した。うまくやれば必ず勝てると思い落ち着いていた。観客数は1万2千人か1万3千人というところか。しかし、一方のゴールの後ろに私の注意を強く引くものがあった。多くの赤い服を着たサポーターたちが、圧倒的に数が多い黄色い服の現地サポーターを挑発している。休むことなく叫び続けている赤い服の連中は私たちのサポーターだ。赤道ギニアの出身者がガボンに住むのには様々な理由がある。あの当時の赤道ギニアでは受けられないような上級教育を受けるためにガボンへ引っ越さざるを得なかった者もいれば、より良い暮らしを求めてガボンに定住した者もいる。だが実際には、地元住民が蔑んだ目で見るような質の低い仕事にしか就くことができなかった。ガボンでは赤道ギニア人の多くが二級市民として扱われていたのだ。

試合のリズムは極端に遅かった。こちらで反則、あちらでコーナーキック……。私はその日はボールに絡む機会が少なかったと記憶しているが、その少ないチャンスのひとつをものにしていた。ガゼルのような素早い身のこなしをするフォワードのジャスティスと目まいをさせるような連係プレーを成功させたものだ。タイミング良く抜け出したストライカーはパスを受けるとゴールを決めて1－0とした。次のステージ進出が見えてきた。試合も終盤に差しかかるとペナルティキックのチャンスも得た。そのシーンをあまりよく覚えてはいないが、アフリカでのアウェーの試合で、これしきのことでPKの権利がもらえることを珍しく思ったような気がする。確かに相手選手のコンタクトはあったが、ファールになるほど強いチャージを受けた覚えがないからだ。今回も私にキッカーの栄誉が与えられた。前節のスーダン戦でPKを決めたということもあったが、ロッカールームで築き上げたチームメイトから得た威信をかけた挑戦であった。しかし、私の放ったシュートの威力は弱々しく、狙ったコースも中途半端でガボンのゴールキーパーに阻まれてしまった。今でもその時のシュートのことは覚えている。失敗したからではない。失敗はいつでも起こり得る。それよりも、最悪のタイミングで緊張感が緩んでしまったからだ。ゴール裏に陣取る赤い服のサポーターたちは、相当な努力をして応援に駆けつけてくれた。なけなしのお金をはたいて入場券を買ってくれたというのに、私はなんというプレーを見せてしまったのだろうか。

それでも1点のリードを保ったまま、主審が試合終了を宣言した時には喜びにあふれた。義務を果たした満足感に浸りながら私たちはお互いの顔を見合った。ロッカールームを出ると、同郷人の赤い波が押し寄せてきた。泣いている人もいたが、大半は私には解読不可能なファン語で歌を歌っていた。中には見るからに感動して、感謝の印にと言って私たちにお金をくれようとする人たちもいた。当然ながら、そのお金を受け取るわけにはいかなかった。ペナルティキックを失敗してからずっと自責の念に苛《さいな》まれていたが、これだけ感謝されるとそれも消えてしまった。人々が集団でこれほど純粋に喜ぶ姿を見るのは人生で初めてだった。非難の色も下心もないきれいな眼差し。多くのサポーターがガボンでの暮らしぶりや、日々どんな辛い目にあっているのかを説明してくれた。勝ってくれたことに感謝したいと言って、自宅に招待してくれる人さえいた。

自分たちが受けた愛情に対して、結果をもってお返しする。これはお金に代えられない行為だ。人々のために試合をする、これぞアフリカサッカーの真髄だ。

7

カメルーン

ライオンの本能

「ライオンは
羊の群れの意見で
夢を失わない」

おおカメルーン、祖先たちのゆり籠よ
大きく育て、自由への憧れを抱きながら
お前の旗は太陽のごとく誇り高く翻る
信仰と結束の熱く燃える象徴として

このようにカメルーン国歌『結束の歌』は始まる。アフリカの国歌に独特な荘厳さを与えるトランペット、ドラム、シンバルが奏でるメロディーにくるまれながら。この歌詞はすでに独

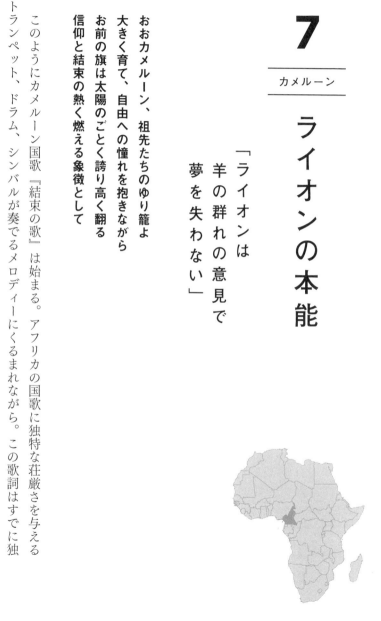

立以前から存在していたが、いくつかの修正を経て、全国で一貫性を持たせようと現在の形になった。

冒頭の歌詞はこの国歌が紡ぎ出す最初の概念をよく表している。「祖先たちのゆり籠」から、カメルーンにははるか昔から人が生きているということが思い出される。新石器時代にはすでに人が住んでいた証拠が発見されており、アフリカの最初の文明のひとつはこの場所で生まれたのだと考えられる。さらに、アフリカの文化の中にいつも存在している祖先のことを思い起こすのは、何にもまして重要だ。この国では250近い民族が共存し、それぞれの民族がそれぞれの言語や伝統を持っているのだから。無数の色合いに彩られた海の上を、2千万人の住民が平和と調和の中に生きたいと願いながら漂っている。アフリカの地図を見ると、領土の境界を定める国境が直線や直角の線で描かれていることがわかる。線を引く際、ある地域に集住している民族のことも、村と村の自然の境界となりそうな土地の起伏も考慮されなかった。カメルーンは長らく西洋の支配下に置かれた。17世紀末からまずはポルトガル、次いでドイツに支配され、第一次世界大戦後はフランスとイギリスによって同時に支配された。

1918年に第一次世界大戦が終わると、ドイツは35年間占領した土地を手放した。その占領期間中に、新たな通商規則を定め、強制労働を現地人に課してインフラを整備しながら国を発展させた。ご想像の通り、現地人には我慢のならないことだった。1920年代に入ると、フランスとイギリスが支配地を分け合うことにより新たな展開を見せた。つまり国が2つにへし折られたのだ。北部のナイジェリアと国境を接するあたりはイギリスのものとなり、残りのもっと広大な部分はフランス人の手に渡った。ドイツがいなくなった今、イギリスはナイジェリアとカメルーンを結びつける蝶番《ちょうつがい》となり、ナイジェリア人は仕事を求めてフランス領カメルーンや、当時スペインの支配下にあった赤道ギニアに大移動した。この労働力をヨーロッパの企業家たちは歓迎した。頑丈なナイジェリア人が、滞在・食事・日当と引き換えに、果てしない労働に従事してくれるのだ。

時が経ち、フランスがカメルーン産の原料を利用して本国で製品を生産したあと、その製品をカメルーンで販売していることに気がつくと、原住民らは結集し始めた。植民者たちが自分たちの家から無料で運び出したものに金を払うなど、戦争の準備をしてくださいと言われているようなものだ。そこで、カメルーン人民同盟（UPC）が結成された。植民地からの解放を熱望する声はすでに西アフリカ全体に広がっていた。しかし当時、保守主義者のレネ・コティが大統領を務めるフランス政府はこの集団を非合法としたため、UPCは地下運動に走ったが、最終的にその指導者が奇妙な状況の中で暗殺された。一触即発の事態だ。

1960年、こうした不安定な状況を抱えながらも、ようやくカメルーン共和国として独立を手にした。独立国としてのカメルーンは、自身のこれまでの歴史を綴るところから始めなければならなかったが、いざ書き始めようとノートを開いてみると、同国は文化、言語、習慣、出自の坩堝であるため、統一するには複雑すぎた。ナイジェリアとの国境からほど近い北部のガルアの地で生まれたアマドゥ・アヒジョは、一見しただけでは解読不可能な国情を整理整頓するという困難な任務を負っていた。このカメルーン共和国初代大統領はイスラム教の信奉者であり、国を統一するという考えがあらゆる行動に反映されていた。国の分裂は明白だった。西にはイスラム教徒のアングロサクソン人が住み、東にはキリスト教徒のフランコフォン（フランス語話者）が住んでいる。

西洋諸国との全面的な関係断絶を主張するもっとも急進的な政党UPCが非合法化されたということは、アヒジョを指導者とするカメルーンが独立したとしても、フランスはまだカメルーンに対してある程度の影響力を保持できることを意味した。現に、フランス政府はカメルーンの重要な決定事項に影響を及ぼし続けることができた。そして1970年に最初の石油鉱床がドゥアラ（カメルーン最大の都市）沿岸で発見された時には、各段に大きな影響力を及ぼした。

カメルーン全国民の習慣を同質化しようという努力はことごとく徒労に終わった。そのためアヒジョは農業の強化とフランス政府との関係維持に力を注ぎ、5期連続で国の指導者としての立場を堅持した。22年もの長きにわたり大統領職を務めたが、1982年にはもはや健康問題で任務を続けられなくなり、大統領交代となった。後任は、それまで首相だったポール・ビヤだ。アヒジョの生地よりも東部の生まれで、キリスト教を信仰している。前任者とは出身も宗教もかなり違っている。たいした問題には見えないようなことが、カメルーンでは国家的問題となる。政府の執行部にはビヤの指名に反対する者もいた。ついには新大統領が就任して数か月後にアヒジョに近い政治家の一部や軍の一党派が、クーデターを起こした。失敗には終わったが、ビヤは自分がデリケートな状況に置かれていることに気がつき、権力基盤の強化のため選挙を前倒しして実施すると、十分な得票を得て勝利した。奇妙なことに、ビヤの大統領就任とカメルーンサッカーの黄金時代の幕開けが同じ時期となった。〝不屈のライオン〟が咆哮する。

カメルーンではどこの街角にもサッカーが息づいている。少しでも空地があればボールを取り出してきて転がしたり、即席の試合をしたりする。太陽が伸びをしてから星の緞帳《どんちょう》が下りて夜になるまでボールを蹴り合う。1980年代がカメルーン代表にとってセンセーショナルな時代の始まりだ。まず手始めに、〝不屈のライオン〟は1982年にワールドカップ初出場を果たした。スペイン大会だ。フランス人監督ジャン・ヴァンサンは、選手らのパフォーマンスは楽しい驚きだったと大会後に述べている。同大会での初戦はテオフィロ・クビジャス擁するペルーとリアソール・スタジアムで対戦。0－0に終わったが、大会に来ていたカメルーンの呪術師たちがこれは自分たちの功績だと言い張った。いかにもアフリカらしい。

2試合目のポーランド戦もスコアレスドローだった。1次リーグ最終試合の対戦相手は、巨大な壁、イタリアだった。カメルーンの選手たちはコンプレックスを抱くこともなく、プレッシャーを感じることもなく、ただピッチの上でサッカーを楽しもうとしていた。3回、4回、5回と短いパスをつなげながら、いつ敵陣ペナルティエリア目がけて急発進するかわからない、それがカメルーンサッカーの持ち味だ。試合は後半になって、イタリアがロッシの左からのクロスにグラッツィアーニが誰よりも高く飛んで頭で合わせ、トーマス・ヌコノが守るゴールの奥を突いたが、その数分後にカメルーンはイタリアのペナルティエリア内まで迫ると、こぼれ球をシュートして同点に追いついた。これにより、グレゴイル・ムビダはワールドカップでゴールを決めた初めてのカメルーン人選手となった。1－1の同点で試合は終了し、グループリーグの結果は総得点差でイタリアが上回り、カメルーンは決勝トーナメント進出を逃した。無敗での1次リーグ敗退に苛立ちと誇らしさが半々だったが、ワールドカップのおかげで、ヨーロッパのリーグに移籍できた選手が何人かいた。例えば、ヌコノはRCDエスパニョールに加入、ムビダはSCバスティアで同郷のロジェ・ミラとロッカールームを共有することとなった。

この後数年にわたり、〝不屈のライオン〟の黄金の一章が綴られることとなる。1984年と1988年にはアフリカネーションズカップ（CAN）を制覇。同年の大会では、当時33歳でモンペリエHSCに所属していたロジェ・ミラの活躍が際立った。このベテラン選手は、フランスサッカーでそこそこの活躍をしてはいたものの、人気を集めるほどの大活躍というほどのことはなく、スターの座を射止めることはなかった。次のアフリカ大陸最高峰の大会は、1990年にアルジェリアで開催されるCANだ。しかし、ロシア人監督ヴァレリー・ニポムニシは、過去数年カメルーンで最高のストライカーだったロジェ・ミラを戦力外とした。その頃にはミラはJSサン・ピエロワーズというレユニオン島のクラブでプレーしており、スポーツ選手としては最終ステージにいるように見えた。監督は引退同然の選手を招集しないと決めた。理解できる決断だった。

その1990年のCANで、カメルーンは期待通りの実力を発揮できなかった。再度の優勝を目指してアルジェリアにやってきたのだが、轟音とともに沈没した。ザンビアとセネガルに敗れ、予選リーグ敗退が確定したのだ。カメルーンは4大会で3度目の優勝を狙っていた。この目標を果たせば、アフリカサッカー界における新王朝の誕生となっていたはずだ。〝不屈のライオン〟は咆哮し続けると約束していたが、目的を全く果たせず、カメルーンへ尻尾をまいて逃げ帰った。しかし、悲嘆に暮れている時間はなかった。ワールドカップ・イタリア大会が3か月後に迫っているのだ。カメルーンのサポーターは執念深い。彼らに成功を贈れば祭壇に祭り上げられるが、満足させられなければ地面の下に葬られてしまう。期待感が消失し、失望感がカメルーンじゅうの家々に野火のように広がった。サポーターたちは、２週間前まではワールドカップでの大躍進を夢見ていたのだが、今やこの上ないほど悲観的になっていた。ＣＡＮでの〝不屈のライオン〟には牙も鉤爪もなく、無害そのものだったからだ。

アフリカでは強豪チームが実力を発揮できない場合、失敗の責任を取るべき指導者らをはっきりと名指しして、その退陣を要求するものだ。すべてを完膚なきまでに焼き払うのだ。そのため、監督の立場が不安定になったが、驚くべきことにカメルーンサッカー連盟は忍耐力と長期的展望を示してニポムニシの留任を決定した。もうひとつ論争の焦点となったのは、他に打つ手がなかったのだが、ロジェ・ミラの代表チームへの復帰だ。１９８８年のＣＡＮで優勝したチームのスターは、次の大会には監督の決断で参加せず、カメルーン代表は予選リーグで敗退した。そのため、ミラはすでに38歳だったがカムバックは当然であり、三数法について議論するまでもなかった。

アフリカの日常生活でよく使われる「子供に蜂蜜を取りに行かせるな」ということわざがある。事をうまく運ぼうと思ったら、自分でやらなければだめだということだ。これこそがカメルーン代表にとって重要な瞬間にポール・ビヤ大統領が考え行動したことだ。ビヤは極めて簡潔なメッセージを監督に届けさせた。「ロジェ・ミラはワールドカップに出場すべし」。もはやサッカーよりも引退のことで頭が一杯の男を説得して、代表に復帰させる。ワールドカップで偉業を成すためにはこれしかない、と一国の大統領は考えたのだ。こうしてビヤは、アフリカ風に自分のやり方で交渉を行い、反論の余地を与えなかった。

ニポムニシは同意した。職を失いたくない人間としては当たり前の反応だった。しかし、事前にロジェ・ミラの状態は確認しておきたかった。最初のトレーニングで、ベテランのストライカーは、レギュラー組と補欠組の試合に参加。早速ボールを受け取るとディフェンスを突破してゴールを決めた。監督はミラの点取り屋としての嗅覚が衰えていないことに満足してストライカーに告げた。「ワールドカップではプレーの質を落とさないために、出番は試合の終盤とする」と。こうして、多くの代表選手が疑念を抱く中、ミラは代表チームに加わった。1試合も負けなかったのに、1次リーグ敗退となった1982年の後味の悪さを払拭しなければならない。

1990年ワールドカップ・イタリア大会の初戦の相手はこの上なく厄介な国だった。前大会優勝者でマラドーナ擁するアルゼンチンだ。〝ペルーサ（マラドーナの愛称）〟の他にもブルチャガ、カニーヒア、バルボらがいる。カメルーン側にはゴールを守るトミー・ヌコノが抜きんでている他、斬り込み隊のマカナキとオマン＝ビイクがいる。試合での〝不屈のライオン〟は強靭なフィジカルを武器にデュエルを挑んだ。激しいプレッシングをかけ続けて守り抜くと、ボールを奪っては生き生きとした攻撃を見せた。守護神ヌコノもパンチングセーブで何度も相手の攻撃を塞ぐ。一方のビラルド監督率いるアルゼンチンの選手たちは肉弾戦を回避するようなプレーをしながら時計の針を進め、前半を0－0で折り返した。後半になると、カメルーンは早い時間帯で数的不利な状況に追い込まれる。カナ＝ビイクがレッドカードで退場したのだ。しかしカメルーンの選手たちにはあきらめるという選択はなかった。守りに入ることなく攻勢を強めると、カナ＝ビイクの弟であるオマン＝ビイクの打点の高いヘディングシュートが均衡を破り、それがカメルーンに勝利を呼び込む決勝点となった。このサン・シーロ・スタジアムでの出来事は「カメルーンのワールドカップでの初勝利」として、アフリカサッカーの歴史書に金の文字で記録された。

第2試合は、ハジ、ラカトゥシュ、ラドチョウ擁するルーマニアと対戦。やはり途方もなく手強い相手だ。ドゥアラの夏の昼下がりにでも試合をするようなタフな状況となり、スコアレスドローに終わるかと思われた。カメルーンのベンチは、そんな状況を打破すべく、後半の14分になってロジェ・ミラを投入した。ピッチに降り立ったミラは、早々にルーマニアのディフエンダーとの空中戦を制してゴールを決めると、その10分後にもルーマニアのペナルティエリアに侵入したミラは左足で見事なボールコントロールを見せると右足で強烈なシュートをお見舞いした。人間の足というよりも大砲から発射された弾はまたしてもルーマニアのゴールのネットを揺らした。ミラの2発でカメルーンは1次リーグを突破した。試合のヒーローはゴールを決めるたびにコーナーフラッグに駆け寄って腰を振って踊るパフォーマンスを見せ、喜びを爆発させた。ゴールを祝すミラの踊りは、本大会で記憶に残るシーンのひとつとなった。

アフリカのチームがワールドカップで初めて決勝トーナメント進出を果たした。この画期的な出来事はアフリカ大陸の誇りとなる。決勝トーナメントのラウンド16はナポリのスタジアムで行われた。カメルーンを迎え撃つのはイギータとバルデラマなど豊富な人材を擁するコロンビアだったが、この試合でカメルーンは、これまで他のアフリカの代表チームがワールドカップでは成し遂げられなかったスタイルを披露した。自分たちのやり方で試合を進めるということだ。ニポムニシ率いる今や伝説のチーム〝不屈のライオン〟は攻撃的なサッカーで対戦相手を屈服させた。流れるようなサッカーを好む獲物に考える時間など与えず、限界まで追い込んだ。これが成功の鍵だった。

準々決勝進出をかけたコロンビアとの試合は波乱がないまま時間が過ぎていく。カメルーンには「プランB」があった。前半はベンチに温存していたが後半になって実行された。コロンビアのディフェンダーをいつでも吹き飛ばすことができる手榴弾ロジェ・ミラだ。試合は延長戦に突入すると、延長後半の開始早々にミラのハリケーンが起こった。左サイドにいたオマン=ビイクが中央にいたミラに向かって左からショートパスを通す。ミラはワンタッチで前を向いて相手選手を置き去りにすると、足を投げ出してきたもうひとりのセンターバックをかわしてから、左足で正確なシュートを放ちゴールキーパーのイギータを倒した。しかもミラは、その数分後にペナルティエリアの外まで出てディフェンダーとのパス交換に応じていたイギータのトラップミスを見逃さなかった。ボールを奪い取ったミラは無人のコロンビアゴールへと向かった。わずか数分のうちに2度のワンマンショーを披露したのである。これでカメルーンの準々決勝進出が確定した。38歳のストライカーが2試合連続で2得点の活躍を見せたのだから、なんと4回ものダンスタイムがあったというわけだ。コーナーフラッグの前でユニフォームの裾を外だしにして踊る口髭を生やしたカメルーン人の姿は何百万という人々を幸せな気分にした。

準々決勝の対戦相手のイングランドは、カメルーンの危険性について承知していたのだが、ロジェ・ミラには手を焼いていた。後半開始早々にミラがピッチに立った時にはイングランドが1－0でリードしていた。この試合でミラは無得点だったが、後半17分にペナルティエリア内でファウルを誘いPKを得るとキッカーのクンデが決めた。カメルーンは同点に追いつくと、今度はミラのスルーパスにエケケが反応して試合をひっくり返した。試合終了まで残り10分。このまま終わればカメルーンは準決勝進出だ。しかし試合終了直前にリネカーがペナルティキックを決めて延長戦に突入。その延長戦で、審判がイングランドのペナルティキックを宣告、現実というよりは幻を見ているような光景の中、イングランドが準決勝進出を決めた。

試合後のカメルーンの選手たちは、落ち込むことも、悲観することも、泣き叫ぶこともなく、誇らしげに振る舞った。三色旗を世界じゅうに見せながら、アフリカもやればできるのだということを示すことができて満足していたのだ。この選りすぐりの選手団の中でも、特に傑出した選手が1人いた。土壇場で大統領からお呼びがかかり、愛国心を行動で示した、チームで一番のベテラン選手だ。カメルーン代表の中にはロジェ・ミラの参加を快く思わない選手もいた。今回の偉業の大半はミラの功績によるものだと評されればその不快感はさらに煽られた。しかし、1990年のワールドカップがミラの腰振りダンスのリズムによって掻き乱されたことは誰も否定できない。

カメルーンのサッカー界で次に成功を収めたプレーヤーは、21世紀の初めに彗星のごとく世界の舞台に現れた。ロジェ・ミラからバトンを受け取ったのは、がっしりした体格にいつも穏やかな笑みを浮かべた青年だった。のちにアフリカサッカーの真のレジェンドとなった。サミュエル・エトー・フィスは1981年にンコングサンバ（カメルーン西部の都市）で生まれた。伝説によれば、エトーがサッカーを心底好きになったのは、子供の頃にドゥアラでカメルーン対ザンビアの試合を観戦した時のことだ。サッカー選手になることを夢見る少年にとってロジェ・ミラはアイドルだった。そのロジェ・ミラが、試合が終わるとシャツをスタンド

1990年ワールドカップ・イタリア大会のコロンビア戦。
イギータのトラップミスを見逃さずゴールを挙げるロジェ・ミラ【アフロ】

に向かって投げた。そしてそのシャツを手にしたのがエトーだと言われている。カメルーンサッカーの運命を予言するメタファーだ。カメルーンサッカーの偉大なスターが、そうなるとは知らないままに、自分の後継者を祝福したのだ。

エトーはブラッセリー・サッカースクールを経て、カメルーンの国内リーグで2部に所属するUCBドゥアラと契約を結んだ。そこで、サッカーの最高峰に立つために流星のような走りを鍛えた。ある決勝戦で当時のヤウンデの強豪トンネレと対戦し、エトーは2ゴールを決めてカメルーン国内をどよめかせた。15歳でカメルーン代表デビューを飾り、かつてない早熟さを披露した。現に、1998年のワールドカップ・フランス大会には未成年ながら出場［訳注：17歳3か月で出場］し、同大会でピッチを踏んだ最年少選手となった。

その優れたパフォーマンスはレアル・マドリードの目に留まり、エトーは契約を結んだ。始め悪ければ終わりも悪い、と言われるが、エトーの場合にはあまり当てはまらない。熱帯性気候の地で育った青年エトーは、移籍に際し、夏服でマドリードの空港に到着した。この若者を待っていたのは、思いもよらない冬の寒さだった。さらに最悪なことにクラブのスタッフは誰も空港までエトーを迎えに行くことをしなかったのだ。

あまり歓迎されないまま、CDレガネスとRCDエスパニョールへの2度のレンタル移籍を経てRCDマジョルカに入団すると、エトーのキャリアは上昇気流に乗り始めた。以降、

700試合以上に出場し、およそ400のゴールを決めた。ひと握りの選ばれし者にしか達成できない成績だ。また、欧州4大リーグでプレーをして4度のUEFAチャンピオンズリーグ制覇を経験した。国内外の数々の選手権に出場し、世界じゅうのサッカー選手にとって見本となる履歴書をつくり上げた。

ライオンのエンブレムを胸に、国際Aマッチ118試合出場56ゴールを記録したエトーは、カメルーン代表の通算最多得点王だ。ワールドカップには4度、CAN本大会には6度出場している。CANでは通算18ゴールを決めており、これはアフリカ大陸最高峰の大会での通算最多得点である。

エトーにとって、カメルーン代表として最初の重要な試合は、ナイジェリアとガーナが共催した2000年のCANだった。決勝はラゴスで開催され、カメルーンと開催国ナイジェリアの一騎打ちとなった。試合はPK戦にまでもつれ込んだがアウェーのカメルーンが勝利し、ホームチーム側の観客を失望させた。この重要な舞台でも、エトーは相手ペナルティエリア内でボールを拾うと先取点をたたき出していた。ビッグタイトルにおける、稀代のストライカー、エトーの伝説が幕を開けた。

2000年のシドニーオリンピックでは、カメルーンU-23代表が金メダルを獲得する。決勝戦ではスペイン相手に苦戦をしたものの、またもやPK戦で勝利を収めた。この試合でエトーは、苦境に立たされていた〝不屈のライオン〟を救い出す同点弾を決めた。

成功体験の極めつけは、2002年にマリで開催されたCANだ。すでにカメルーンのストライカーとして名声を確立していたパトリック・エムボマとエトーの率いるチームは4度目の優勝をものにした。決勝はセネガルを相手にこう着状態が続き、またしてもPK戦で決着がついた。

しかし、そうした喜びは雲散霧消する。2003年6月26日午後のことだ。カメルーン代表はフランスで開催中のFIFAコンフェデレーションズカップ2003に出場していた。6つの大陸選手権の各優勝国とワールドカップ優勝国および開催国が参加して行われるカップ戦だ。この大会で〝不屈のライオン〟は傑出した活躍をしていた。グループリーグではトルコとブラジルを破って準決勝進出を難なく決めた。そんなカメルーン代表で中盤の底を担っているのがマルク＝ヴィヴィアン・フォエだ。マンチェスター・シティFCでプレーしており、豊富な運動量で自陣のペナルティエリアから相手陣内のペナルティエリアまで顔を出すことのできるボックス・トゥ・ボックスのプレースタイルで開花した選手だ。もっとも、本来の所属先はオリンピック・リヨンなのだが、その最終シーズンにイングランド・プレミアリーグのクラブへ期限付きで移籍をしていた。

準決勝のコロンビア戦は偶然にも、フォエの本拠地リヨンで行われた。フォエは数日前から体調が優れなかったが、慣れ親しんだスタッド・ジェルランのピッチに立たずにはいられなかったのだろう。出場を直訴した。しかし後半25分が過ぎた頃にフォエは突然意識を失いピッチの上に倒れ込んだ。そして搬送された病院で医師団の懸命な蘇生処置もむなしく、フォエは帰らぬ人となってしまった。2度のワールドカップで祖国のために貢献したフォエは、ワールドクラスのプレーヤーへと大きく羽ばたいたリヨンの地で命を落とした。

チームメイトとの衝撃の死別にカメルーン代表は悲嘆に暮れた。だが、戦いは続いた。コロンビアとの準決勝は1－0で勝利。前半9分のヌディエフィの得点を守り切った。決勝はフランスと対戦したが0－1で敗北し、カメルーン代表はリヨンの地を後にした。

カメルーンのサッカー界は、悲劇からの立て直しを新世代の大黒柱であるサミュエル・エトーに託した。そんなエトーの歩みを全世界のサッカーファンは熱心に追うことになる。エトーはストライカーが想像しうるあらゆるタイプのシュートを決めて数々のゴールを生んだ。早熟の天才として欧州サッカーへ勇敢にチャレンジした少年は世界じゅうのディフェンダーから恐れられるライオンへと変貌を遂げた。

8

アルジェリア

サッカーか宗教か?

「ゾウのハンターは、鳥を撃って気を散らしたりしない」

誰も問題にしようとしないが、アフリカ文化には紛れもなく4本の柱がある。第一の柱は家族だ。これは他のいかなる問題よりも高く位置づけられる。血のつながりは集団内で不変・不滅のつながりを形成し、誰がどのような逆境に陥っても、それを克服すべく手助けをする。第二の柱は、議論するまでもなく、伝統だ。民族の慣習に敬意を持って接すれば、その文化遺産を永続させることができるし、とりわけ民族の起源に日々思いを馳せることにもなる。第三の重要な柱は宗教だ。「ヨーロッパ人は聖書を手に我らが大地にやってきた。気がついた時には、我々は聖書を読み、ヨーロッパ人は我らが大地を好きにしていた」とは、1964年から

1978年にかけてケニアの初代大統領を務めたジョモ・ケニヤッタが、非植民地化の時代の只中に反帝国主義行動に向けた講演会で怒りを込めて放った言葉だ。そしてアフリカ大陸を支える第四の柱は、もっと近代的なものだが、それはサッカーだ。サッカーは国民をひとつにまとめ、共通の目的のために戦わせることができる。つまり、アフリカ人に対して偉大なる力を及ぼしているのだ。

さて、このうちの2つの柱、宗教とサッカーはしっかりと混ざり合ってきた。宗教といえば、第一義として、ひとつの共同体にもっとも深く根づいている信仰のことを指しており、その共同体には前述の通り様々な伝統がある。「ユユ」は口語体で黒魔術やアフリカ呪術を指し、アフリカ大陸の広域で、人々の日々の生活様式の中に根づいている。例えば、ザイールが1974年のワールドカップに出場した際、国のあらゆる所から呪術師や呪術医が合流し、代表チームから悪霊を祓った。大会での結果が悪かったことを考えれば、お祓いはあまりうまくいったとは言えない。

もうひとつの宗教との強い結びつきを示す例が、トーゴのエマニュエル・アデバヨールだ。このストライカーはトッテナム時代に不調だった時、「自分が不調なのは魔術で呪われていて、個人的に大変な目にあっているからだ」と弁明した。トーゴのスターは、家族が自分に魔術をかけているから良い結果を出せないのだとはっきり語った。アデバヨールが大っぴらに告白したことによれば、彼は幼少の頃歩くことができなかったため、母親は相当な苦労をしたが、今は息子が活躍できないよう魔術の儀式をしているということだった。これほどユユの存在感をよく示す例はない。

アフリカ北部の宗教はイスラム教がいつも支配してきた。アラーへの確固たる信仰の表明、預言者マホメットの教え、コーランの精読が、祈りと規律を重んじるイスラム法によって求められる教育の基本だ。サッカーにとっても他人事ではない。特にデリケートなのがラマダンだ。信者は犯した罪を清めるため、イスラム暦の9月は日の出から日没まで断食をしなければならない。重要な大会がラマダンの時期と重なった場合、どうするかの二者択一は国家の問題だ。アルジェリアではそれをよくわかっている。

アルジェリア代表は2010年のワールドカップに出場した。歴史的ライバルのひとつ、エジプトをスーダンで行われた最終予選リーグのプレーオフで下しての出場だ。その1－0での勝利に国じゅうが歓喜雀躍した。〝砂漠のキツネ（アルジェリア代表の愛称）〟は北アフリカからは唯一の出場国だったので、ワールドカップ開催期間中はアルジェリアが北アフリカ代表の旗を掲げていたことになる。

ネルソン・マンデラ元大統領が時代のクライマックスを飾る、ワールドカップ史上初のアフリカ開催に大陸全土から期待が寄せられていた。同大統領は、ヨハネスブルクのサッカー・シティ・スタジアムでスタンドから民衆に向かって挨拶をした。そのアフリカ勢の本大会での戦いは、輝かしい道を歩んでいる南アフリカのチャバララによるオープニングゴールで始まり、準々決勝でガーナが、南米ウルグアイのセバスティアン・アブレウにパネンカでとどめを刺された忌まわしいPK戦で終わった。

その一方でアルジェリアは、このワールドカップで何かすごいことをやりそうだという雰囲気が全くなかった。グループリーグの3試合のうち、イングランド戦だけがかろうじて0－0の引き分けで、他の2試合は敗北した。地元出身の監督ラバー・サーダヌに率いられたアルジェリア代表は、1ゴールも決められず大会を後にした。そのため、アフリカの人々に、アフリカサッカーの真の王者はエジプトでアルジェリアではない、エジプトこそがワールドカップに出場するべきだったという印象を残した。これに危機感を覚えたアルジェリアサッカー連盟は、新しい監督を探した。

ヴァイッド・ハリルホジッチは傷心を抱いていた。このボスニア人のサッカー指導者は、アフリカ予選負けなしでコートジボワールを2010年のワールドカップへと導いた。しかし、ワールドカップの数か月前に行われたアフリカネーションズカップ（CAN）では良い結果が残せず敗退したため解任されてしまった。重要な大会を目前にしてこのような決断をするとは普通ありえないが、アフリカ大陸の国ではありがちな奇抜な動きだ。

コートジボワールとの関係が苦々しい形で破綻したハリルホジッチは、アルジェリアからの招聘を受諾した。しかし始まりは状況がねじれてうまくいかなかった。彼の新しい生徒たちは2012年のCANへの出場を果たせず、翌2013年の大会には出場したものの、予選リーグ敗退となった。なかなか壁を破れなかったが、アルジェリア人は監督に対して辛抱強かった。ハリルホジッチは連盟の理解を得て、監督としてのポストを維持できた。

アルジェリアの新チームは、さらなる高みを十分に目指せそうな陣容だった。しかしそのためには、異質集団が結束することが必要不可欠だ。フォワードのスダニやスリマニのような帰属意識が強いアルジェリア生まれの選手がいれば、才能があるブラヒミやフェグリのように、出自はアルジェリアだがフランス生まれの選手もいる。度重なる失意を味わってきたチームにバランスをもたらすことは、ハリルホジッチには困難な課題だ。2014年のワールドカップ・ブラジル大会に向けたアフリカ予選は非常に変則的だった。2次予選で40チームを4チームずつの10組に分け、各組1位の10チームが3次予選に進出。その10チームを2チームずつ5組に分けてホーム・アンド・アウェーで対戦を行い、勝者の5チームがワールドカップに出場することとした。

アフリカ2次予選では難なくルワンダ、ベナン、マリを退けた〝砂漠のキツネ〟だが、当時もっとも体制が整っていたチームのひとつ、ブルキナファソと肉弾戦の真っ向勝負を覚悟しなければならなかった。2013年のCANで準優勝したこのチームは高い身体能力を誇り、チームの中心である〝魔術師〟ジョナサン・ピトロイパ［訳注：2013年CANで大会MVPを獲得］を起点に攻撃するスタイルを確立していた。

アウェーの試合はブルキナファソの首都ワガドゥグーの国立スタジアムで開催され、アルジェリアを迎え撃つスタジアムのスタンドは満杯で蟻の歩く隙もなかった。スタンドでは、ブルキナファソサポーターの打楽器演奏がアルジェリアサポーターのバイオリン演奏と張り合おうとしている。試合は、〝エタロン（ブルキナファソ代表の愛称。「種馬」という意味）〟が自分たちの得意な試合展開に持ち込んだ。肉弾戦だ。しかし、アルジェリアは相手に1点取られるたびに立ち直って点を取り返した。満員のスタジアムの電光掲示板には2－2の文字が煌々《こうこう》と輝いており、引き分けのまま試合は終了するかと思われた。

しかし、残り時間1分というところで、審判はブルキナファソにペナルティキックを与えた。アフリカではよくあるホーム寄りの判定だ。アルジェリアはペナルティエリアに放り込まれたボールを、センターバックのベルカレムがライン上で肩に当ててインターセプトした。ところがザンビア人のシカズウェ主審は故意のハンドをしたとして、ペナルティキックを宣言した。誰もが目を疑うような判定だった。金髪の短いドレッドヘアが特徴的なアリスティド・バンセは、前半の終了間際にペナルティキックを失敗していたが、このシーンでは成功した。アルジエリアの第1戦は2－3で〝エタロン〟が勝利した。

ブルキナファソという国名は、「高潔な人の祖国」を意味するが、この国名は偶然生まれたものではない。その歴史において、ブルキナファソ国民は勇敢にも2度の軍事クーデターを起こして蜂起した。1983年の2度目のクーデターでは、トーマス・サンカラ（第5代大統領）が民衆の支持を受けて、まだ残っていたフランス占領の残滓を一掃する。サンカラは権力の座に就くや、あれこれと社会制度を変更した。手始めに、フランスがその地域の支配を維持するために使っていた「オートボルタ」という国名を廃し、新たにブルキナファソと名づけた。子供たちが髄膜炎に罹患《りかん》しないようにワクチン接種を推進し、女子割礼を禁止し、強制結婚は罰した。民衆の反ヨーロッパ帝国主義運動へのサンカラの影響力は絶大だったので、当時のフランス大統領フランソワ・ミッテランは、ブルキナファソ人の自由への熱望に歯止めをかけるため、隣接するフランサフリック諸国［訳注：「フランサフリック」は、フランスの政軍財界とアフリカ諸国との不透明な癒着関係を皮肉った言葉］に支援を仰がなければならなかった。しかしブルキナファソ政府は、富裕層への増税が致命的なものとなった。ブルキナファソの富裕層、フランス政府、地元の軍隊が政権転覆のクーデターを支援し、サンカラは暗殺され、ブレーズ・コンパオレが政権の座に就いた。

ブルキナファソは内陸国のため、商業や経済に関しては、いつも隣国の数段下を徘徊《はいかい》している。ブルキナファソ人には何でも2倍高くつき、彼らの攻撃的精神はそこに起因していた。

3次予選の第2戦は、地中海に面したアルジェリア北部の都市ブリダで行われた。第1戦から1か月が経過していた。ワールドカップ初出場に王手をかけたブルキナファソは、それを確実にするため次の試合では死に物狂いで戦おうとしていた。ホームで3得点を挙げたとはいえ2失点が大きく響いている。大会規定ではアウェーのゴール数が重要視されるからだ。あとのないアルジェリア側は、もちろんこの4週間のすべてを勝利に向けて費やしてきた。スタジアムは試合開始7時間前から満員だった。〝砂漠のキツネ〟に何が何でも勝ってほしいのだ。試合は火山の中で行われているかのようで、輝いているというより緊迫感にあふれていた。そして均衡を破ったのはアルジェリアのディフェンダーで主将でもあるマジード・ブーゲッラだった。相手ゴールエリア内でこぼれ球を拾うとシュートを決めて1－0とした。アルジェリアが史上4度目のワールドカップ出場を決めると、全国に設置されたパブリックビューイング会場はアルジェリア国民の歓喜の渦に包まれた。やはりブルキナファソにとってアウェーの2失点は大きかった。1勝1敗で得失点差も同じだったがアウェーのゴール数でアルジェリアが上回ったのだから。

アルジェリアの独立への道のりは非常に険しかった。大半の反植民地主義と同様、第二次世界大戦により海外での西欧の支配力に陰りが生じているとアフリカの国々は感知した。多くのアルジェリア軍人は枢軸国に対抗してフランスのために戦った。しかし戦争が終わるとフランス政府は兵士たちの貢献に報いるどころか、マグリブ地域における同国の支配力を強化しようとした。

1954年にアルジェリア民族解放戦線（FLN）が独立を勝ち取ることを目指して創立され、何度か首都アルジェの軍事・民間施設に対するテロを実施した。要求は明らかで、イスラム主義の枠内での、独立した社会民主主義のアルジェリア国を直ちに復興することだ。

しかしフランス政府は、独立主義派の脅しにそうやすやすと膝を屈するつもりはなかった。アルジェリアは引き続きフランス領土の一部であると主張したのだ。パリからの否定的な回答を受けて、FLNはもっと徹底した手段を取るために自身の軍隊を強化していった。コンスタンティーヌ県で民間人100名以上の犠牲者を出す虐殺を行い、これが決定的な引き金となって戦争が勃発する。フランス軍は徹底した弾圧を加え、敵の関係者を1万人以上殺戮した。目には目を、報復を盛大に実行した。フランス大統領シャルル・ド・ゴールはアルジェリアの土地を1ミリたりとも譲るつもりはなかった。

2014年のワールドカップ・ブラジル大会出場にあたり、アルジェリア代表が一番に心していたのが、4年前の南アフリカ大会での0勝2敗1分けの不甲斐ない成績を繰り返さないことだ。ヴァイッド・ハリルホジッチは、汚名返上の機会に恵まれることはそうそうあるものではないとわかっていた。ワールドカップで戦うにあたり、監督は今や全国民から信頼を置かれていた。このチャンスをものにしなければならない。だが、初戦は負けるべくして負けた。アルジェリアはフェグリのシュートで先制したが、ベルギーの攻撃に手を焼き、フェライニとメルテンスにゴールを決められた。第2戦は、アルジェリアは韓国に4－2で圧勝した。この試合でアルジェリア代表は、最高の才能を持った2人のサッカー選手が共作した素晴らしい芸術作品を披露した。フェグリとブラヒミの見事な連係プレーから魔法のようなゴールが生まれたのだ。

グループリーグの第3戦は、ロシアを相手にどちらがベスト16に進出するかを決める試合となった。ファビオ・カペッロ監督率いるロシアは最初からアクセル全開で猛攻を仕かけ、ライス・エンボリが守るゴールをしつこく狙った。そして誰よりも高く飛んだココリンがヘディングシュートを決めてロシアが先制した。ハリルホジッチとその若者たちは窮地に陥った。

アルジェリアには偉大な選手が何人かいたが、そのうちの1人は他の誰よりも国民から愛されていた。この生粋のアルジェリア人の点取り屋は、相手ペナルティエリア内に侵入すればジャッカルとなって、祖国の誇りを守るためならば体を危険にさらすようなプレーも厭わない。公式試合でアルジェリア国歌が演奏されると、アルジェ出身のイスラム・スリマニはいつも声を限りに歌う。窮地に立つ母国アルジェリアを救うのは、この男以外にありえなかった。スリマニは1点リードされたままで後半に入ると、セットプレーからのボールを打点の高いヘディングでロシアゴールに押し込み同点とした。〝砂漠のキツネ〟は勝ち点を4に伸ばしてグループリーグを通過した。

すべてが順調に進んでいるように見えた。サッカーの代表チームが史上初の決勝トーナメント進出を果たしたことに国民は満足していた。経済は石油とガスの鉱床採掘により成長を続け、国際人権指数でのランクはうなぎ上りだ。すべての事柄が順調に整っているように思われたが、ドイツとの歴史的な試合を2日後に控え調整を重ねていたアルジェリアのサッカー代表チームにとっては、頭の痛い問題が内在していた。試合の日がラマダンの期間の初めと重なったのだ［訳注：2014年のラマダンは6月28日〜7月28日。アルジェリア・ドイツ戦は6月30日］。

ハリルホジッチは自分もイスラム教の信奉者だったので、この繊細な問題への対処方法はよく心得ていた。しかし例によって激烈なアルジェリアのマスコミが動き出し、サッカー選手も厳格にイスラムの教えを守るよう要求した。もっとも保守的なグループは、サッカー選手はあらゆることよりも優先してラマダンを実践すべきだと要求し、国内に議論を引き起こした。問題が大きくなり始めたが、その要求に根拠はなかった。というのも、コーランは「断食は健康状態がよく、出身国にいる場合には行わなければならない」と明確に述べているからだ。これこそが問題を解く鍵となった。仕事のためにせよ、公式任務のためにせよ、イスラム教信者が国外にいる時は、ラマダンを実践するか数日延長するかは個人の判断に委ねられるのだ。

したがって、ドイツ戦に先だってラマダンを行うのか、それとも延期をするのか、その決断はアルジェリア代表の各選手によるものとなった。ところで、他の代表チームの中には、ラマダンの断食について自分の決断をすでに公にしていた選手もいた。出自がトルコにあるドイツ人のメスト・エジルやセネガル出身のフランス人であるバカリ・サニャは、コーランの言葉を拠り所に、宗教的義務の開始をチームが敗退するか、もしくはワールドカップの期間が終了するまで延期することに決めた。一方、アルジェリアの偉大なる主将であるブーゲッラは検討するとして判断を保留にした。絶食は大きな問題ではなかったが何時間も水分補給ができないのはリスクが高かった。時間の経過とともにラマダンの断食騒動は大きくなり、ハリルホジッチの苛立ちを助長させた。アルジェリア史上もっとも重要な試合を前にした記者会見でボスニア人監督は爆発した。その場で声を荒げてはっきりさせておかねばならなかった。イスラム教徒の選手を含むチームの監督として、自らもイスラム教徒であるからこそ、今回の事態にどう対処すべきかよく心得ていると。「私はラマダンの話をするためにここにいるのではない。これまでに監督を務めたことのある代表チームにもイスラム教徒はいたし、私自身もイスラム教徒だ。だからこの件をどう扱うかよくわかっている。他人の助言などはいらない。ラマダンは信仰の問題だ。つまり個人の問題ということになる。各自が自分にとって良かれと思うようにすればよいのだ」と論じた。

ラマダンが惹起《じゃっき》した問題で〝砂漠のキツネ〟は揺れていたが、ベスト16でドイツと戦わなければならなかった。ドイツに対しては、喉が焼けて乾くほど復讐心に燃えていた。というのも、1982年に両代表チームの間で起きた出来事は、いまだ鮮明に記憶されているからだ。その年、アルジェリアはワールドカップに初出場した。アフリカサッカーの歴史的な試合となる初戦の相手が西ドイツだった。スペインで開催されたその大会で、西ドイツ代表〝ディー・マンシャフト〟は、シューマッハ、シュティーリケ、ブライトナー、ルンメニゲといった、世界に知られたスター選手を擁していた。アルジェリア代表はヒホンのエル・モリノン・スタジアムのピッチを踏んだ。絶対的英雄である偉大なラバー・マジェールを中心としたチームは、国の期待を胸に西ドイツを打ち破り、今日でもマグリブサッカーの歴史的大勝利のひとつとして記憶される大金星を挙げた。しかし当時は、グループリーグ最終節は同日同時刻開催ではなく、アルジェリアの最終戦が行われた翌日に、西ドイツ対オーストリア戦が組まれていた。それがアルジェリアにとっては、気に入らなかった。アルジェリアはチリに勝利することになるが、その後に行われる西ドイツ・オーストリア戦は試合前から結果がわかっている「出来レース」となる可能性があったからだ。西ドイツが1－0で勝利すれば、西ドイツとオーストリアの両国が決勝トーナメントに進出することができる。案の定、その通りになった。試合開始早々に西ドイツはルベッシュが得点すると、厚顔無恥にも以降は試合時間をつぶすだけのサッカーを見せ、スタジアムに詰めかけていた4万人以上のサッカーファンの怒りをかった。この試合は「ヒホンの恥」として知られることになる。

ラマダンと復讐。これら2つの大きな食材がこの2014年のアルジェリア対ドイツ戦に辛味を加えた。この勝負は最初から最後まで素晴らしかったということは認めねばならない。攻守が目まぐるしく交代する試合展開のまま前後半の90分が過ぎた。両チームとも爆発寸前の感情をうちに秘めながらゴールを狙ったが得点につながらなかった。ところが延長に入るとドイツはシュールレが1点目、エジルが2点目を挙げた。アルジェリアはついに屈した。しかし、すべてのサッカーファンからアルジェリア代表は称賛を受けた、名誉ある敗退だった。

アルジェリア代表選手のうち、誰が厳格な断食を実践し、誰が自分の都合に合わせた実践をしたのかはわかっていない。同様に、キリスト教を信奉する選手が大会期間中にミサに行ったかどうかもわからない。わかっていることは、あの大一番の前に、代表チームのエネルギーを消耗させたアルジェリア人がいるということだ。優秀なスポーツ選手のパフォーマンスに与える影響は、控えめな断食と、世論との対立による消耗とどちらが大きいのか。この疑問は依然として宙に浮いている。

9

南スーダン

末っ子国家

「歩ければ踊れる。
話すことができれば、
歌うことができる」

「数か月前までは、国民を解放するために武器を握っていた。今では自分の国を守るためにサッカーシューズを使っている。私は我々が成し遂げたことを誇りに思う」

新しい国のユニフォームを初めて着たサッカー選手モン・デン・アティトはこのように語った。こうした表明はどのような背景があろうと常軌を逸している響きがあるが、例外がひとつある。それは新しく誕生した国が、その独立の過程で多くの人命を犠牲にした場合だ。

南スーダンは普通の国とは異なる。未発展であることを理解するためには、スーダンの歴史をもう少しよく知らなければならない。ナイル川流域に位置し、最初の文明の兆候は4千年以上前に遡る。古代エジプトの影響下、いくつもの王国が勃興し、国の記憶を彫り込んでいった。中東とアフリカの中間にあるため、スーダンは曖昧なアイデンティティと極度な干ばつに見舞われる気候条件の中で生き延びてこなければならなかった。19世紀末から50年以上、イギリスとエジプトの共同統治下に置かれた。しかし双頭の怪物が支配する植民地が長続きするわけがなかった。この形で満足できる当事者が誰もいないからだ。当然ながらイギリスは不満だった。もっと西のガーナやナイジェリアのような植民地では支配権を全面的に行使できたが、スーダンではそれができないからだ。エジプトもこの状態を良しとはしなかった。アフリカの国々に対する領土主権を尊重するべきか、天然資源による利益を追求するべきか、という2つの考えのはざまでもがいていたのだ。

大義か富か。選択は困難だ。そしてもちろん当のスーダンの現地民も不満を抱えていた。国内では明らかに不当な扱いを受けている上に、外国人の指導者に敬意を払わなければならない。しかもスーダン国内は北と南に分断されていた。北部のアラブ系イスラム教徒と南部の黒人を中心とする非アラブ系のキリスト教徒とが対立していた。くすぶっていた火種は1955年になって第一次スーダン内戦という形で広がった。1956年にイギリスとエジプトは、スーダンの共同統治をこれ以上続けるのは不可能と判断し、スーダン国民に独立を認めることを決定した。スーダン共和国の誕生である。劇的な年代記の幕開けだ。

さて、サッカーだけは、というわけではないが、スーダンでは引き続き国民の団結精神を保つことができた。現にスーダンは、エチオピア、南アフリカ、エジプトとともにアフリカサッカー連盟（CAF）の創設国のひとつであり、アフリカにおける序列の高さは今も昔も議論の余地がない。

1950年代の末、アフリカ大陸は行き先の見えない不透明感に覆われていた。そんな時代だからこそ、サッカーはアフリカにおいて人々が結束するためにはなくてはならないものとなった。スーダンは独立から1年後に、第1回のアフリカネーションズカップ（CAN）に出場した。その頃はまだアフリカの大半の国が独立を達成しておらず、同大会への参加国は少なかった。準決勝でエジプトと対戦して最少得点差で敗れたが、その潜在能力を垣間見せ始めた。その後、1959年と1963年には準優勝を果たす。しかし、国の体制が混迷を深めていた関係で、〝ナイルのワニ〟は次の2大会を欠場した。他にもっと対処すべき優先事項があったからだ。例えば、国全体にとめどもなく拡大した血で血を洗う争いを止めることだ。

1970年、社会情勢が落ち着きを取り戻すと、最重要のスポーツイベントが持つ政治的価値を利用するために、スーダンはCANの開催地となった。海外に対して安全と安定をアピールすることになるからだ。自国開催となったスーダン代表にとっては、決勝トーナメントに進むためには負けられないグループステージの最終試合で、カメルーンと対戦して勝利した。決勝では巨人との戦いが待っていた。当時最強のチーム、〝ブラック・スターズ〟ことガーナ代表。アフリカサッカーの覇者として君臨していたチームだ。1957年の独立以降、クワメ・エンクルマ大統領が種をまいたパン・アフリカ主義の嵐が吹き続ける中、ガーナはサッカーの黄金時代を享受していた。そんな最強の相手にも、〝ナイルのワニ〟は最初から食らいついた。試合開始早々にハサブ・エル＝サギールが歴史的ゴールを決めると、そのまま逃げ切りスーダンにCANで初優勝をもたらした。

サッカーに関することはうまくいっていた。しかしサッカーは打撲傷や切り傷を治癒する助けにはなったが、致命傷を負った人の命は救えない。1958年から1964年にかけて、スーダンを統治した軍事政権には国の主要諸問題を解決する能力がなかった。破綻した経済、社会を分断する深い亀裂、イギリス・エジプト領スーダン時代以降は見捨てられたと感じている南部の人々の不満など、難題が山積みにされていた。

1972年、南部スーダン解放戦線の存在に代表されるこうした緊張状態は一応の決着を見た。平和合意が、内戦の仲裁地として指定されたエチオピアの首都アディスアベバで署名され、スーダン最南部に自治政府の設立が認められたのだ。1955年から続いた、第一次スーダン内戦は終結した。各自がそれぞれの道を歩むことになり、緊張状態はかなり緩和された。誰もが気に入る解決策に見えた。

しかし、宗教的性格を持ったある法令、つまり自由を叩きつぶすためのいつもながらの口実が発布され、またしても騒乱を引き起こす。首都に居住する、中央政府の大統領ジャーファル・アン＝ヌメイリは、スーダン全土にイスラム教と、イスラム法であるシャリーアに基づいた新しい法典を強制した。まさしく宗教問題により国は２つに分断されているというのに、全土にイスラム教を強制してどうしようというのか。答えが出るまでに時間はかからなかった。独立してわずか27年しか経っていないというのに、第二次内戦が勃発したのだ。１９８３年に始まったこの武装闘争により、スーダン全土は荒廃し、粉々になった。

戦争勃発後20年の間におびただしい血が流された。南部では２００万以上の命が奪われ、４００万の人々が国を逃げ出して難民となった。２００５年、中央政府は南部スーダンに自治権を与え、２０１１年になったら南部で住民投票を実施して自分たちの未来を決めてよいとした。独立派の圧倒的勝利が予想された。しかし結果は予想以上に衝撃的だった。新国家南スーダン誕生への賛成票はなんと98・83パーセントに達した。

２つの領土は地図上ではつながっているものの、スーダンの石油の85パーセントは南部で産出するが、採掘や精製用の機械類は北部で生産されていた。一方には製品があり、他方には経済的利益を生み出す技術がある。２００５年の合意により、南スーダンは独立に先立って自治権を獲得し、原油から得られる利益分配について取り決められた。原油は今日でもパイプラインを利用して南部から北部の精製工場に輸送されている。しかしこの合意は新国家の財政維持を保証しておらず、南スーダンは生き残りのため国際社会からの支援を必要とした。

南スーダンはまだ悲惨な結果をもたらした激動の内戦からの回復期にあり、国の健康状態は脆弱ではあったが、国民がサッカーを楽しむ権利は有していた。2012年春、FIFAは南スーダン共和国の連盟加入を承認した。そうだ、もう新しい国の旗の下で試合をすることができるのだ。しかしサッカーの発展に必要なインフラがまだなかった。更地からのスタートだ。

経緯は不明だが、2012年、ゾラン・ジョルジェヴィッチという人物が、南スーダンの真新しい首都ジュバの地を踏み、体制を整えようとした。旧ユーゴスラビア生まれの監督だ。アラブ首長国連邦、カタール、クウェート、インド、バングラディシュなどで30年以上のキャリアを積み、どうしようもなく厄介な状況でも対処できる術を十分に学んできた。

ジョルジェヴィッチはまず街の郊外の金属関係の工場に出向くと、溶接工に説明をした。金属製の管で幅7・32メートル、高さ2・44メートルの枠組みをつくり、それが自立できるように後ろに支えをつけてくれと。それ以上の説明はなし。そのうち完成すると、契約していたトラックが空き地に運び込んだのは2つのサッカーゴールだった。環境面の準備が整うと、南スーダン代表セレクションを行うと全国に通知した。選考会ではトレーニングマッチを行って代表チームにふさわしい選手を見極めると、ジョルジェヴィッチは合格者の氏名と電話番号をノートにメモした。妙案だ。

　南スーダン代表の独立後初となる国際Aマッチは、待ちわびていた幸せ一杯の2万2千人の観衆を前に首都ジュバで行われたウガンダとの親善試合だ。両国が築いてきた友好関係を思うと、とりわけ感動を覚える試合だった。ウガンダは内戦期間中に南部スーダンからの難民を受け入れてくれた国のひとつだ。事実、スーダン中央政府が命じた民族浄化から逃れた100万人以上の人々を庇護してくれたのだ。妙なことに、貴賓席に南スーダン大統領サルバ・キールの姿はなく、何かしら疑念の影が漂った。その当時、ウガンダはアフリカ中東部におけるサッカーの絶対王者だった。〝クレーンズ（鶴）〟の愛称で親しまれているウガンダ代表は素早く先制点を挙げたが、南スーダンの選手たちは逆境と苦痛が共存する困難な日常には慣れている。この程度ではへこたれることがなかった。ピッチの芝生は長く乾燥していて走りにくかった。選手たちは、まるでくるぶしに足かせをつけてプレーをしているようだ。自国が初の国際試合を戦っているのを間近で見ている観客は各選手のパフォーマンスにまで気が回らなかったに違いない。試合はウガンダが1点をリードしていたが、ウガンダのオクティが退場すると、南スーダンは数的優位を活かした試合運びで同点に持ち込んだ。

　追いつかれたウガンダは1人欠けていたが攻勢を強めた。しかし、南スーダンはゴールキーパーのジュマ・ジェナロが守護神となり立ちはだかった。見事なセービングはウガンダのストライカーたちを落胆させ、ジェナロの激情ほとばしるプレーに感動した味方のサポーターにアドレナリンを注ぎ込んだ。このゴールキーパーは南スーダン代表〝ブライト・スターズ〟のリーダーの1人だ。北のスーダンの首都ハルツーム近くのオムドゥルマンの生まれだが、自分の信条に従い、南スーダン代表に加わることを承諾したのだ。

南スーダン代表の記念すべき試合は2－2の引き分けに終わった。これにより、南スーダンはFIFAランキングに初登場し、199位につけた。これほど高い順位を獲得したのは初めてだ、というより、そもそもランキングに名前が出るのが初めてだ。この親善試合での引き分けは国民の士気を高めるために一役買った。まだ多大の恐怖や不安が顔を覗かせる社会に一陣の新鮮な風が吹いた。

アフリカ大陸では、各年の終わりにとても珍しい大会が開催される。CECAFA（東部・中部アフリカサッカー協会評議会）カップは、アフリカ大陸の中部および東部に位置する国と地域の代表チームを対象としている。各代表チームは、地元のリーグに所属している選手のリストを提出しなければならない。2012年、前述の親善試合の数か月後に、ウガンダでまさにそのCECAFAカップが開催される予定だった。南スーダンは同カップに出場して国際舞台デビューを立派に果たすための準備が必要だった。しかしひとつ問題があった。〝ブライト・スターズ〟の監督と南スーダンサッカー連盟のチャブール・ゴック・アレイ会長の関係は最初から荒れ模様だった。南スーダンのサッカーの最高責任者に言わせれば、ジョルジェヴィッチは傲慢なよそ者で、自分とは関係のない土地にやってきて我が物顔で命令し、優越感に浸っている。ジョルジェヴィッチ監督も、チャブールを「腐敗した指揮官」と呼び、私利私欲のために動き、代表チームのために働こうなどという意欲は持ち合わせていない、と非難していた。

両者の議論は繰り返されるたびに激しくなった。トレーニングをするための環境の欠如、設備の不足、全く手元に届かない渡航資金……。終わりなき争いだ。この争いのピークはまさにCECAFAカップの前日に訪れた。大会の1週間前になってもジョルジェヴィッチの手元には選手が7人しかいなかった。開催地である隣国に渡航する前に、合宿所であるホワイトナイル・ホテルに宿泊していたが、チームには何もかもが欠如していた。第一に、何よりも重要な選手の頭数が揃わずチームを編成できない。さらには、トレーニング用の器具もユニフォームもボールも届かなかった。極めつけは、ある日の朝、練習のためグラウンドに出向いたが、入り口には大きな南京錠がかけられていて締め出されてしまった。理不尽極まりない。

南スーダン代表は資金不足のためCECAFAカップには参加しないだろうと新聞で報道された。サッカー連盟会長は資金不足と組織体制の不備によりこの大きなショーケースへの初参加を断念したというのだ。これでもまだドラマ性が足りないとでもいうように、またひとつ悲劇的な事件がチームを揺さぶった。歴史的試合となったウガンダ戦に出場した代表チームの先駆者の1人であるルイス・ウィリアムズが、マラリアに罹患して克服できず、急逝したのだ。これが〝ブライト・スターズ〟の置かれた状況だった。金欠、物資・練習場の欠如、CECAFAカップ参加のための渡航未承認、アフリカ中央部で猛威を振るうマラリアによるチームメンバーの他界。これらに打ちのめされた代表チームは、出口が全く見えない井戸に突き落とされていた。

しかしジョルジェヴィッチはタオルを投げる気はさらさらなかった。学校であろうと、道端であろうと、どんなに練習に適していない場所であっても、トレーニングメニューに工夫を凝らして選手たちを鍛えた。走り回ることさえできれば、どこでも良かったが、ついに大会出場断念の知らせは南スーダンの政府にも届いた。ところが政府はスポーツ青年省を通して現状の打開を図り、選手らがウガンダに渡航して国際大会に初参加を果たせるよう手配した。ジョルジェヴィッチはサッカー連盟の頭越しに、政権担当者らに直接苦言を呈していたのだ。チャブール会長にとっては許しがたい行為だ。

不足していた選手を補うべく追加選考も終わり、公式戦に必要な用具類も準備された。南スーダン代表はウガンダの首都カンパラに無事到着した。初戦でいきなり強豪のエチオピアと対戦。前半は互角に渡り合い、特筆に値するようなことは起きなかった。しかし後半、エチオピア代表〝アンテロープ〟に攻勢を強いられると、速い攻撃のリズムで試合を支配されてしまう。

そして後半の試合時間も半分が経過した頃、エチオピアに右サイドのロングランで攻撃を仕かけられ、ペナルティエリアへのセンタリングを受けたケベドがゴールを決めた。これが決勝点となり、南スーダンは無得点1失点の黒星スタートとなった。期待した結果は得られなかったが手応えは感じていた。

第2戦ではケニアと戦い、追い打ちをかけられる厳しい結果となった。0－2でケニア代表〝ハランビー・スターズ［訳注：「ハランビー」は団結や協調を意味する］〟に完敗してしまう。南スーダン代表にとって2度目の敗戦となった。第3戦の相手は旧知のウガンダだったが、グループリーグでの敗退が決定的となった南スーダンにとって、この第3戦は、もはや魅力も刺激も感じられなかった。〝ブライト・スターズ〟はウガンダに4得点を挙げられて3敗目を喫する。初の大舞台は、無得点7失点という結果に終わった。試合後の声明でジョルジェヴィッチ監督は怒りを爆発させた。サッカー連盟の会長である大敵チャブールを、代表チームの大会参加を妨げようとしたとして、「テロリストである」と犯罪者呼ばわりした。そして、このCECAFAカップがバルカン半島出身の監督にとって南スーダンにおける最後の仕事となった。しかしCECAFAカップでの敗退などたいしたことではなかった。南スーダンにとって、真の悲劇はサッカーの外にあった。

CECAFAカップから数か月が過ぎ、サルバ・キール大統領を取り巻いていた疑念が過酷な現実となって姿を現した。キールはディンカ族出身であり、ディンカ族は南スーダンの人口900万人のうち300万人を占める一番大きな民族だ。キールは自分の政権が複数の民族で構成されていることを示すため、2011年に副大統領としてリエック・マシャールを選出した。マシャールはヌエル族出身だ。ヌエル族はディンカ族とは違い、雨や光などの自然の様々なものに神の存在を感じ取る、キリスト教徒よりもアニミズム［訳注：霊魂的存在を認める思想］の信奉者に近い民族だ。一方、ディンカ族はキリスト教徒に近いものがある。つまり、2011年の独立に伴い、南スーダンにおけるイスラム教の存在感は最低線まで弱まったものの、キリスト教徒であるディンカ族とアニミズムの信奉者であるヌエル族という新たな形で国が二分されたと言える。大統領の座に就いたサルバ・キールが国の状況を正常化するために取った措置が、新たな紛争の火種になろうとしていた。

2015年頃、キールは副大統領マシャールがクーデターを画策していると告発し、反マシャール運動を開始した。両者間の緊張状態は、はるか以前にキールがヌエル族出身の2人の大臣を解任した時以来のものだ。この決定は、政権や社会にディンカ族の優位性を定着させようとする計画であると解釈された。そして、この政治討論は政府内部の話では済まなくなった。こうした正面衝突は、誕生した時から脆弱な国の二大民族に打撃を与えた。木が育つには健全な根が必要であり、建物は堅固な地盤の上に建てる必要があるのと同様に、国が繁栄するには安定した始まりを必要とする。しかし南スーダンの始まりはそうならなかった。重苦しい雰囲気が漂い始めた。家畜に与える水や食卓にのぼる食料は欠乏していた。フラストレーションをさらに助長したのは、安全を確保するために代表チームの試合がスーダンの首都ハルツームで行われていたことだ。

ひどい社会騒乱にあって、混乱に苦しむ国民の気持ちを落ち着かせることができたのは、ただひとつ、サッカー代表の試合だった。2015年9月、2年後に控えたCANのための予選が行われ、〝ブライト・スターズ〟は、前大会で見事に準決勝進出を果たした赤道ギニアを迎え撃とうとしていた。地元サポーターはこの時ばかりは将来に対するあらゆる不安を脇によけ、スタジアムで選手に声援を送ることに熱中した。その通り、今回は南スーダンの首都ジュバで試合が行われるのだ。ホーム、スイート・ホーム——やはり我が家が一番だ！

赤道ギニアは堂々たる顔ぶれだった。成長株のイバン・サルバドール、アカポ、エンゴンガに加え、すでに欧州の名門クラブで活躍しているエミリオ・エンスエやハビエル・バルボアなどを揃えていた。無名同然の南スーダンなどいとも簡単にひねりつぶしてしまいそうだ。しかし、〝稲妻軍団（赤道ギニア代表の愛称）〟にとっては当てが外れた。後半の序盤に、エチオピアでキャリアを積んだ南スーダンのミッドフィルダー、ピーター・チョルが敵陣ペナルティエリア前でボールを拾うとゴールキーパーのフェリペ・オボノの意表をついてゴールを決め、そのまま逃げ切って試合終了。1－0の歴史的勝利。南スーダンは史上初の公式試合勝利を果たした。

南スーダンには、苦痛、絶望、悲劇的な望まぬ移住、流血といった歴史がある。これら、苦難の糸で編まれた物語の傷はいまだ癒えることがない。そんな希望を失った国にサッカーという一筋の幸福の光が差し込んだ。第二次スーダン内戦で戦争孤児になったスーダン南部の少年たちは「ロストボーイズ（失われた子供たち）」と呼ばれる。ロストボーイズはハルツームから押し寄せる政府軍の促進していたジェノサイド（大虐殺）の波から何週間もひたすら逃げ回ったあげく、多くの場合、子供ながらに塹壕《ざんごう》を掘り、銃を握らなければならなくなった。頼れる唯一の避難先は南部の反乱軍だったからだ。子供たちは生きるために、反乱軍の名の下に残忍な行為に手を染めざるを得なかった。南スーダンはそんなロストボーイズの世代に未来を託している。そしてサッカーにおいても、祖国南スーダンのために公式戦初勝利をもたらしたのはロストボーイズ世代であった。

赤道ギニア相手に初勝利したからといって、過去数十年にわたる残虐行為が1ミリたりとも帳消しになったわけではない。しかし、この乱気流のような時代に魔法がかかったことが確かに起きた。南スーダン代表が勝利した姿を見て、苦難の現実から離れて心の休まったサポーターたちがいた。ディンカ族からヌエル族まで、南スーダンの全国民に対して、サッカーの代表チームは心に栄養を与える役割を担うことになった。

独立後8年が過ぎても、国民が望むような平穏な国になるどころか、悲劇的な状況が続いていた。南スーダンは900万人の人口（そのおよそ半分が15歳以下）を抱え、300万人が隣の国々に難民として散在し、国の多くの地域は不安定な状態にある。南スーダンの石油埋蔵量は、ナイジェリアやアンゴラなどには及ばないが、アフリカ大陸では上位に入る。それにもかかわらず、戦争と飢餓に付きまとわれている。私がこの段落を書いていた2018年6月末、キール大統領とマシャールの間で平和協定が締結され、国民に生活の改善を約束した。

しかし現実は厳しい。軍隊への報酬の支払い遅延金額が累積し、兵士たちは債権回収と称して市町村を襲って略奪を始めた。権力の座にあって対立する2人の大物政治家は、それぞれ自分に極めて忠実な私設軍隊を維持しており、好機が到来すれば相手に一撃食らわしてやろうという魂胆だ。マシャールは地下を石油がふんだんに流れる国の北部に居座っている。もっとも、この黒い黄金は、インフラ設備の不足や、うち続く社会不安のために採掘できないでいる。

果たされない約束、最上層部に端を発する民族紛争、足の下を流れているのに国民には何の恩恵ももたらさない原油。行く手にはこうした数々の障害が待ち構えているが、それでも南スーダンの人々は希望を持って地平線を見つめている。

今も多くの南スーダン難民が避難生活を強いられている。子供たちの笑顔を取り戻すにはサッカーが大きな役割を担っている【AP/アフロ】

10

コートジボワール

ゴールはもっと多く、武器はもっと少なく

「早く行きたければ、1人で進め。
遠くまで行きたければ、
みんなで進め」

「ディディエ・ドログバはこの世に1人だけだ」

これはコートジボワールの英雄について語る時、繰り返し使われるフレーズだ。ドログバが現役時代に示した決意ほど固い意志を持っているサッカー選手はそれほどいない。1978年にコートジボワールの大都会アビジャンで生まれたが、母親のクロティルドによれば、出産予定をかなり過ぎて生まれてきたという。この世に出てくるのは遅れたが、ボールを追いかけるために歩けるようになるのはとても早かった。両親は敬愛するユーゴスラビアの革命指導者ヨシップ・ブロズ・ティトーにちなんで、息子に〝ティトー〟というニックネームをつけるのだ

が、サッカーボール以外のプレゼントには魅力を感じない少年だったという。

教育を重要視していたドログバ家は、弱冠5歳の時にディディエをフランスに行かせ、当時フランスの2部リーグであるリーグ・ドゥでプレーしていた叔父のミシェル・ゴバの助けを借りて素晴らしい将来を切り開かせようとした。しかし3度の夏が過ぎた頃、ディディエは両親や故郷の友人たちの元に帰りたいと思った。アフリカが自分を呼ぶ声はあまりに強く抗いにくいものがあり、少年は自分のルーツと深くつながり直す必要があった。とはいえ、それも結局わずかな期間に終わった。両親は過酷な困窮にあえいでいてディディエを手元に置いておけなくなった。再度ヨーロッパ大陸に送り込まれたディディエだったが、今回はサッカーを通して急速に苦痛を忘れることができた。常に叔父の監督のもと、いくつかのチームでプレーしながら鍛錬しレベルを高めた。

その代わり学校での成績は良くなかった。サッカーへの情熱が強く、勉学は二の次となり、ドログバは学業に励むためにヨーロッパに行くという両親との暗黙の約束を忘れつつあった。ついには、弁護士か医者になるよう願っていた両親の思いとは裏腹に、ディディエが中等学校の第3学年で留年になりそうだという知らせを受ける。両親は叔父に命じて学校の成績が改善するまで息子のあらゆるサッカー活動を禁じさせた。不当な罰にも思えたが、少年の人生にとって重要な教訓となった。努力の価値は何ものにも勝ることを学んだからだ。1年間猛勉強をしてついにはクラスで一番優秀な生徒の1人となった。こうして、学業で好成績を残したドログバは、サッカーに戻る許しを得た。そして、夢を断念すべきか悩んだ2度の足の手術も克服すると、アビジャンの街をまだ幼少の頃に捨てたという負い目を振り切ったコートジボワール人の青年は、サッカー選手への夢に向かって離陸を始めた。

ル・マンUCとEAギャンガンを経てから、オリンピック・マルセイユに1シーズン（2003－04）在籍しただけでヨーロッパ中から注目を浴びるようになった。地中海沿岸の都市マルセイユは、祖国コートジボワールの首都でもある港町アビジャンを思い出させた。マルセイユでドログバは次世代のコートジボワールを代表するストライカーとなるために自らを磨き始めた。UEFAカップに参加していたオリンピック・マルセイユは、国内の試合とヨーロッパ遠征を両立させていた。熱烈なサポーターは、オリンピック・マルセイユが10年前の1993年のように、ヨーロッパ大陸を席巻することを夢見ていた。

UEFAチャンピオンズリーグ（1992－93）の決勝で、マルセイユはACミランとミュンヘン・オリンピック競技場で対戦した。マルセイユは、信頼の厚いディフェンダーのバジル・ボリが早々に負傷してしまうというアクシデントに見舞われた。とはいえ、ボリの頭の中には、この大舞台で退場するなど考えられなかった。ストイックなまでに痛みに耐えたが、ただ強がって見せたわけではなかった。最終的には試合の行方を決定づけてしまった。ハーフタイムに突入する間際、マルセイユはコーナーキックのチャンスを得ると、最高の右足を持つガーナ出身のアベディ・ペレが放った弧を描いたボールをボリが頭で合わせてゴールのネットを揺らした。ゴールキーパーのセバスティアーノ・ロッシはボールの行方を茫然と見送った。実は、この試合のヒーローとなったボリもまたアビジャン生まれなのだ。つまり、マルセイユに渡ったあの優勝トロフィーは、ディディエ・ドログバの同郷人が射止めたものだということになる。

それから10シーズンが経過した2003年、オリンピック・マルセイユがUEFAカップで勝ち進むにつれて、これらフランスとコートジボワールの2都市の結びつきは強くなっていった。勢いのあるFCドニプロやインテルナツィオナーレ・ミラノ、イングランドのリヴァプールFCやニューカッスル・ユナイテッドFCを蹴散らすと、決勝戦でバレンシアFCが待ち構えていた。

同大会の予選では、ひときわ目立った選手がいた。相手ゴールにボールを叩き込むと、両手を広げて、まるで飛行機が飛び立つかのようなゴールパフォーマンスをみせる、エネルギッシュなストライカーだ。決勝戦に先立つ試合では、前述の全チームを相手に得点を挙げている。特に思い出されるのが、オリンピック・マルセイユとニューカッスルが激突した準決勝の第2戦だ。第1戦はセント・ジェームズ・パークで行われ0－0の引き分けに終わり、第2戦がスタッド・ヴェロドロームで行われた。前半15分、マルセイユのフラミニは自陣で高いバウンドのボールを処理すると、スピードを上げて走り出したドログバにタイミングを合わせながら、スペースへとボールを放った。ドログバは獲物の恐怖心を嗅ぎ分ける捕食者のように容赦がない。一気にペナルティエリア内に侵入すると、ゴールマウスに向かって正確なシュートを放った。ストライカーとしてのドログバの恐ろしさは試合時間が経つにつれて昇華した。タイムアップ間際になって、この試合2得点目となるゴールを決めた。ドログバは自身が満足するシュートシーンで、この夜を締めくくった。

2003年のUEFAカップの決勝戦では、オリンピック・マルセイユはバレンシアFCに敗北した。しかしディディエ・ドログバの名前はヨーロッパの各強豪クラブの手帳にメモされた。そして、チェルシーFCの監督ジョゼ・モウリーニョがドログバをその戦列に加えた。この移籍によりドログバはこのクラブの歴史に大きな足跡を残すことになる。

ドログバがスタンフォード・ブリッジ［訳注：チェルシーFCのホームスタジアム］に向けて旅立つための荷造りをしている頃、2006年に開催されるワールドカップ・ドイツ大会の予選が行われていた。ドログバの愛するコートジボワールは政治的にも社会的にも危険極まりない状況にあった。ローラン・バグボは2000年の大統領選挙で勝利したが、前大統領ロベール・ゲイがその選挙結果を認めようとしなかった。2002年9月、反政府勢力がクーデターを起こして最大の人口密集都市を占領しようとした。アビジャンを支配下に置くことは失敗したものの、国の中央部にあるブアケの占領は成功した。興味深いことに、前大統領のゲイは、蜂起の数日前に妙な状況下で死亡していた。

1960年にコートジボワールが初代大統領フェリックス・ウフェ＝ボワニの指揮下で独立した時には特に大きな問題はなかった。しかし1993年に同大統領が亡くなると状況は一変した。ウフェ＝ボワニは近隣国のブルキナファソ、ニジェール、ベナンとの共同市場を促進し、商取引関係を強化しようとした。コートジボワールには、脱植民地後の独裁政権に苦しむ近隣地域からやってきた人々が大勢いる。そうした人々も含めた全住民を包容する国を築き上げようとしたすべての労力、すべての努力は、ウフェ＝ボワニの死後水泡に帰した。まずはゲイ、次にバグボが現れて、ウフェ＝ボワニが建設した橋を燃やしてしまった。

「イヴォワリテ」という言葉がコートジボワールじゅうでささやかれ始めた。他地域から後になってやってきた人々に対する生粋のコートジボワール人の優越性を表す概念であり、新しい住民に対するあからさまな蔑視だ。反乱者たちの主な不満は、主にローラン・バグボが国民に課した意図的な分離政策に起因している。コートジボワールを、安定した経済活動の下で全住民が共存できるような包摂的国家にしようという考えは崩壊した。今や安寧は消滅し、対立が混乱と不安の海の水面に現れ漂っている。土着住民と脱植民地後にやってきて定住したよそ者との間には明確な差別があった。この移住者の大半は、ブルキナファソやギニア、リベリアからやってきて労働者となり、土着住民がキリスト教徒であることに対し、イスラム教を信奉している。経済が悪化し始めると最初に苦しむのは労働者だ。そのため反乱が起きるのは時間の問題だった。北の反乱者は前大統領ゲイのかつての私兵であり、天然資源豊かな国の権力を取り戻したい勢力から金銭的支援を受け、いくつかの地域を支配下に置いた。

コートジボワールの国会によって発布された法律によれば、政治家が大統領選挙に立候補するためには、両親が2人とも同国生まれであることが必須条件だった。これは、北部からの候補者を一切受けつけないことを意味した。なぜなら住民の大半は移民の子孫だからだ。ウフェ=ボワニ大統領時代の最後の数年に首相を務めたアラサン・ウワタラが大統領就任を封じられたことが原因となり、国が二分されることとなった。反乱軍は国の中央部、すなわち北部と南部の境界線にまで到達した。国に深く根を張ったキリスト教徒のコートジボワール人と、イスラム教徒の「新参コートジボワール人」の分断を象徴する場所だ。実際の話、最低でもコートジボワールに移住して3世代目だと証明できなければ、国籍を剥奪された。反乱者たちは第二の人口密集都市ブアラに定着した。こうした状況下で何千という市民の生活が破壊され、100万人近く発生した避難民は報復を恐れて出身国に戻った。

さて、サッカー選手について言えば、別格ともいえる世代が現れ始めていた。エマニュエル・

エブエ、コロ・トゥーレ、アルトゥール・ボカ、ディディエ・ゾコラ、ヤヤ・トゥーレ、サロモン・カルー、ジェルヴィーニョといった代表的な選手たちがヨーロッパの主要リーグでプレーする姿は将来の輝かしいキャリアの到来を感じさせた。国の政治的状況を考えると、史上初のワールドカップ出場を目指すことにより、人々がもう一度ひとつにまとまる唯一の機会が生まれた。したがって、予選通過は単にスポーツ的なものを超えた意味があった。2006年のワールドカップ・ドイツ大会に向けたアフリカ予選では、コートジボワール代表〝エレファンツ〟は同組となったカメルーン、エジプト、リビア、スーダン、ベナンと対戦しなければならなかった。真の強豪は2か国、他の3か国の実力はそこそこだ。コートジボワールは、重要な2試合を除けばほとんど無傷で予選を終えた。

アフリカ西部の国同士の試合はいつも派手なものになる。同地域の住民の筋肉は抜群に耐久力のある材質でつくられており、試合は熱狂的なリズムに乗って展開する。カメルーンとの2試合は〝エレファンツ〟にとって厳しいものとなった。〝不屈のライオン〟はヤウンデにおいてもアビジャンにおいても勝利し、ワールドカップ出場をほぼ手中にした。そのため、カメルーンにとって最終試合は単なる手続きのようなものであり、国を挙げてのお祭り騒ぎになるはずだ。

一方の〝エレファンツ〟は試合に勝った上で、ヤウンデで行われるカメルーン対エジプト戦の結果を待たねばならなかった。少なくとも引き分けに終わってほしいところだが望むべくもなかった。カメルーンとしては最後の1勝が必要だが、自分たちのホームゲームであり、エジプトにとっては勝っても意味がない試合だ。これではエジプトが勝つなど望むべくもなかった。コートジボワールはスーダンと対戦するために同国の都市オムドゥルマンに向かった。試合の数時間前、コートジボワールサッカー連盟の幹部が選手と監督のアンリ・ミシェルを部屋に集め、次のように語った。「君たち、この試合は大変重要だ。（ワールドカップに行けるかどうかは）私たち次第ではない。私たちが試合に勝った上で、カメルーンがエジプト戦でこける必要がある。さて、君たちに言っておきたいことはだな、エジプトがヤウンデで得点してくれても、我々がやるべきことをやらなかったら、自分で自分たちのこめかみに銃弾を一発撃ちこむようなものだ、ということだ」。実にわかりやすいメタファーだ。

コートジボワールはやるべきことをやりとげ、試合に勝利し、国民に対する責任を果たした。試合が終わるやいなや、選手全員がピッチの芝生の上に集まり、カメルーンとエジプトの戦況を伝える音声に聞き耳を立てた。ヨーロッパで輝きを放っている選手たちが、スーダンの草の上で輪になって、エジプトがヤウンデでカメルーンに一泡吹かせたというありえないニュースが電話から聞こえてこないかと待ちわびた。その時ドログバがみんなを驚かせた。輪になっている選手たちにこう言ったのだ。「みんなで一緒に祈る時だ。各自がそれぞれの神に祈ればよい。

でもみんなで一緒じゃないと駄目だ」

ヤウンデでは歴史的なことが起きた。アフリカのサッカーだけに見られる神秘の力が働いた。オムドゥルマンから4千キロ離れたカメルーンの首都では、サミュエル・エトーと同僚たちがとても幸せそうに胸を膨らませていた。ワールドカップ出場を果たせるかどうかは自分たち次第だったからだ。巨大なオムニスポーツ・スタジアムは5万人以上の観客を収容することができる大型の競技場なのだが、そのスタジアムがあふれんばかりになっていた。

当時ポルトガルのスポルティングCPのアタッカーだったルドルフ・ドゥアラが左サイドから上がったクロスを正確なボレーでゴールに叩き込み、カメルーンが先制すると大歓声があがった。そのゴール以降は、ピッチ上の選手やボールを誰かが冷凍庫に入れて凍らせたみたいに試合が動かなくなった。カメルーンがすべてをコントロールしているように見えた。しかし、後半も残り10分というところになって、何もサプライズは起きないはずの〝ファラオズ〟のコーナーキックで想定外のことが起きた。ゴール前に放り込まれたボールはカメルーンのディフェンダーが簡単にクリアしたのだが、セカンドボールを拾ったのはエジプトだった。ゴール前の絶好の位置にクロスが入るとモハメド・シャウキーが頭で合わせ、エジプトが同点に追いついた。このままでは、カメルーンのワールドカップ出場がなくなってしまう。カメルーンによる終盤の攻勢はエジプトを圧倒した。集団ヒステリー寸前のサポーターたちの咆哮に後押しされて、全力でエジプトゴールに襲いかかった。次々とシュートを放ったが、実際にゴールが決まることはなかった。試合はアディショナルタイムに入り3分が経過した時、エジプトのペナルティエリア内でカメルーンの選手が倒された。カメルーンのペナルティキックだ。判定に議論の余地はなかった。エジプト側も悶着を引き起こしたくはなかったので、自然の流れとしてカメルーンが勝利して欣喜雀躍《きんきじゃくやく》するだろうと思っていたのかもしれない。戦況報告を聞いたスーダンにいるコートジボワールの選手たちも、苛立ちを隠せなかった。

この後に起きたことを、人々は「ヤウンデの悲劇」として記憶している。〝不屈のライオン〟の偉大なる主将リゴベール・ソングはエジプト正ゴールキーパー、エル゠ハダリに近づくと、何事か話をした。数秒のことだったのだが、とても長く感じられる時間だった。ピッチにはサミュエル・エトーもピエール・ウェボもソングもいたが、奇妙なことにキッカーの大任を引き受けたのは左ウィングのピエール・ウォメだった。マリ人の審判がペナルティキックを宣告してからウォメが蹴るまでに3分が経過した。オムドゥルマン・スタジアムで待機しているコートジボワールの選手たちはペナルティキックの結果の知らせを待ちかねていた。コートジボワールの運命はカメルーンのディフェンダーの左足にかかっていた。そのウォメが左足で蹴ったボールはゴールポストに当たると、そのままゴールラインを割ってしまった。すぐに試合終了のホイッスルが吹かれた。自責の念がウォメを短剣のように突き刺した。両チームの選手はとも

驚異的な身体能力と得点嗅覚に優れた選手であり、チームへの献身性やリーダーシップの面でも評価を受けていたディディエ・ドログバ【L'EQUIPE/アフロ】

に茫然とし、スタンドの5万人の観衆は沈黙した。その代わり、スーダンの一角では雄叫びがあがり、アフリカ大陸じゅうに響き渡った。コートジボワールのワールドカップ初出場が確定した瞬間だ。

このPK失敗はウォメに重大な結果をもたらした。ウォメは家や車をサポーターらに破壊され、彼のみならず家族までもが危険にさらされた。とんでもない悪夢だ。しかし、こうした悲劇をよそに、コートジボワールの選手たちは狂ったように跳ねて踊った。前例のない偉業を成し遂げたのだ。我を忘れて芝生の上を走り回り、抑えていた激しい感情を分かち合う相手を探した。アンリ・ミシェル監督とドログバは強い抱擁を交わした。自分たちが挙げた功績に満足していた。

ロッカールームに戻り最初の至福感が鎮まると、チームのエースであるドログバが、そこに控えていた国営テレビのカメラを利用してメッセージを発した。まずは跪《ひざまず》き、マイクを手にした。チームメイトらは驚いたが、彼らもならって跪いた。

「コートジボワールの北部や南部、中央部や西部に住む男女のみなさん、本日私たちはすべてのコートジボワール人が共存できることを、そして共通の目的のため、すなわちワールドカップへの出場権獲得のためにともにプレーできることを示しました。ワールドカップは私たち国民をひとつにするに違いありません。今日は跪いてみなさんにお願いしたいことがあります。

お願いです。お願いです。お願いです。アフリカでこれほどの富に恵まれた唯一の国が戦争状態にあるなどありえません。どうか、武器を置いて選挙を実施してください。それがみんなにとって最善のことなのです」

国民の心に直接響くメッセージだ。宗教や出自や種族が違う選手たちが国の指導者らに停戦を懇願した。世界じゅうがドログバは当時大統領のローラン・バグボを支援するものと期待した。出身や種族を共有するからだ。しかしこのストライカーにはもっと高尚な考えがあった。「平和」だ。

その後、敵対する2つの党派は休戦した。お互いに敬意を払い続けることを約束したが、このことは今度こそ制限も策略もない次の選挙につながるはずだ。停戦が近づき、様々な差別問題も外交ルートで解決されようとしているように見えた。ドログバが内戦を制止したのだ。

ワールドカップの前にアフリカネーションズカップ（CAN）に出場しなければならなかった。コートジボワールのこの世代はもっと主役を張りたいと考えるようになったが、存在感をさらに高めるためにはタイトル獲得の積み重ねが必要であるということもよく理解していた。この2006年のCANは準々決勝でカメルーンと対戦することになった。アフリカ予選で2試合ともコートジボワールを破ったにもかかわらず、ワールドカップ行きの切符を同国に「プレゼントして」息絶えたのと同じチームだ。そんな結末をものともせず、カメルーンは相変わらずコートジボワールを圧倒していた。直接対決となると〝エレファンツ〟はいまだに〝不屈のライオン〟の目を見ることができない。しかし試合は1－1の同点でPK戦にもつれ込むと、そのことが幸いしてコートジボワールは準決勝に進出した。PKの先陣を切ったのはカメルーンのサミュエル・エトー。ペナルティマークから正確なシュートを決めた。コートジボワールの一番手のドログバも問題なかった。PKは粛々と進んでいった。どちらのキッカーも外さないまま、2人のゴールキーパーにまで順番が回ってきたが、それでも勝負がつかない。ピッチに立っていた両チーム22人の選手すべてが蹴り終わり、ついに二回り目に突入した。再度、両チームのエースストライカーの出番となったが、なんと先攻のエトーが蹴ったボールはクロスバーの上を越えていった。その裏のドログバのキックは落ち着いたものだった。しっかりと決めて長く続いたPK戦にピリオドを打った。アフリカサッカーの2人の英雄の命運を分けるPKとなった。このあとコートジボワールは決勝にまで進んだが、エジプトと対戦して敗れている。これがエジプトのアフリカ大陸を支配する時代の幕開けとなった（2006年、2008年、2010年の3大会連続優勝を果たすことになる）。確かにコートジボワールは歴史をつくっていたが、まだトロフィーを手にするには時期尚早だったようだ。

そしてワールドカップがやってきた。良い印象は残したものの、コートジボワールはグループリーグで姿を消した。オランダとアルゼンチンとの試合で善戦したとはいえ、勝てた相手は結局セルビア・モンテネグロだけだった。

ドログバは、エッシェン（ガーナ）、エトー（カメルーン）、アデバヨール（トーゴ）といったスター級選手を差し置いて、2006年のアフリカ年間最優秀選手賞を獲得した。まだ大統領だったバグボは人気取りのために、大陸最高のサッカー選手に選ばれたコートジボワールの英雄を公聴会に招待して祝辞を述べた。ドログバはその場に適した感謝の意を表す演説をし、もう終わりかと思われた時に一言付け加えた。

「大統領閣下、私はブアケに住む私たちの兄弟にもこのトロフィーを見せたいと存じます」

コートジボワールでもっとも人気のあるサッカー選手が国家元首に対し、北部の反乱軍の支配下にある都市の住民にトロフィーを見せる許しを乞うたのである。バグボにそれを拒絶する気力はなかった。

ブアケの地に降り立った代表チームの主将は万感の思いをかみ締めた。飛行機が着陸するやいなや国民的ヒーローを迎えるために熱狂したファンらで滑走路が埋め尽くされたのだ。ドログバは国をひとつにすることに専心してきた。その努力が報われようとしていた。ブアケの人々のとても大きな愛情に接して感無量になり、ひとつの約束をした。

「今日私は、アフリカ最高のサッカー選手に贈られるトロフィーをみなさんに捧げるためにここに来ました。次回は私ひとりではなく、チームメイト全員と来るつもりです。次の代表チームの試合はここブアケで行います」

喜びが爆発し大地を揺るがした。5年前に紛争が始まってからというもの、〝エレファンツ〟はこの都市に足を踏み入れて試合をしたことがなかったのだ。

次のホームゲームの対戦相手はマダガスカルだった。夢と期待に胸を膨らませたブアケの住民に迎えられ、コートジボワール代表は格下のチームが相手とはいえベストメンバーで試合に臨んだ。この招待試合は議論の余地のない威厳を見せつけるものとなった。試合は〝エレファンツ〟がボールを支配しながら進んだ。4－0となって終盤に指しかかった頃にはドログバがマダガスカルのペナルティエリア内からシュートを決めて、平和を祈念した試合を締めくくった。マダガスカルに反撃の余地を与えることなく、5－0でコートジボワールの圧勝だった。コートジボワールでもっとも愛される人物は弾圧者の大統領と同じ民族出身でありながら、ひとつの祖国と繁栄のシンボルであるサッカーにおいてブアケを占領している反乱者たちと意気投合した。

しかし、スポーツを超越した成果はさておき、史上最高の世代は果たすべき2つの目標を達成できなかった。それはCANでの優勝とワールドカップ決勝トーナメントのベスト16進出だ。アフリカ大陸ではエジプトの覇権を崩せなかった。エジプトはハッサン・シェハタ監督の下、レジェンドと称されるモハメド・アブトレイカがピッチ上での指揮官となり忠実に作戦を遂行していたことが大きかった。ドログバが出場した5回のCANのうち、もっとも優勝に近づいたのは2006年と2012年だが、両試合ともPK戦で勝利を逃がした。主将にとって特に痛々しかったのは後者の大会だ。〝エレファンツ〟は6試合すべてで90分間の前後半に失点することがなかった。ザンビアとの決勝戦では、試合中ペナルティキックというまたとない絶好のチャンスを得たのだが、ドログバの放ったボールは大きく外れてしまった。そして2006年大会に続き、またしても永遠とも思えるPK戦の末、ザンビアに勝利を奪われた。6年間で2度目の決勝戦敗退だ。夢は2回とも11メートルの勝負の末消えてしまった。

世界レベルでの状況はもっと芳しくなかった。初めてアフリカで行われた2010年のワールドカップは、コートジボワールが出場した2度目の大会だった。グループリーグでは不運にもブラジル、ポルトガルと同組になり、予選通過の道はあっさり断たれた。2014年の大会は黄金世代最後のワールドカップと見られていた。万事順調に見えた。チームは何年も経験を積んで成熟し、ワールドカップについても2大会連続で出場した。2006年のドイツ大会と2010年の南アフリカ大会では強豪の手によって予選リーグで葬られたが、今や一歩前に踏み出す時だ。2014年大会の予選リーグ同組はコロンビアとギリシャ、日本。決勝トーナメント出場をかけて争うにはそれほど厳しい相手ではない。日本戦は先取点こそ取られたものの、アフリカ人のたくましい体格に物を言わせて巻き返し、ボニーとジェルヴィーニョのヘディングシュートのおかげで最終的に勝利した。しかし、第2戦ではスター選手のハメス・ロドリゲス擁するコロンビアに敗退し、1ポイントも獲得できなかった。すべては第3戦のギリシャ戦次第となった。前進するには同点で十分だ。

期待できる状態だった。しかし、ある知らせがコートジボワール代表を揺さぶった。ヤヤとコロの弟イブラヒム・トゥーレが急逝したというのだ。イブラヒムはマンチェスターに住み、緊密な関係を保っていたヤヤの庇護の下で病気の治療中だった。この不幸はチーム全体に重くのしかかった。サブリ・ラムシ監督率いる〝エレファンツ〟は痛ましい現実を振り払い、コートジボワール史上もっとも重要な試合に毅然とした態度で臨もうとした。しかし、パスミスが原因で1点を先取されてしまう。それでもしばらくすると立ち直り、ジェルヴィーニョとボニーのコンビが果敢に攻め込みボニーがゴールを決めた。このまま引き分けで終わればよいと考えたフランス人監督はドログバを交代させた。ドログバは、この交代に受け入れがたい気持ちを抱えながらピッチを後にした。引き分け狙いで守備固めをした指揮官の采配に気になるものを感じたのだ。そのドログバの不安は嫌な形で的中してしまう。ギリシャはサマラスがペナルティキックを得ると自らがゴールを決めて勝ち越した。試合終了間際の出来事だった。

その時、ドログバは代表引退を決意した。CANに5回、ワールドカップに3回出場し、我ながらよくやったという満足感と一度も優勝できなかったという挫折感を感じていた。非常に興味深いことに、ドログバが抜けて最初のトーナメントである2015年のCANの決勝において、〝エレファンツ〟はPK戦でガーナを下した。渇望してやまなかった優勝をついに果たしたのだ。だが、もはやそのことはそれほど重要ではなかった。ディディエ・ドログバの残した遺産こそが最大のトロフィーとなったからだ。ゴールはもっと多く、武器はもっと少なく。そんなコートジボワールの平和と団結を追求する姿勢を見せたディディエ・ドログバこそ、コートジボワール国民の誇りなのである。

Columna

3 ラゴスの悪夢

「潮が引くと誰が裸で泳いでいたのかよくわかる」

私がサッカー選手時代にもっとも興奮したのは赤道ギニアから招集された時だ。しかし私が所属していたクラブはこのことを必ずしも快く思わなかった。リーグの試合があるのに、選手が1人いなくなってしまうからだ。もっとも、FIFAが代表チームの日程を決めると、プリメーラ・ディビシオン［訳注：スペインリーグの1部］は自身の日程表について頭を悩ますことになるということは知っておくべきだ。一方、下位のセグンダ［訳注：同2部］、セグンダB［訳注：同3部相当］、テルセーラ［訳注：同4部相当］には影響がない。

各国代表チームからの招集は、プロとアマチュアの狭間にいる選手にとってはなかなかやっかいな代物だ。どんな監督もシーズン中に持ち駒をひとつだって手放したくない。自分のチームの選手が国際試合で活躍したところで嬉しくもないし誇らしくもない。大半の監督はむしろ不満を覚える。監督に嫌な顔をされることを別にしても、その選手が文句なしのレギュラー選手でもない限り、シーズン中に抜けるようなことがあればそのチームでのレギュラー獲得にブレーキがかかる。チームを編成する時に迷いが生じた場合、監督にとって一番簡単な方法は、前シーズンに不在だった選手をのけ者にすることだ。

2007年、23歳だった私はUEサン・アンドレウでそこそこうまくやっていた。サン・アンドレウはスペインリーグのテルセーラ・ディビシオンに属し、バルセロナ界隈では名の知れたクラブだ。私はリーガ・エスパニョーラにはあまり出場したことはないが、格下の国内トーナメントであるコパ・フェデラシオンにはよく出場した。この選手権は平日に行われ、私はそこに居場所を見つけた。土曜日と日曜日はいつも補欠選手だったので、この選手権に参加することで試合に慣れることができた。同僚は拷問だと言っていたが、私には嬉しいプレゼントだった。自分は重要な選手だと感じることができる絶好の機会だったし、トレーニングだけでは信頼を獲得するのは難しいが、試合であればそれが可能だ。

その選手権は当然ながら軽視されてはいたが、私は各試合でゴールを決め、それによりスペインリーグでの私の寿命が少し延びた。特に思い出深いのは、サラゴサのシウダ・デポルティーバ・スタジアムで私が2得点を挙げたアラゴン州のチームとの試合だ。その試合の結果は2−2の引き分けではあったが。その1点目はヒールキックによるゴールだ。ボールが私の後ろにきたのでまんまと決めさせてもらった。

秋が深まった頃チームはリーグの上位につけており(結局はシーズンの後半、降格するほどまでに失墜した)、コパ・フェデラシオンも何試合かこなした。練習は午前中で、私は午後には大学に行き、ポケットにはお金もあった。万事順調だ。ある日の朝、ナルシス・サラ・スタジアムでいつも通り練習していると、監督が私に話があると言ってきた。こんな時に、いつも言われるのは「君のパフォーマンスに大変満足している、試合の後半も半ばになったら選手交代して起用するつもりだ。よくやったと褒めてほしかったらゴールを決めてポイントを稼いで来い」といったようなことだ。ところがその日、監督が私に告げたのは、私が赤道ギニア代表に招集されたということだった。

そのことについては、すでに知っていた。前日の夜に通知を受け取っていたからだ。しかし私は驚いた振りをした。そして、赤道ギニアは翌年の北京オリンピック出場まであと一歩のところまできていて、しかも予選でなんとスーダンとガボンを打ち負かしたので夢が膨らんでいるのだと説明した。監督は頷いた。しかし、だからなんだと言わんばかりの態度だ。全くの猿芝居ではあるが、監督の気持ちを察して夢をあきらめる気はなかった。私は嬉しくてたまらなかった。アフリカサッカーでもっとも重要な国のひとつナイジェリアに行けるのだ。〝スーパーイーグルス〟といえばアフリカサッカー界で知らぬ者はいないし、いまだに私の記憶の中でフィニディ・ジョージの走り、アトランタオリンピックでのカヌの魔法がかったプレーやオーガスティン・〝ジェイジェイ〟・オコチャのありえないパスの数々が鮮明に蘇る。

他の代表選手と合流するため、バルセロナから赤道ギニアの首都マラボに向かった。移動中は特に問題はなかったが、ちょっとした誤解があった。あの当時、赤道ギニアのサッカー連盟は各選手に招集選手名簿を送付する際、航空券も同封していた。最初の飛行機で経由地のマドリードまで行ったが、奇妙なことにハシント・エラと私の席はファーストクラスが指定されていた。おそらく月曜日の朝だったのでシャトル便が満員だったか、単に連盟の気前が良かった（ちょっとこれはありえない）だけかもしれない。

私たちは素晴らしい革の座席に座った。大きいヘッドホンをつけた黒人青年と髪がアフロの混血青年が並んでVIP席に座っているのを見て、エコノミークラスのチケットを手にしたスーツ姿の男たちが懐疑的な眼差しを向けてきた。乗客全員の搭乗が完了すると、フライトアテンダントが私たちにこの座席で間違いないか尋ねてきた。しつこく尋ねてくるので、3、4度「はい」を繰り返した。最後に航空券を見せてくださいと言われた時はさすがにむかついた。「私たちよりも前の座席に座っている人たちにも同じお願いをしたら見せてあげますよ」と最初は答えてやった。しかし騒ぎを起こすつもりもなかったので、結局搭乗券を見せた。もちろん私たちは正しい座席に座っていた。フライトアテンダントの青年は恥じ入って所定の場所に戻ると、私たちは侮辱に対するリベンジとして、ファーストクラスで利用できるプレミアムサービスをふんだんに利用した。バルセロナからマドリードまでの短い飛行時間の中で、フライトアテンダントの目が回るほど、次から次へと飲み物や食べ物を運ばせたのだ。おかげでフライトの間は高給取りの気分になれた。それにしても、わずか45分間であんなにスナック類を食べて、あんなにソフトドリンクを飲んだのは生まれて初めてのことだ。

マラボに到着すると合宿場所に向かった。そこには、まずはスーダンを倒し、次にガボンを破った、代表チームの中心となる選手たちがいた。勝手知ったる環境で、考えがはっきりしている監督もいて、選手団は連続して成功を収めていた。そのような状況が、次の数日間でこじれてしまい、恐怖の体験をすることになろうとは、その時微塵も予想できなかった。

アウェーの試合は、1991年以来ナイジェリアの行政上の首都になっているアブジャで行われることになっていた。その試合開催地に向かうため定期便に乗り、カメルーンの国境からほど近いカラバル（ナイジェリア）に最初の寄航をした。ここの空港の壁は電話サービスや自動車、銀行などの宣伝広告だらけだった。私たちはそんな中を1日じゅうぶらぶらしながらアブジャへ私たちを運んでくれる国内便の搭乗案内がアナウンスされるのを待っていた。アフリカでは、トラブルに見舞われても結局あきらめて、なるようにしかならないから戦うだけ無駄、と悟ることになる。アフリカに来た人は皮膚が硬くなって背中は広くなり、地元の人々が毎日のように直面している「普通ならありえない」状況と共存する術を身につける。

試合の2日前にアブジャに到着。アフリカの強豪チームに苦戦を強いられる覚悟はできていた。アフリカの大地で国際試合をする時は、開催国側はいかなる不測の事態をも避けるため、ビジターが滞在中は安全を確保する措置を取らなければならない。そういう訳で、私たちがどこへ移動するにも警察のワゴン車が同伴した。ホテルにも、練習場にも、そしてついには堂々とした構えのアブジャ国立競技場にも。

練習をしていない時は、暇つぶしに思い切って街の散策に出かけた。アフリカ大陸の街角にはいくつもの露天商が出ていて何でも売っている。もっとも人気のある露天商のひとつは両替商で、いつも値引き交渉が行われる。私たちは米国ドルをひと握りのナイラと交換し、そのお金を持って大きな青空市場に行った。人で一杯だ。衣料、時計、電化製品、食料品など、考えうるすべての物が売られている。忍耐力と交渉力が限界まで試される場所だ。

同じ日の夜、宿舎のホテルの近くにある大きな空き地に行ってみた。大きなコンサート用のステージが組み上げられていた。心地よい雰囲気だ。知らない土地に来ると、その国をもっとよく理解するため、地元料理を試したくなる。そこではたくさんの人々が白いパスタのようなものを食べていたが、容器の種類は様々だ。プラスチックのカップ、角に穴をあけた透明の袋、厚紙で作った円錐形のもの……。その食べ物はフフといい、ヤムイモやキャッサバを練ったものので、ナイジェリア人がいろいろな料理と一緒に食べる高タンパク質の食料だ。一番人気の食べ物ではあるが、私の関心を一番惹きつけたものは他にある。それは肉切れをたんまり焼いているグリル屋だ。まさに大興奮。私はコウモリ肉の炭火焼きとホットソースを注文した。この組み合わせは絶品だ。読者のみなさんも機会があれば是非ともお試しいただきたい。

試合の前日は、ただひたすら試合のことだけに集中した。アフリカで国際試合が行われる場合、いつも同じ手順が踏まれる。試合の24時間前に試合の審判、各国の連盟の代表者、アフリカサッカー連盟（CAF）の代表が参加してパスポートの確認が行われ、選手1人ひとりについてパスポートと照合して本人かどうかの身元確認を行う。書類の偽造や招集されていない選手の不正参加を阻止するためだ。

CAFのオブザーバーが私たちのホテルに両チームを集めてパスポートの確認を始めた。3、4日前にロンドンでナイジェリアとガーナの代表チームが親善試合を行った。その西アフリカの国同士の偉大なる伝統の一戦は、クロード・ルロワ監督率いるガーナのワンサイドゲームとなった。ガーナはナイジェリアを無慈悲になぎ倒して恥をかかせた。将来は名選手となるスティーブン・アッピアー、マイケル・エッシェン、アサモア・ギャンらによる猛攻を食い止める術もなく、ナイジェリアはゴールを4発食らった。歴史的敗戦によりナイジェリアサッカー連盟は上から下まで大いに動揺した。ナイジェリアはアフリカで人口がもっとも多い国だ。その街角という街角で、人々は、恥だ、屈辱だと罵り、この惨劇の責任をとって首脳陣は辞任しろと迫った。このことについて私たちは何も聞かされていなかったが、ロンドンにおけるそのナイジェリアの壊滅的打撃は私たちの試合に直接影響を及ぼすことになる。

前述のパスポート検査で経験したことは、私の数あるアフリカへの旅で出会ったもっともシュールレアリスム的な出来事だった。試合に招集されたナイジェリア人選手の名簿によれば、全員が地元の選手だった。私たちをあまり強敵だとは見なかったようだ。しかしホテルには、私たちが受け取った公式の名簿に記載のある選手とはどう見ても違う選手が数人いた。彼らの多くはヨーロッパで試合をしているプロであり、思いのほか高いレベルの選手たちだ。

さて、CAFのオブザーバーがナイジェリア選手団の検査をしていると不思議なことに部屋が停電した。すると当のオブザーバーがこの環境ではパスポートの確認を十分に行えないという決断を下した。通常であれば、忍耐強く電気が戻るのを待ったはずだ。あるいは、当然ながら、名簿の合法性確認の締め切り時間を延長しようとしたはずだが、どちらも起こらなかった。ナイジェリアの選手たちが宿舎のホテルに帰る5分前に、まるで何事もなかったかのように電気は完全に復旧した。話はそこで終わらない。ナイジェリアの選手が私たちよりもずっと熟達しているおかげで、翌日の試合では私たちは走りまくらなければならない。それに備えて夜はエネルギーを充填しておこうとしたのだが、ホテルの下から音楽が鳴り響いてきた。アフリカではよくある軍人によって編成されたオーケストラが私たちの部屋の下あたりに陣取り、トランペットやドラム等々をガンガンに響かせて、私たちの安眠を妨害した。

昼食後、スタジアムに向けて出発した。6万人以上を収容可能な近代的なスタジアムだ。その日の午後の観客数は利用可能な全座席の10パーセントにも満たないいくらいだったので、サバンナの真ん中の大草原で試合をしているような感じがした。ナイジェリアの方が明らかに格上なので、私たちはできるだけ長い時間持ちこたえようと示し合わせていた。前半の30分まではその通りになり、特筆すべきことはほとんど起こらず、格下のチームにとってはまずまずの出来だった。しかしハーフタイム間際に一発目のゴールを決められた上に1人退場まで食らい、10人で戦わなければならず瀕死となった。そして後半はナイジェリアのやりたい放題だ。自分の周りを緑の矢があらゆる方向に飛んでいるような感覚に陥ったのを覚えている。結局スコアボードは0－5。完敗だ。

試合終了後、CAFのオブザーバーと審判にナイジェリアの出場選手名簿に関する不正行為を訴えてみたが無駄だった。私たちの苦情に対する返答として、ナイジェリアサッカー連盟は私たちが出立するまで護衛すべき警備を外すことに決定した。もうアブジャに宿泊する場所もない。こうなると一番賢いのは、国内線でラゴスまで行き、そこから赤道ギニアに行く国際線に乗って帰国することだ。理にかなった緊急解決策だと思われたが、これ以上ない最悪の決断となった。ナイジェリアの連盟が私たちを見捨てて運任せにしただけではない。赤道ギニアの連盟の高官までもが職務放棄という嘆かわしい行動を取り、この問題から手を引いてしまった。

なんとかラゴスにはたどり着いたが、誰でもこの街に足を踏み入れた瞬間、危険を察知して緊張感が体じゅうを駆けめぐり骨にまで染み込むはずだ。マラボ行きのフライトの出発時間まで48時間ある。それまで庇護してもらえるのではないかと期待して真っ先に領事館へ向かった。ところが、そこにあったのは領事館でなく、平屋の建物らしきもので、事務所のドアは開きっぱなしで雑然としており、庭も最低3年は手入れされていない様子だ。

「これは領事館じゃないな。まるで鶏小屋みたいだ」

鳥に足を突つかれながら私たちの用具係が言った。庭中に笑いが起きた。確かに「鶏小屋」としか表現しようがない。おかしくもないのに笑うしかない状況だった。はっきりしていたのは、こんな不衛生で危なっかしい所にはいられないということだ。ラゴスのような街でドアが壊れている。この辺をうろつく犯罪者がふらりとやってきたら、どんな目にあわされるのかわかったものではない。

かつてナイジェリアの首都だったラゴスの人口は1700万人で、アフリカ最大の都市だ。

この土地の名づけ親は15世紀末のポルトガルの探検家ルイ・デ・セケイラである。ラゴスは商品の取引が活発な良港を有しており、いつもその存在感は際立っている。現に今日では、ラゴスはアフリカ有数の経済地区のひとつとなり、多くの多国籍企業の拠点が誘致され、摩天楼が立ち並ぶ景観をつくり出している。一見近代的な大都会だが、それとは違う別の一面を隠し持っている。

あの2007年頃は、ラゴス州の州都イケジャ郊外を夜歩くのは心地よい経験とは言えず、むしろその逆だった。うなるほど軒を並べた低い家々が、何ブロックも果てしなく続いている。どの家の屋根も金属製で湾曲し様々な色をしている。埃だらけの街路にはたくさんの人々がたむろしており、私たちは落ち着かない気分になった。とりわけ恐怖を覚えたのは人々がごつい体格の動物を散歩させているのを見た時だ。一見大きな犬に見えたが、実はハイエナだった。ハイエナをペットとして飼っているのだ。

こうした状況の中で、連盟の事務官が提案をした。会計も会長もすでに赤道ギニアに戻ってくつろいでいて不在なので、各自のポケットからお金を出し合い、二晩を過ごせるような宿を探せというものだ。いま置かれている環境が環境なだけに断れない提案だ。私たちを乗せたマイクロバスは、破損したアスベストの屋根と、近くを通ると私たちを睨みつけてくる人たちの攻撃的な視線とが渾然一体となった界隈に入っていく。ついにホテルの入り口に到着した。そこはホテルと呼ぶのも気が引けるような建物だった。すると運転手は奇妙なことをした。マイクロバスをホテルの入り口に隙間なくぴたりと近づけた。このことはすぐに理解することができた。誰も私たちに近づけさせないためだ。「安全のためだ」とだけ運転手は言った。

こうしてラゴスでの2日間が過ぎていった。人々がたむろしている中を何度か散歩したが、この場所は長期間の滞在には不適切だと絶えず感じていた。そのナイジェリア遠征では、治安の悪さとはどういうものか、世界には命がこれほどまでに軽い場所があるのだということをひしひしと感じた。

11

コンゴ民主共和国

政権のプロパガンダとしてのサッカー

「冬の間オオカミに餌を与えると、春になったらそのオオカミに食われてしまう」

アフリカの心臓部に地球上でもっとも豊潤な国のひとつがある。この地域は熱帯性の降雨のおかげで水をふんだんに受け取る。その雨は数々の大きな湖にたまり、世界で2番目に大きな密林地帯であるコンゴ熱帯雨林を潤す。しかし、金、銀、銅、石油、ダイヤモンドといった天然資源はいつも領土紛争を引き起こし、絶望した国民の血が絶えず大量に流されてきた。コンゴ民主共和国の歴史には身の毛がよだつ。

ヘンリー・モートン・スタンリーは1841年にウェールズで生まれ、複雑な幼年時代を送った。私生児ではないかと疑われ、虐待を受け、貧困者のための救貧院で長く暮らした。これらのことが性格形成の元となった。機会を見つけるとすぐに大西洋を横断する船に乗り、アメリカンドリームを求めてリヴァプールからニューオーリンズに渡った。まさに地球上でもっとも熱い地点のひとつに足を踏み入れた。そこでは米国の南北戦争が煮えたぎり始めていたのだ。アメリカ合衆国の奴隷制度廃止につながることになるこの戦争に積極的に参加した。嵐が収まるとスタンリーは真の情熱を傾けるための落ち着き場所を見つけた。ジャーナリズムと探検だ。

任務をいくつか成功させたのち、日刊紙『ニューヨーク・ヘラルド』の特派員となり、アフリカ大陸の偉大な探検家の1人、デイヴィッド・リヴィングストンの消息をつかむべく、アフリカ横断の旅に出た。長期にわたる探索の末、タンザニアのタンガニーカ湖畔でリヴィングストンと遭遇した。そこで2人は経験、知識、ルートについて情報交換をし、これほどまでに情熱をかき立てる大地の探検を続行した。やがてスタンリーは、リヴィングストンがアフリカで人生を終えることを希望したため、彼を同伴せずにイギリスに戻った。ただし、このスコットランド人の署名入りの手稿や手紙は持ち帰ることができた。

こうしたスタンリーの経歴の中で、結果として最重要任務となったのは、『ニューヨーク・ヘラルド』と英紙『デイリー・テレグラフ』が出資者となったコンゴ川の探検だ。スタンリーがその探検から導き出した結論は、コンゴ川は、コンゴで採掘した生産物を商品化してヨーロッパへ運ぶことができる旨みのある輸送ルートを提供するはずだということだ。このアイデアはイギリス政府にも届いたが却下された。反対に両手を広げてそのアイデアを受け入れたのはベルギー国王レオポルド2世だ。同国王は利他主義を装う仮面の下に、自分のものでもない土地を開発して富を得たいという貪欲な野望を隠し持っていた。

有名なベルリン会議（1884－1885）において、国王レオポルド2世がコンゴ自由国を私的に支配することが決定された。コンゴ先住民の生活条件を改善するという約束の下、国王は権力を掌握し、ベルギーはこれまでの75倍の領土を持つことになった。しかしその約束は、莫大な価値のある天然資源が非常に豊富な区域で産出されるダイヤモンドやゴムへの強欲な関心に即座にとって代わられた。コンゴ住民の生活は確かに変化したが、約束とは逆方向への変化だった。建設的植民地政策によって恩恵を受けるどころか、強制労働をさせられ、ヨーロッパ諸国に自分たちの富を差し出さなければならなかった。

ベルギー国王は奴隷制度を廃止し、「その野蛮人たちをキリスト教化する」と約束していたが、確かなことは国王が植民地の指揮を執った20年の間にコンゴの人口が2千万人から1千万人にまで減少したということだ。ジェノサイドが西洋の承認の下に行われた。アフリカの心臓部で容認された大量殺戮だ。ボスたちが課した最低ノルマに届かなかった労働者に対する鞭打ち、性的虐待、四肢の切断は日常茶飯事だった。

半分になった人口、暴力を受ける住民、強制的に働かされる子供たち、性的虐待を受ける若い女性、略奪される天然資源などこれらが、レオポルド2世がコンゴに残した遺産だ。何年も後に、ベルギーは犯した罪が立証されるとコンゴに経済的な賠償をしなければならなくなり大金を支払った。しかし被った被害は消えない。感情まで崩壊させられた国を再建できるような材料はない。

ガーナのクワメ・エンクルマによって推進されたパン・アフリカ主義の流れが隆盛を迎える中、コンゴ民主共和国にとってパトリス・ルムンバ〔訳注：政治家、民族運動家、独立指導者、旧コンゴ共和国（のちのコンゴ民主共和国）の初代首相〕こそベルギーによる略奪という足枷から解放されるための鍵となる人物だった。ルムンバは反植民地闘争を行い投獄されるという憂き目にあったが、民衆からの圧力により解放された。これを機にベルギーのコンゴ人に対する手綱が緩んだ。そして最終的にベルギーはコンゴの独立を承認し、民主的選挙が行われてルムンバが圧勝した。

新リーダーの任命式での演説はアフリカの植民地主義後の資料にそのまま記録されている。当時のベルギー国王ボードゥアンは、コンゴの独立はレオポルド2世が始めた「文明化事業」の終焉であると結論づけていた。ルムンバはこうした見解に憤慨して登壇し、先住民に対して行われた殺戮をめぐる国王の政策を露骨に攻撃した。ルムンバの演説はラジオを通して国外にも流布され、アフリカ人の間では熱狂的に受け入れられた。しかしベルギーはこれを侮辱だとみなし、他の西洋諸国の支援を受けつつ、ルムンバの反乱を利用して引き続き天然資源の搾取を続けようとした。

ベルギー本国はコンゴが独立国になることは認めたが、豊かな鉱物資源が埋蔵されているカタンガ州に対する支配は維持したかった。当然ながらルムンバにはそのような計画は許容できない。しかしベルギー軍が直接介入し、ルムンバを植民地主義者が支配するカタンガへ連れて行き処刑した。呆気なかった。旧植民地建設者は、略奪の継続が邪魔されるという理由で、民主的に選ばれたアフリカの首相の命を奪ったのだ。残酷な現実だ。

歴史的に見れば、アフリカでは不安定の時代にはクーデターの機運が醸成される。この傾向はコンゴ民主共和国においても例外ではない。公式な独立からすでに5年経過していたが、川はいまだに荒れて混濁している。モブツ・セセ・セコが姿を現したのはその時だ。20世紀のアフリカ大陸にもっとも大きなインパクトを与えた人物の1人だ。ホテルのメイドとベルギー人裁判官の料理人との間に生まれ、まだ幼い頃に料理人の父親と死別した。妻がモブツを引き取り、フランス語の読み書きが流暢にできるように教え、こうして青年はシャルル・ド・ゴールやウィンストン・チャーチル、彼の今後の人生の幕開けにふさわしいマキャヴェリなどの大物政治家に興味を持ち始めた。また、歳月とともに体格もたくましくなり、学生時代はあらゆる種目のスポーツをこなした。のちにコンゴ軍に入隊し、ルムンバによって参謀総長に任命されるまでになる。

ルムンバが倒れて数年後の1965年、モブツ・セセ・セコは好機到来と見てクーデターを実行した。権力の座に就き、そこからアフリカ諸国の全面的独立を必死に守った。そして国名を「ザイール」に改めた。この名前はバントゥー語群に属するコンゴ語に由来する。「ザイール」の語源である「Nzere」は「すべての川を飲み込む川」を意味し、直喩としてこの言葉が気に入っていたようだ。

自分自身に関する誇大妄想をよく示す例として、モブツはいつも全コンゴ人の父親であるかのように振る舞った。実際の話、名前を拡張してモブツ・セセ・セコ・エンクク・ワ・ザ・ワンガ(戦いから戦いへと駆け回り、通った跡には火を残す全能の神)として、ニックネームを〝全コンゴ人の父〟と称した。裕福な生活を習慣とし、よく常軌を逸した行動を取った。午前中にシャンパンを飲むのが大好きで、毎日ヒョウ革の帽子をかぶり、アフリカの価値ある真髄を取り戻すため、「真正」というコンセプトに執着した。

モブツはまた、スポーツは国民をひとつにするための有効な道具になることもよく認識していた。犠牲を払いながら共通の利益のために戦うことを通して、ずっと重要な問題で分裂している国民の間に連帯感が生まれるのだ。国民の団結を他人の努力にすがって実現するため、モブツはまずエングルベールに与える資金を増額し、アフリカ大陸で自分たちに優る国はないということを示そうとした。エングルベールは、1930年代にベネディクト会の修道士らが設立したサッカークラブで、スポンサーであるベルギーのタイヤメーカーの名前を使うようになった［訳注：設立当初はサン・ジョルジュFCというクラブ名であった］。

エングルベールは、1967年から1970年まで4年連続でアフリカチャンピオンズカップ（現アフリカチャンピオンズリーグ）の決勝に進出、そのうち2回は優勝を飾っている。特に評判となったのが、1967年にガーナのアサンテ・コトコと対戦して勝利した試合だ。この試合はガーナとザイール両国の政治指導者エンクルマとモブツ間の決闘という様相を示したからだ。ザイールの独裁者は当然のごとくその勝利の手柄をすべて自分のものとした。アフリカで行われる試合はことごとくスポーツを超越したものとなる。エングルベールはルブンバシ（コンゴ民主共和国南部の都市）を本拠地としており、現在のTPマゼンベの元となったクラブだ。そして、ザイールは新興大陸アフリカの原動力になりたい、という簡潔明瞭なメッセージを送っていた。

大陸レベルで衝撃を与えると、モブツは新たな挑戦を欲した。極端なことが好きで並外れたエゴの持ち主は、国民から搾取することに忙しいが、その合間に少しでも時間があればスポーツを代弁者として利用した。サッカーワールドカップのことがモブツの頭に焼きついて離れず、もはや強迫観念になっていた。ザイールの代表チーム〝レオパルド〟はアフリカレベルでは成功を収め始めていたが、世界の舞台にはまだ踊り出られないでいた。アフリカネーションズカップ（CAN）の1968年大会（当時はコンゴ民主共和国）と1974年大会で優勝した時、国民は代表チームに熱狂した。特に後者の場合がすごかった。エジプトで獲得した優勝杯を一目見ようとキンシャサ国際空港にやってきた熱狂的なファンたちは歴史的大群衆となって空港を埋め尽くした。サッカー選手らは担ぎ上げられ、国の誇りとして称賛された。

その1974年の夏に西ドイツでワールドカップが開催予定だった。CAN制覇で勢いに乗ったザイールはアフリカ予選でモロッコを破りワールドカップ出場を決めた。この世界最高峰のサッカー大会にアフリカ大陸から出場する唯一の国となった。このことは大きな重荷となってどんどん背中にのしかかっていくことになる。それでも選手たちの士気は極めて高く、ワールドカップで良い成績を残してヨーロッパのクラブと契約し、もっと裕福な生活を手にすることを夢見ていた。

しかし、ザイールのスポーツ省が真っ先に手をつけた対策はスポーツそのものとは直接関係のないことだった。それは国のあらゆる所からやってきた呪術師の中から代表チームに同伴する呪術師を選別することだ。呪術師たちは、代表選手に生のタマネギをかじること、体に軟膏を塗ること、先祖の墓参りをすることを強要した。ザイール史上もっとも重要な大会を戦わなければならない代表チームの大半を構成していたのは呪術師だったわけだ。

ワールドカップの1次リーグで〝レオパルド〟と同組になったのは、スコットランド、ユーゴスラビア、ブラジルだ。試合前には、選手たちに金銭関係の約束がされたが、これがのちに天変地異を引き起こす。ザイールの選手団の間である噂が流れた。FIFAが大会に出場した全選手にたんまり報奨金を支払うというものだ。ザイールの連盟が約束した報奨金を加えたら、選手たちの懐はほかほかだ。生活苦から解放される。まるで夢のようだ。

初戦のスコットランド戦は0－2で敗れた。相手選手にペナルティエリア内まで侵入されてもザイールのディフェンダーは阻止することができず、さらには最後の砦であるゴールキーパーのムワンバもミスをして失点してしまうようなシーンがあった。つまり負けるべくして負けたといった試合内容だったのだ。しかも試合後の〝レオパルド〟に激震が走った。ザイールサッカー連盟とかわした報奨金を支払うという約束が反故《ほご》にされたのだ。チーム内に不穏な空気が一気に膨れ上がった。

ユーゴスラビアとの次戦は、試合開始後20分ですでに3ゴールを食らっていた。ザイールのスポーツ大臣はスタンドからベンチに降りていくと、同郷の連中を相手に試合をしているユーゴスラビア人監督のブラゴイェ・ヴィディニッチに命じて、ゴールキーパーをムワンバからンディンビに交代させた。背くことのできない命令だ。だがしかし、すぐに4点目を失った。さらに悪いことにンダイェが退場を宣告されてしまう。実はファウルを犯したのは同僚のムウェプ・イルンガだったのだが、審判が混同してンダイェにレッドカードを出してしまったのだ。

ンダイェはピッチから出ると涙の海に沈んだ。

試合結果は0－9。まさにスキャンダルだ。この結果はアフリカサッカーにとって、国としてのザイールにとって、とりわけ自己崇拝人間のモブツ・セセ・セコにとって由々しき事態となった。大統領は「国家的恥」だと評し、サッカー選手へのあらゆる経済的報酬を差し止めよと命じた。

第3戦の対戦相手は前大会王者のブラジルだったが、もはや勝ち負けはどうでもよかった。FIFAは騒動が起きないようにザイールの選手に若干の報奨金を支払って埋め合わせをした。大事なのは体裁を保って何事もなかったかのように済ませることだ。試合は予想通りの展開となった。〝カナリア軍団〟の猛攻に、ザイールのゴールキーパー、ムワンバがスキャンダラスな大量失点を繰り返すまいと必死だ。すでにジャイルジーニョ、バウドミーロ、リベリーノに各々1ゴールずつ挙げられていたが、今度はザイールが自陣ペナルティエリア前でファウルを取られてしまう。電光掲示板には0－3と表示されており、試合はもう決したようなものだったが、ユーゴスラビア戦を思い返せば、これ以上の失点は避けたい。するとブラジルのフリーキックが行われようとした時に妙なことが起きた。審判が笛を吹く前にムウェプ・イルンガが壁から飛び出してきてボールを蹴ってしまったのだ。誰もが愕然とした。代表クラスの選手にはあるまじき行為だ。多くのマスコミが、アフリカ人のレベルが低いからだの、ルールを知らないからだのと、傲慢なコメントをした。

アフリカのチャンピオンがルールを知らないわけがないではないか。

数年後、イルンガが取った行動の真の動機が明らかになった。モブツがチームに対する支援をすべて打ち切った時、それと同時に露骨な恫喝をした。ブラジル戦で被弾が許されるのは最大で3ゴールだ、これが守られなければ選手も家族も報復を受けることになる、と。あと1ゴール入れられたらその報いを受けることになる。つまり、ムウェプ・イルンガのあの奇妙な行動は、絶望に駆られた叫びであり、彼らが無慈悲な独裁者によって窒息させられているということを世界に見てもらうためだったのだ。

1974年のワールドカップはとんだ災難だったが、その数年で現コンゴ民主共和国のサッカーは質的に大きく飛躍しており、植民地後の不安定な時代および植民者ベルギーによる大量虐殺後の再建の時代に、国民にとって希望の光でありよすがとなった。何かが芽生えつつあった。もしも十分に慈しんで育てれば、事あるごとに踏みにじられてきた国民の自尊心を回復するための強力な道具になりえたかもしれない。

しかし〝レオパルド〟は厳しい現実に直面した。キンシャサの空港では誰も彼らを待っていなかった。CANで優勝し、その同じ場所で盛大な出迎えを受けてからわずか6か月しか経っていない。あっという間に選手らは何者でもなくなった。大金をせしめる契約書にサインする夢は雲散霧消し、自宅でうだるような暑さと空虚感に耐えなければならなかった。民間企業で働き口を探す選手もいれば、道端で屋台を始める選手もいた。夢は、夢である間だけ美しかった。

ザイールの代表チームは、美味しい間だけ大統領のエゴの食欲をそそるごちそうだった。とはいえ、西ドイツでの惨劇の後でも、モブツはそれまで自分が築き上げてきたものをすべて捨て去るつもりはなかった。差し当たり自分のイメージアップのため、その同じ年の10月にキンシャサで世界レベルの大スポーツイベントを興行した。ジョージ・フォアマン対モハメド・アリのボクシング試合〝ジャングルの決闘〟だ。テレビを通した観戦者数は莫大な数にのぼり、あるマスメディアの見積もりによれば生放送で観戦した人の数は10億人に達したという。

しかしこうした取り組みはすべてモブツが国民の気を逸らすための策略だった。大統領の資産が40億ドルに達する一方で、国は日ごとに膨れ上がる対外債務を返済しようとして息も絶え絶えだった。

モブツ政権末期は非常に混沌としていた。1980年代末、ザイールは経済危機が急速に進行して疲弊し、支払い停止を宣言した。そして金融危機だけでは苦しみ足りないとでもいうように、モブツは隣国ルワンダの紛争に明確な意志を持って参入することを決断した。

ザイールと隣接するルワンダでは、政府の要職は少数民族であるツチ族の住民によって占められていた。1962年の独立以来、ツチ族とフツ族の間の反目は激しくなり、ブルンジでの戦闘が発火点となり大爆発を起こした。1970年代初頭におよそ50万人ものフツ人がそのルワンダと類似した国で殺害された。この大量殺戮によりルワンダのツチ族は2つのレッテルを貼られた。少数民族でありながら政権の座にいる民族であり、隣国ブルンジでフツ族を大量虐殺した民族だ。

この憎悪が増していき、1994年にルワンダ大虐殺を引き起こすことになる。フツ族出身の軍人・政治家であるジュベナール・ハビャリマナ将軍の暗殺がお互いの復讐心に火をつけた。その時の大虐殺で約100万人のルワンダ人が死んだが、その大半はツチ人で、ルワンダ愛国戦線が組織した「民族浄化」後にはツチ族の人口が25%にまで激減した。人類史上最大の残虐行為のひとつだ。

モブツ大統領によるフツ族支援は強烈で、ザイール東部の全ツチ族系住民の追放を命じた。しかしこの迫害は自分に跳ね返ってきた。ルワンダのツチ系大統領ポール・カガメの支援の下、ツチ人が反乱を起こし最終的に反体制運動に合流、キンシャサに到達してモブツを打倒した。すでに健康上の大きな問題を抱えていた独裁者は、タックスヘイブンに130億ドルため込んでおり、ザイールから逃げ出すことを決意し、そして亡命先のモロッコにて66歳で死亡した。いつも「真正アフリカ」を盾にした演説を行い、自分が政権の座にいた30年間だけ国名を変更し、西洋風の衣装を禁止し、国会を解散し、『毛沢東語録』と張り合って統治に適した規範を記したという『緑の書』を国連に提出した男は、国の富を自分の銀行口座に流し続けた挙げ句、巨万の富を抱え、両手は血に汚れたままモロッコに亡命して果てた。

12

赤道ギニア

サッカーとエボラとヘリコプター

「大事を成すにはまだ未熟と感じるならば、閉め切った部屋で1匹の蚊と寝てみればいい」

ここまで本書を読み進められてすでにお気づきのことかと思うが、アフリカのサッカー予選というのは、こんなことなどありえない、これはやり過ぎだといった逸話が泉のようにどんどん湧き出てくる。凸凹だらけで起伏が多い上に急カーブが続く曲がりくねった道路であり、逆説的だが、シートベルトを装着しないで最高速度で走らなければならない。アクセルよりもブレーキを気にしながら運転するチームは他のもっと野心的なチームに出し抜かれる。どの試合もこれが最後の試合と思え、という哲学の下、正々堂々と戦ってこそ目的を達成することができる。あるいは最悪の場合、断崖絶壁から落ちて誰も救出してくれることなく終わることもあ

りえる。
アフリカネーションズカップ（ＣＡＮ）本選出場やワールドカップ出場といった特権をめぐって争う試合の中にも、予選を激しく揺さぶる、歴史に根づいた伝統を垣間見ることができる。各チームが持つ逆境を乗り越える能力はサッカー選手の資質なみに重要だ。

２０１５年のＣＡＮは、元々リビアで開催予定だった。しかし「アラブの春」の結果、同国は壊滅的状況に陥った。常軌を逸した行動を取る最高権力者のムアンマル・アル＝カッザーフィー（カダフィ大佐）は民衆の反乱により２０１１年８月に政権の座から引きずり降ろされた。それから４年が流れたが国家元首の座はあいたまま埋まることなく、その間カダフィ体制の反対派と擁護派は街じゅうで暴力による報復合戦を繰り広げた。極めつけはテロの種をまき散らす「ダーイシュ」、自称イスラム国の登場だ。首都トリポリとその周辺がこう不安定な状況では、極めて重要な大会を同地で開催することは安全面から適切ではなく、アフリカサッカー連盟（ＣＡＦ）は開催地としてモロッコを指名した。

アフリカサッカーでは最強こそ掟である。最近の成績が良かろうが、何年もかけて獲得した名声があろうが、チームにレジェンドとして尊敬を集めるビッグネームがいようが、何の役にも立たない。ヒエラルキーも優勝経験も笑止千万。唯一重要なのは、今とここだ。アフリカ大陸における予選フェーズは生き残りをかけた英雄的戦いとなる。強豪チームは予選のグループステージに直接進めるのだが、名もない弱小チームはその前に1回戦・2回戦をこなさなければならない。

2015年の予選では、本選に参加する15チームを確定するために7組のグループを構成してグループリーグを行った。その7組のどれかに入るためには弱小チームはその前の1回戦・2回戦で勝利する必要がある。その1回戦と2回戦では驚くべき結末を迎えた試合があった。赤道ギニア代表〝稲妻軍団〟はモーリタニアの首都ヌアクショットから憤慨して帰ってきた。審判のでたらめな判定によりモーリタニアが1－0で勝利を収め、赤道ギニアはアウェー試合を落としたのだ。予選の1回戦で審判がホームチームびいきの判定をするのは、アフリカサッカーの伝統だ。そして今度は首都マラボで赤道ギニアのホームゲームだ。〝稲妻軍団〟は圧倒的な試合運びをみせて、総合得点で上回り見事に逆転した。しかしモーリタニアはCAFに異議申し立てをした。選手名簿を見せ、試合に参加した選手の中に赤道ギニアが出場登録していない選手がいるとして、規則違反をほのめかした。モーリタニアからの異議は受理された。実際に赤道ギニアの選手起用に不正があったからだ。CAFの態度は揺るがず赤道ギニアの敗退が決まった。3年前にベスト8に進出して以来のCAN本選出場の夢は露と消えた。少なくとも、差し当たっては。

栄光を目指して容赦ない戦いが行われる予選の2回戦では、ルワンダとコンゴ共和国もグループステージ進出をめぐって激突した。ルワンダはコンゴ共和国の都市ポワント＝ノワールでアウェーの試合を行い、前後半の90分を2－2で終えると、PK戦を制して勝利した。しかしコンゴ共和国のサッカー連盟には奥の手があった。ルワンダには不正出場している選手がいたのだ。〝スズメバチ〟ことダディ・ビロリは、ルワンダ代表のスター選手で2つの名前と国籍を持つストライカーだ。ビロリは国際試合に参加する時はルワンダのパスポートを使用していた。しかし彼が所属する――2014年にアフリカチャンピオンズリーグ準優勝を果たす――ASヴィタ（コンゴ民主共和国）の試合に出場する際は、コンゴ民主共和国のパスポートともうひとつの名前アギティ・タディ・エテキアスを使用していた。1人のサッカー選手に2つの異なる身元があるのだ。ストライカーは並行した2つの人生を送っていた。

CAFは模範的な措置として、ビロリ（アギティ）に対して2年の出場停止を言い渡し、ルワンダを失格とした。大事な大会の予選で2つもの不正行為が行われるとは。このことはCAFに警鐘を鳴らした。自分の国の代表チームの勝利に歓喜する国民が、1人の選手の不正行為が発覚することによって、今度は絶望のどん底に落とされる。このような事態を避けるため、CAFは最大限のコントロールが行使できるメカニズムを構築しようとしていたからだ。

だが、これだけではなかった。またしても不安を煽る事態が発生した。この場合は選手の不正登録とは無関係で、極めて重大な疫病に関するものだ。

西アフリカでエボラウイルスの感染が爆発する中、特にひどい状況にあったのがシエラレオネ、ギニア共和国、リベリアの3か国で、保健衛生警戒態勢にあり、サッカー代表3チームは進退窮まっていた。

シエラレオネは首都フリータウンにおいて2－0でセーシェルを破り、勝利を確定するため今度はアウェーの地に出向かなければならなかった。

代表チームは島国セーシェルへ飛行機で向かう途中、ケニアのナイロビに寄航し最終目的地へのフライトを待っていた。シエラレオネは内戦により国が荒廃し今でも復興途中にある。そのため18年間ほどCANの欠場を余儀なくされた。セーシェルでの試合は18年ぶりとなる本選出場の夢がかかっている。しかし、セーシェルの厚生省からの公式声明がナイロビ国際空港に爆弾のように投下された。公式声明は簡潔明瞭だ。「セーシェルはエボラウイルスの感染拡大の可能性が懸念されるためシエラレオネ選手団の入国を許可しない。セーシェルはいかなるスポーツ大会よりも国民の安全を優先する」

恐怖を抱くのは当然だ。シエラレオネ代表〝レオネ・スターズ（レオネは「ライオン」を意味する）〟は自動的にグループリーグ進出が決まったが、この事件は選手たちがエボラウイルス保菌者の可能性があることを示すことになった。アウェーの試合をセーシェルが棄権してくれたおかげでグループリーグ進出という目的は果たしたものの、アフリカの他の国もエボラ出血熱の感染拡大を恐れてシエラレオネとの試合を拒絶した。過剰反応を避けるため、シエラレオネはホームでの試合も相手の国で試合をすることに同意し、どの国に入国する時でも選手団全員の血液検査結果を提出すると約束した。そこまでしても良い結果は得られず、CAN本選出場はかなわなかった。

エボラ出血熱流行の被害が大きかった国のひとつ、リベリアはすでに敗退していたのでなんら危険はなかった。残る1か国のギニア共和国はモロッコのカサブランカに避難場所を見出した。そこでホーム試合を非公開で行わせてもらい、それがCANの予選通過に良い影響を与えた。ナビ・ケイタを中心としたギニア代表は、祖国から遠く離れ、観衆もいない中で試合をし、本大会への切符を獲得した。モロッコは彼らを歓待しスタッド・モハメド・サンクをホームスタジアムとして提供した。

事前に排除されるチームもあれば、モロッコをホームとして試合をするチームやホーム試合を敵地で行うチームもあったが、やがてパンデミックも鎮まり、特に問題の3か国のひとつだったギニア共和国のCAN本選出場が確定すると、問題は完全に消えたかに思えた。が、モロッコが手を挙げた。同国の厚生省は声明を出し、安全を理由に本大会の延期をCAFに願い出て周囲を驚かせた。「観光に大きく依存している国としてはいかなるリスクも冒すことはできない」とモロッコの保健衛生当局は述べた。つまり、非公開でギニア共和国が試合をする分には不都合はなかったが、アフリカ大陸のサッカーファン全員に門戸を開くことはできないということだ。本大会のために、すでに旨みのあるスポンサーとの契約を締結していたCAFとしては大会延期など受け入れられない。本大会は何が何でも2015年1月17日から2月8日まで予定通り開催されなければならない。

妥協点を見出せないまま、CAFはアフリカサッカーの正常な機能をかき乱す行動に対して頑なな態度を崩さず、モロッコから今後3大会の出場資格を剝奪し、別の開催地を探すことを決定した。しかし北アフリカにはこのアフリカで最重要なサッカー大会の開催を引き受ける国はなかった。そんなことをすれば、エボラ対策の怠慢だと国民に思われてしまう。また、ガーナも、2013年にリビア内戦の煽りを受けて最終的に開催国となった南アフリカも、今回はこの責任ある任務を引き受けようとはしなかった。

CAFのイッサ・ハヤトウ会長はマラボに飛んだ。最後の頼みの綱だ。赤道ギニアは会長の必死の依頼を善意で引き受けた。こうして〝稲妻軍団〟は規律違反での失格を赦免《しゃくめん》されて、隣国ガボンと共催した2012年大会から3年ぶりにCANの本選に参加することになった。カメルーン出身のハヤトウは火消しのために隣国赤道ギニアを頼ったのだ。

大会開始まで数か月で小国の赤道ギニアはイベントのための施設を最大限に整備しなければならない。2つの試合会場ははっきりしている。マラボの競技場と2007年にバタ（ギニア湾に面する経済都市）に竣工したエスタディオ・デ・バタだ。建設部門はスタジアムをあと2つ準備するため、エベビインとモンゴモでその建設を急ピッチに進めた。モンゴモは赤道ギニア大統領テオドロ・オビアン・ンゲマの出身地だ。この絶好の機会を逃すわけがない。

今日までに独立国としての赤道ギニアの大統領は2人しかいない。初代大統領はフランシスコ・マシアス・ンゲマで、1968年にスペインから独立した際に権力を掌握した。選挙の勝敗予想では、ボニファシオ・オンドが大統領の椅子に座る有力候補とされていた。オンドはブルジョア階級の家庭でぬくぬくと育ち知能の面ではライバルを上回っていた。しかし1968年の選挙では次点となり、しばらくの間ガボンへの亡命を余儀なくされたが、のちにクーデターを企てたとして逮捕され、結局囚人として最期を迎えた。そのライバルだったフランシスコ・マシアスは全く異なる生活環境で育った。エサンギ族に属し、呪術師の息子で、家族は赤道ギニア内陸部に安住の場所を見つけるまで各地を転々とした。

マシアスの鉄のごとき大統領時代は10年続いた。1979年8月3日、甥のテオドロ・オビアン・ンゲマがクーデターを敢行し大統領の座に就いた。オビアン・ンゲマは10人兄弟の3番目に生を授かった。兄弟全員が隣国のガボンとの国境に近い東部の町モンゴモで生まれた。伯父の大統領時代、軍でキャリアを積み、教練の一部はサラゴサ（スペイン）で受けた。昇進すると国内で最恐の監獄「ブラック・ビーチ」の刑務所長となった。その監獄には体制への反対派の人々が列をなして次々と収監され、鉄格子の中で命を落とした。さて、クーデター（本人はいつも「自由への蜂起」と呼んでいる）を成功させると、オビアンは1987年に今後数十年間は独裁政党として君臨することになる赤道ギニア民主党（PDGE）を設立し、何度も当選して大統領を続けた。時代とともに小政党にも政治参加の余地が与えられたが、選挙結果はいつもPDGEが90パーセントの得票率を獲得して勝利した。

絶え間ない反乱の企てを口実にして、オビアンは自分の地位を脅かすような障害物は何であろうと排除していった。赤道ギニアの国会を構成する100議席のうち、反対派の手にあるのはいつも1議席だけであり、表現の自由が損なわれているとの告発がいくつもなされている。1990年代初頭の石油の発見は、農業と牧畜業で生きていくしかなかった国にとって助け舟となった。ギニア湾における石油鉱床はオイルダラーの源泉となり、政府はその軍資金を基本的にはインフラ建設に利用した。まずは国の基盤づくりをする必要があった。

2015年のCANは、まずは本命のカメルーンがグループステージで撃沈されるという大波乱が起きた。一方、赤道ギニアは決勝トーナメント準々決勝に進出。そこでは、石のように強靭なチームであるチュニジアと対戦しなければならなかった。チュニジア代表〝カルタゴの鷲〟はどんなサッカーの祭典であっても、対戦相手にとっては手を焼く招待客であった。一進一退の試合が続く中、70分が経過した頃である。チュニジアは素早いコンビネーションプレーからのボールを受けたフォワードのアカイシがゴールを決めて先制に成功する。このまま逃げ切るかに思われたが試合終了直前に審判の判定により赤道ギニアがペナルティキックの権利を得た。それは本当に軽い接触で、そよ風のようなものだったが、ともかくイバン・ボラドがペナルティエリア内で転倒した。そしてペナルティキックはハビエル・バルボアが余裕のあるシュートでゴールを決めて同点とし、延長戦に突入した。威風堂々たるバタのスタジアムのスタンド一杯に詰めかけた赤道ギニアの4万人のサポーターが陶酔する中、またしてもバルボアが30メートルのフリーキックを直接相手ゴールに叩き込んだ。その並外れたキックは、この小さな共和国の歴史の上でもっとも重要なゴールを演出した。赤道ギニアを史上初めてCAN準決勝進出に導いたのだ。

準決勝では開催国とギニア湾を挟んで位置するガーナ代表〝ブラック・スターズ〟の対戦となった。ガーナ代表は、アフリカ大陸でトップレベルの選手を多数抱えているが、これまでの長きにわたる屈辱を晴らすという気持ちがどこのチームよりも強かった。それはどういうことなのかを理解するためには、ガーナ代表のこれまでの軌跡を駆け足で振り返ってみる必要がありそうだ。

まず、1960年代にCANで2度優勝に輝いている。脱植民地熱に浮かされていた頃で、まだ自治権がないため選手権に参加できない国が多かった。その後1978年に自国が開催地となったCANで優勝。この大会期間中はガーナ代表のスター選手であるフォワードのオポク・アフリーイェが終始際立った活躍をし、決勝のウガンダ戦では2ゴールを決めて有終の美を飾った。その2発のシュートはアフリーイェの持ち味である華麗な技が存分に披露された。アフリーイェは相手ディフェンス陣のギャップに入ると忍耐強くポジションを取り直しながら、好機到来とみるや一気に走り出してボールを受ける。あとはゴール目がけて軽くボールを蹴るだけで仕事は終わった。前半・後半に各1発だ。このよく似た2つのシュートは、首都にあるアクラ・スポーツ・スタジアムを埋め尽くしたガーナの大観衆を熱狂させた。

ガーナは再び勝利の道を歩み始めたようだった。1982年にも優勝し、CANで4度の優勝を果たした初めての国となったのだ。同大会の開催国は、当時カダフィ大佐政権下のリビアで、決勝戦はそのリビアとガーナの間で争われた。あの頃は参加国が8か国と少なかったので、今より優勝しやすいということもあった。決勝はPK戦で決着がつき、〝ブラック・スターズ〟が覇者となった。その歴史的試合では非常に若いアベディ・ペレ・アイェウが出場し、弱冠18歳で成功の蜜の味を覚えた。しかしそれ以降、ガーナサッカー連盟のショーケースは埃が積もりっぱなしだ。30年以上もCAN優勝から遠ざかっている。つまり独立以降［訳注：ガーナ独立は1957年］の年月のおよそ3分の2もの長期間成功から見放されていることになる。永遠ともいえる時間だ。1992年は手が届きそうだったが、コートジボワールとの決勝戦で計24発のキックが放たれたPK戦の末敗退、2010年には、85分にエジプトのゲドに食らった一発で沈んだ。栄冠はあまりにも近くあまりにも遠い。

そして2015年大会は特別なものがあった。ガーナ史上最高の選手の1人、アベディ・ペレの息子たちが出場していた。彼らは1982年の父親の成功を再現したいと思っていた。アベディ・ペレを擁するチームが祖国に最後のタイトルをもたらしてから33年が経過していた。そして今、彼の子供たちが物語を締めくくろうとしている。アンドレとジョルダンのアイェウ兄弟は父親をどうしても喜ばせたかったし、父親のようになりたかった。

さて、〝稲妻軍団〟と〝ブラック・スターズ〟による準決勝前日、赤道ギニアに緊張が走った。というのも、赤道ギニアはグループステージでガボンを破り、いきなり〝パンサーズ〟を本国へ送り返していた。国境を接するライバルへの強烈な一撃に赤道ギニアは国じゅうが喜びであふれた。ところが準決勝前日になって、試合の審判はガボン人のエリック・オトゴ＝カスタネが務めるだろうという情報が漏れ、赤道ギニアは憤慨した。永遠のライバル国出身の審判など端から信用できない。

マラボのスタジアムの収容能力はバタ・スタジアムの半分しかない。スポーツ青年省は若者の参加を促進するために、入場券を無料で配布するキャンペーンを推進したが、あっという間に底をつき、そのことが怒りに満ちた不満を生んだ。薪をくべてマラボ島民を熱したようなものだ。

試合は始まったものの、赤道ギニアとガーナでは実力が違いすぎた。ガーナが試合を支配し、開催国に攻勢をかけて優位に立っていた。確かに前半、導火線に火をつけるような判定があった。イバン・サルバドールがガーナのディフェンスからボールを奪い相手ゴールに狙いを定めた時、審判から非常に厳格なファウルを取られ、地元サポーターはいっそうヒートアップした。ハーフタイム直前にはガーナのクウェシ・アッピアーが急激なギアチェンジで一気に加速して赤道ギニアのペナルティエリアに飛び込んで反則を誘った。英雄アベディ・ペレの息子ジョルダン・アイェウがＰＫを決め、赤道ギニアは1点を先制された。誰が見ても明らかに反則だったが、その判定は赤道ギニアのサポーターに悪く受け取られた。審判にガボン人が指名されたため、何もかもが疑わしく見えてしまう。大事には至らなかったものの、瓶がいくつも投げ込まれ、スタンドで騒ぎが起きた。事態は2分後に悪化しても不思議ではなかった。ガーナのクリスティアン・アツを中心とした目が覚めるようなカウンターアタックが炸裂し、締めにムバラク・ワカソがゴールを決めたのだ。赤道ギニアは0－2とされ、地元サポーターの神経をさらに逆なでしたが、ハーフタイムは癒しのひと時となった。

後半、アヴラム・グラント監督率いるガーナ代表はさっさと試合を決めたかった。何度も攻撃を繰り返すがゴールは決まらず、時間だけが経っていった。ガーナ代表の次の決定的な好機は75分に訪れた。粘り強いプレーを見せていたアッピアーがアンドレ・アイェウの足元にラストパスを送った。ジョルダンの兄はボールを受け取ると赤道ギニアのゴールへと無情にも撃ち抜いた。アベディ・ペレは自分が30年前に成し遂げたように息子たちがガーナをCANの王座に返り咲かせてくれるのではないかと夢見ていた。その息子2人がゴールを決めて文句なしの勝利目前だ。

赤道ギニアにとっては、電光掲示板に映し出された0－3というスコアはあまりに痛々しく、マラボ・スタジアムのスタンドの一角では騒動が持ち上がり、無防備のガーナ人サポーターたちが押し出され、ピッチにまで侵入し始めた。ガボン人審判は2度目の試合中断をせざるを得なかった。

数分が過ぎたが試合再開のめどは立たなかった。何百人ものガーナのサポーターが暴動を恐れて自分の席に戻りたがらないからだ。その時、アナウンスが聞こえてきた。

「私はスポーツ大臣です。騒ぐのは止めて警察に協力してください。世界にこのような姿を見せるわけにはいきません」

政府高官からのメッセージへの返答は不満の口笛と野次だった。激怒した大衆を抑えつけるのは不可能だとみると、誰かが輝かしいアイデアを思いつき、暴徒化した観客を解散させるために催涙ガスを使用するよう警官隊に命じた。

そして、そこにいる人々の頭上わずか2メートルの高さをヘリコプターが飛び回り始め、さらにいっそう緊張感が高まった。人々は逃げ惑って右往左往し、サッカー選手はサポーターらに鎮まるよう懇願し、数々の瓶が宙を舞った。これまで順調に発展を遂げてきた選手権に嘆かわしい汚点が刻まれてしまった。たとえ今回の大会は緊急事態に対応しながら準備が進められたものだとはしても。

結局、優勝したのはコートジボワールだ。ガーナは決勝戦で敗れた回数が合計で9回となった。この大会では、エボラ出血熱のリスクと直面したくなかったモロッコが開催地となることを拒み、準決勝中に発生した暴動を鎮静化するためにヘリコプターが使用された。それはアフリカサッカーでしかありえない極端な状況であった。

2015年のCANで準決勝進出を果たした赤道ギニアではあったが、ガーナに敗れた試合では嘆かわしい汚点を刻んでしまう【ロイター/アフロ】

13

南アフリカ

倒れた英雄、センゾ・メイワ

「捕食者と獲物は同じ川で水を飲む」

アフリカにおけるクラブの国際試合ほど楽しいものはそうそうない。大陸におけるサッカーの王者となるべくエキサイティングな競争を繰り広げ、ハンドブレーキを使用せず、衝撃を和らげるような手袋も身につけず、がむしゃらな戦いが展開する。早い段階での強豪チーム同士の対戦を避けるといった、他の地域のサッカー連盟が取るような保護主義は存在しない。アフリカでは曖昧なやり方は通用しない。戦うのなら、全力で戦うのみ。もし立ち続けていられるのなら、その人は言い訳無しに人生の戦いに挑むことができる。強豪同士の直接対決により優勝候補が早くから姿を消すことになるが、アフリカサッカー界のエリートチームたちの間隙を

縫って王座にたどり着くことを夢見る弱小クラブにも門戸が開かれることになる。また、各国代表の試合と違って、クラブチームは世界的スターの助けを当てにできない。一般的にも参加するのは自分が生まれたアフリカ大陸でキャリアを積んでいる選手だけだ。

2013年5月5日、コンゴ民主共和国のスタッド・TPマゼンベは圧力鍋と化した。アフリカサッカーの将来を占う歴史的試合が始まる数時間前から、スタンドを埋め尽くしたサポーターたちがふつふつと煮えたぎっている。そのスタジアムのあるルブンバシは経済を支える鉱物資源が豊かな国の最南部地域に位置する。その日の晴れ渡った午後、その場所で、のちにレジェンドとなる男の歴史の冒頭部分が描かれ始めた。もっとも誰もまだそのことに気がついていない。その試合によってあるゴールキーパーがアフリカサッカーの聖人に祭り上げられるだろう。それがセンゾ・メイワだ。

センゾ・メイワのサッカーキャリアは、ひとつのエンブレムへの揺るぎない忠誠心を物語っている。生まれは南アフリカ東部の都市ダーバンだが、若くして大都会ヨハネスブルクの地を踏み、オーランド・パイレーツFCに入団した。2005年、弱冠21歳でパイレーツのトップチームに昇格した。とはいえ、早熟な才能が一気に開花する、ということにはならなかった。センゾの成長は急速とは言えず、このゴールキーパーは一定の順応期間を必要とした。また、センゾは幼少の頃から、根気強さという価値あるものを肌に焼きつけていた。彼も兄弟たちも幼い頃から、そして学校に行くようになっても家の仕事を手伝わなければならなかった。学校の後で手伝いをすること自体は何ら苦にならなかったが、辛かったのは練習がある日も抜け出せなかったことだ。サッカーに情熱をかけていたが、家を手伝うために時々自分を犠牲にしなければならなかった。

センゾはダーバン南部に本拠地を置く地元チームのウラムジ・コスモスではフォワードとしてうまくやっていた。しかし、ある日運命の扉が開く。チームからゴールキーパーがいなくなり、誰かがゴールマウスの前に立たなければならなくなった。10歳のセンゾには、その年頃の子供には似つかわしくない大人びたところがあった。グローブを手にはめると、ゴールキーパーの役割を難なくこなしたため、監督からも他のメンバーからもキーパーを続けるよう勧められた。センゾはその提案に従うことにした。こうして家の仕事と勉強とサッカーのすべてをこなしながら成長していき、ゴールを阻むスペシャリストになる可能性が高まっていった。両親はセンゾには大学で学業を修め、それを基に人生を切り開いてほしいと願ったが、センゾはどちらもこなす術を心得ていた。そんな折に、チームの監督と元セミプロのキーパーだった理事が、首都のオーランド・パイレーツが新しい才能ある選手を探しているという広告を見つけた。そしてお金を集めて若者たちの両親に——その中にはセンゾに懐疑的な両親も含まれていた——これは大きなチャンスだと言って説得した。

オーランド・パイレーツのスカウトは、ダーバンから来た16歳の青年が年齢の割に並外れた資質のあるキーパーであることをものの数分で見抜いた。そこでセンゾに南アフリカで最大規模のこのクラブに入団するよう契約書を提示した。とても拒めないオファーだ。こうしてセンゾは家族と友人を故郷に残してヨハネスブルクに住みつきサッカーのスターになることを夢見た。

オーランド・パイレーツの起源は貧困と重労働の文化に強く根ざしている。1940年代、そこではゴールドラッシュが最盛期を迎えていた。南アフリカ北部の田舎からやって来た数千人もの農夫が、ハウテン州の鉱山で徹底的に働かされながら生計を立てていた。ちなみにハウテン州にはプレトリアとヨハネスブルクといった二大都市がある。毎日鉱物を探してトンネルを掘ってばかりいるのは楽ではない。そこで〝黄金の青年たち〟は地下での仕事を終えると、気晴らしのためにサッカーの試合をやり始めた。

最初のうちは、ソウェト市に隣接した地域の名にちなみ、チームは「オーランド・ボーイズ」と呼ばれた。オーランドは全国でも屈指の金の埋蔵量を誇るため、働き先としてもっとも魅力的な目的地のひとつとなり、労働者たちはまともな暮らしを手に入れようとへとへとになるまで働いた。チームメイトの1人がふと思いついて言った。「オーランド・ボーイズ」では響きが弱々しい、名前を「オーランド・パイレーツ」にしてはどうか、この方がライバルどもに対するインパクトが大きいだろう、と。こうしてこの新しい名前の下で地域の選手権に参加するようになった。愛称は〝ハッピー・ピープル〟だ。鉱山の労働者の気晴らしのために始まり、重労働の息抜きだったものは、将来アフリカの有数のクラブにまで成長する種となった。

センゾ・メイワは21歳にしてオーランド・パイレーツのトップチームへ昇格したが、その頃チームは変遷の時代にあった。〝バッカニアーズ（チームのもうひとつの愛称で「海賊」を意味する）〟は21世紀の初め頃から覇気がなかったが、セルビア人監督コスタ・パピクの指揮下で栄冠を取り戻そうとしていた。1990年代は好調で、最高潮に達したのが1995年のアフリカのチャンピオンズリーグの決勝戦だ。ホームのスタジアムでASECミモザ［訳注：コートジボワールのアビジャンを本拠地とするサッカークラブチーム］を撃破し、クラブ史上最大の栄光ある午後となった。オーランド・パイレーツ史に金文字で記されたゴールを決めたのはジェリー・シコーサナだ。アウェーの試合で2―2だった均衡を崩したのだ。その後も21世紀初めまではいくつかのタイトルを獲得している。しかしそれ以降、近隣の永遠のライバルとなるマメロディ・サンダウンズFC［訳注：南アフリカのプレトリアを本拠地とするサッカークラブ］やカイザー・チーフスFC［訳注：ヨハネスブルクのソウェト地区に本拠地を置くサッカークラブ］が台頭し、国内王者の座が遠くなった。

センゾはチャンスを待ってベンチで3年間過ごしたが、コンゴ人で不動の守護神フランシス・チャンサはセンゾにその座を絶対に譲らなかった。クラブは大きな資質があるのに経験がないゴールキーパーを飼い殺しにしていた。2008年にチャンサがクラブを去った時、センゾは晴ればれとした気分になった。これまで千日間も固いベンチに座らされていたが、ようやく23歳にしてついに自分に出番が回ってくる。しかし監督はメイワに納得できず、最終的にオーランド・パイレーツはアヤックス・ケープタウンFCのゴールキーパー、ムーニーブ・ジョゼフスと契約を結んだ。センゾとはかなり対照的なタイプのキーパーだ。今やセンゾのクラブでの未来は完全に閉ざされたかに見えた。3年間チャンスを待ち、ついに到来と思ったらクラブは自分よりも経験豊かなゴールキーパーと契約を結ぶ。並の人間であれば気力がくじけるところだ。しかしセンゾはそうやすやすと屈服するような男ではない。普通の人間とは違う、ずっと抵抗力の強い材料でできているのだ。「黙って働けば、成功は後から音を立ててやってくる」。これがこの男のキャリア初期の哲学だった。そしてそのキャリアには明るい未来が約束されていた。

正キーパーの陰に隠れて待つことさらに4年、メイワに今度こそ真のチャンスが到来した。準備は万全だ。7シーズンも待ったのだ。このチャンスをものにしないわけにはいかない。監督にペルー人のアウグスト・パラシオスが就任した。どういう経緯で彼が〝バッカニアーズ〟の指揮を執ることになったのか正確に知る人はいないが、パラシオス監督はリザーブのキーパーを起用してみることにした。新参の監督としては、単に公正な態度を取り、2人のキーパーを交互に使ってみて、最終的にどちらの選手にゴールの守護を任せるか決めることにしたのだ。センゾの輝かんばかりのプレーに監督もサポーターも熱狂し、これまで先の見えない暗闇にいた青年に、ようやく光が差した。センゾは重要な試合に繰り返し出場しながら大きく成長していった。ベンチを温め続けている間に失われた時間を、力強い歩みで取り戻そうとしていた。

レギュラーとなって数か月後、１９９５年の勝利の再現を願っていたセンゾとチームメイトは、大陸最大のトーナメントでとてつもなく厳しい障害に直面した。差し当たってその時までに南アフリカのプレミアサッカーリーグで2連覇を果たし、８年間埃が積もるだけだった優勝カップの陳列棚に変化をもたらした。しかし、さらなる高みを目指さなければならない。

アフリカチャンピオンズリーグは多様性や血を凍らせる歴史的背景に富んでいる。そこに休戦はない。黒い大陸の長く伸びた芝生の上をボールが転がり始めたら、エンブレムの重さもヒエラルキーも過去の賞も何ら役に立たない。唯一重要なのは今とここだけだ。２０１９年にスケジュールが変更されるまでは、大会は年をまたがないで開催されていたので、クリスマスイブまでにはどこがチャンピオンになったのか知ることができた。早くも予選で激突する強豪同士の対決、６千キロ離れた国同士の試合、予算が足りないため何日もかかる旅程、いつ集団ヒステリーが起きるかわからない試合……。奇妙奇天烈なアフリカサッカーの愛好家にとっては幸せなことかもしれないが。

2013年のチャンピオンズリーグでは、予備予選2次ラウンドの抽選でより重要な試合が組まれることになった。まだ大会の序盤にもかかわらず、アフリカの2つの代表的なチームの激突が避けて通れなくなった。オーランド・パイレーツとコンゴ民主共和国のTPマゼンベの対戦だ。決勝トーナメントにこそふさわしい組み合わせだが、容赦ない運命のいたずらで早くも対戦しなければならなくなった。この気まぐれな企てを生き抜くか死に絶えるか。栄光に向かって中途半端な道も近道も存在しない。

オーランド・パイレーツは、ヨハネスブルクのオーランド・スタジアムで開催されたホームゲームに、3－1で勝利した。2ゴールを決めたザンビア人の〝爆撃機〟ことコリンズ・ムベスマのまさにワンマンショーだった。アウェーゲームに向けて、パイレーツは相当なアドバンテージを得たように見えるかもしれない。だが、南アフリカのクラブチームにとってTPマゼンベのホームグラウンドが心地良い場所であったことは一度もないのだ。得失点差2では心もとなかった。そのTPマゼンベは、コンゴ民主共和国の南部に位置するルブンバシを本拠地にしている。パイレーツのホームゲームで活躍したムベスマの生誕地ルアンシャ（ザンビア）から数キロしか離れていない。そこではサッカーへの情熱があらゆる理性を失わせた。試合時間は通常100分近くかかるが（試合がどうしてこれほど長引くのか、追々わかってくるだろう）、その間喉が詰まり心臓が鷲づかみにされたようになる。洒落た雰囲気のあるTPマゼンベ・スタジアムでは、クラブカラーの白と黒を身にまとったサポーターたちが放つエネルギーで何が起きても不思議ではない。

TPマゼンベはトゥ・ピソン・マゼンベの略称で直訳すれば「全能のマゼンベ」を意味し、アフリカでもっとも評価が高いチームのひとつだ。1967年から、4大会連続でチャンピオンズリーグの決勝戦に進出し、そのうち2回は優勝を飾っている。1930年代にベネディクト会の修道士によって設立され、現在では、コンゴ民主共和国においてカビラ大統領に次ぐ権力者であるモイーズ・カトゥンビの指揮の下で運営されている。この両者の権力の序列については疑義をはさむコンゴ人は多いだろう。カトゥンビは鉱山、食料、物流関係のビジネスで途方もない富をため込んだ。それだけで飽き足らず、政治家となって成功を収め、国の南部に位置するカトゥンガ州の州知事になった。同州はザンビアと国境を接しており、ルブンバシはまさにその州都であり、〝カラス〟軍団TPマゼンベのホームである。

オーランド・パイレーツにとって3－1と先勝して優位にあるが、試合環境は苛烈極まりない。敬意を持って、恐れることなく、アウェーに臨まなければならない。

アフリカでは、ホーム外での重要な試合をする場合、三重苦を背負うが、パイレーツも身をもってそれを経験することになる。第一に移動の難しさだ。フライトスケジュールはころころ変わり、いくつもの乗り継ぎをしなければならず、選手の食費の支払い問題は日常茶飯事だ。

第二の障害は目的地に到着するやいなや敵意に満ちた環境に出会うことだ。空港での出迎えもホテルでの待遇も不愉快だ。ホテルではベッドの寝心地は悪く、食事は健康的とはいえず、周辺から騒音が響いてきて夜は休ませてもらえない。第三の問題は、なかなか根絶することは難しいが、審判の件だ。たとえ最高の審判員でも、周囲の圧力から完全に逃れるのは困難だ。

さて、試合が開始されると、耳をつんざく大声援のため審判の笛の音くらいしか聞こえない。審判のジョセフ・ランプティはこの試合で務めを果たすために、暴風雨の中を島国セーシェルから駆けつけた。厄介な仕事だ。試合が始まって数分後、ＴＰマゼンベが速攻でパイレーツのペナルティエリア内に侵入すると、１人の地元出身の選手が恥も外聞もなく、いきなり転倒した。主審は転倒した選手を見ると笛を鳴らしてペナルティスポットを指した。ひどい話だ。しかし、パイレーツのゴールを守るセンゾ・メイワは、その日キーパー用のユニフォームの下にスーパーヒーローの服を着ていた。センゾは今大会で注目されている選手の1人であり、アフリカサッカー最高峰に陣取るスターたちの仲間入りをしようとしていた。そして祖国のあらゆる街角でこの試合が観戦されていることを意識していた。そのペナルティキックで、センゾは11メートル先から蹴られたボールに素早い反応を見せ、ゴールマウスの枠外にはじき飛ばした。コンゴのサポーターは落胆の色を隠せない。

パイレーツはセンゾがこの試合最初のピンチに反射神経の良さを見せて失点を逃れたが、Ｔ

Pマゼンベの攻撃は繰り返され、ついに1点をもぎ取られた。カススラが放った正確なロングシュートがゴールポストすれすれに入った。センゾは体を精一杯伸ばしてボールをクリアしようとしたが及ばなかった。観衆は狂喜乱舞した。もう1ゴール決めて勝利すれば、勝ち点では並ぶが得失点差で上回り、〝カラス〟軍団は次のステージに進むことができる。そこにセーシェルから来た審判によるホームチームに有利な判定が追い打ちをかけた。パイレーツの主将レキングワが退場になったのだ。パイレーツは前半終了前に痛烈なアウェーの洗礼を受けた。

私は、そのハーフタイムの間に両チームのロッカールームで何が起きていたのかを想像するのが好きだ。TPマゼンベはもう1ゴール決めようと盛り上がったことだろう。10人のチーム相手に1点取るだけでよいのだ。難しい話ではないはずだ。数メートル離れたパイレーツのロッカールームは重苦しい空気に包まれていたことだろう。あとひとつでも不運な出来事があれば勝利は遠のいてしまう。そうならないためにも「力が尽き果てるまで踏ん張ろう」を合言葉に後半のピッチに向かうことだろう。

後半戦が始まったが、TPマゼンベはセンゾの守るゴールを割ることができなかった。オーランド・パイレーツのゴールキーパーは、飛んでくるどんなボールも的確に対応した。クロスボールも、正面からのシュートもことごとく弾き返した。コンゴの選手にとって通り抜け不可能な壁と化した。思い出されるのは、あの日の午後のセンゾには手が6本も7本もあるかのようにありえないセービングを連発し、ピッチに立つ相手の選手やスタンドのサポーターや貴賓席のモイーズ・カトゥンビを失望させていたことだ。しかし、いま一度強調しておきたいのは、アフリカにおいてアウェーの地で試合をした時に直面する第三の問題、つまり審判は開催地のチームに有利な判定をする傾向があるということだ。審判はパイレーツの選手が自陣のペナルティエリア内で相手選手と軽く接触しただけで笛を吹いた。またもや地元チームにPKの権利を与えたのだ。こちらは10人にされ、相手チームには2回目のPKの権利を与える。こうした容赦ない判定からすると、パイレーツはまたどんな目にあうのかわかったものではない。慎重に蹴られたペナルティキックのボールはセンゾ・メイワが守るゴールの右へ向かったが、超人のダイビングによってゴールラインの外へとはじき出された。見事なセービングで、今でもヨハネスブルクの街角で人の輪ができると話題になるほどだ。オーランド・パイレーツは敗退が確実のところをゴールキーパーに救われた。センゾ・メイワのその日の守護神ぶりは、アフリカサッカーの近代史に刻まれた輝かしい個人成績のひとつだ。

センゾにとって幸福な日々が続いた。クラブでの正ゴールキーパーとしての地位は不動のものとなり、ルブンバシでの大きな功績のおかげで、サッカー南アフリカ共和国代表〝バファナ・バファナ〟のメンバーに選出された。チームへの献身とリーダーシップ精神により、代表チームの主将になるまでにそれほど時間はかからなかった。また、南アフリカの芸能界の大スターであるケリー・クマロと恋愛関係になった。サッカー代表の主将と国を代表する女優が恋に落ち、人生と娘を共有した。何か悪いことなど起きそうもない。勝者の人生のシナリオ通りだ。しかしアフリカではすべてが変わりやすく、手にした栄光の時は数秒も経たずに砕け散ることもある。すべての均衡が保たれ、穏やかな状態にあって、何もかもがつつがなく流れていく。自分を不安定にするほどの影響力を持つ外部要因などないように見えても、厄災は何の前触れもなく訪れる。

どのような逆境にも負けない忍耐力の持ち主であり、〝バファナ・バファナ〟のキャプテンマークを腕に巻く国民的ヒーローであり、南アフリカの著名な女性アーティストとのロマンスで国民の話題をさらうカップルになった男は、まさに均衡状態にあるかのようだった。だが、ある秋の夜に悲劇が襲い、すべてが崩壊してしまった。

２０１４年10月26日、センゾ・メイワはケリーと娘と一緒に夕食のためケリーの母親の家を訪ねた。友達が１人とケリーの妹も一緒だった。家族でくつろぐ夕べの集いだ。そこに突然、反応するまもなく2人の男が拳銃を持って住居に侵入し、そこにいた全員に携帯電話などの所持品をすべて差し出すよう要求した。ケリーはなんとか娘をつかんで別の部屋に逃げ込んだ。ケリーの妹とセンゾの友人も別の部屋に隠れることができた。ケリーの母親は強盗に何度か殴られ、携帯電話や貴重品などの所持品を奪われたが命は助かった。だが、センゾ・メイワは間違いなく最悪な目にあってしまった。強盗の要求を拒んだために胸に銃弾を撃ち込まれたのだ。強盗は戦利品を持って逃走し、血だまりの中に横たわる南アフリカのサッカー史上でもっとも愛された男を置き去りにした。センゾの友人とケリーの妹は負傷者を車に乗せて病院に運び込んだ。何度か救命措置が試みられたが、メイワの心臓が再び鼓動を打つことはなかった。南アフリカ代表キャプテンの命の火は消えた。

南アフリカ警察はセンゾ・メイワを殺害した強盗犯の逮捕に向けて、捜査の手を国家レベルに引き上げた。その過程で何名かの無実の者を投獄したこともあったが、2018年の初めに主犯を逮捕した。同時期に奇妙な出来事があった。センゾの栄達への足がかりとなった、あのTPマゼンベとのルブンバシでの試合に関するアフリカサッカー連盟（CAF）の調査も終結したのだ。CAFは審判ジョセフ・ランプティの不正行為の明らかな形跡を見つけ、ランプティの審判員の資格を生涯にわたり剥奪した。

センゾ・メイワの死から3年が経過したある短い時期に、2人の有罪判決が宣告された。1人は皮肉なことだが、結果としてセンゾが英雄となる手助けをしたことになる審判員だ。そして、もう1人は冷血にもセンゾの命を奪った犯罪者だ。センゾ・メイワというゴールキーパーの人生の中で、セーシェルの審判と犯罪者はともに悪意を持った登場人物として現れて、凶弾に倒れた英雄の伝説に光と闇をもたらすこととなった。

14

セネガル

閉じない輪

「ライオンたちが独自の歴史家を持たない限り、伝説として讃えられるのはいつでも狩人だ」

アフリカ西部を流れる河川がある国の名前の由来となった。セネガル川。全長はおよそ2千キロで大西洋に注ぐ。そして、「ひとつの国民、ひとつの目標、ひとつの信条」という標語に濃縮される国家を洗礼している。砂の大地に足を踏み入れた人に「セネガルで特徴的なものはなんですか？」と質問すると、返事はいつも同じで「人々」だ。セネガルの国民は先天的に並外れて親切でもてなし好きだ。よそ者を厚遇することを「テランガ」と言う。国歌『赤いライオン』にも使われている概念で、サッカー代表の愛称も〝テランガのライオン〟と呼ばれる。セネガルの人口はおよそ1500万人。アフリカ大陸の最西部に位置し、人口の大半は農村地帯

に住んでおり、多様な種族の習慣が非常に幅広く混交している。20もの民族が全国に分散し、言語はウォロフ語が一番多く使われているが、公用語はフランス語だ。宗教は多数がイスラム教で、村落では優勢なアニミズムと共存している。

他のアフリカ諸国とは異なり、セネガルの現代史は大きな悲劇に見舞われていない。しかし古い歴史の中では、15世紀中頃に最初の植民者がやってくると、人類史上最大の残忍行為への扉が開かれた。ポルトガル人が初めて足を踏み入れたのは1444年のことだ。目の前には色鮮やかで香り高い大地が広がっていた。植民者は「この地は何と呼ばれているのか」と土着民に尋ねたそうだ。言い伝えによれば、ある土着民が焼けるように暑い日射しを避けるためタマリンドの木陰に逃げて「Ｄａｊａｒ」と答えた。これはタマリンドを意味するウォロフ語で、土着民はポルトガル人に木の名前を尋ねられたと思ったのだ。これがセネガルの首都ダカールの語源だと言われている。現代では、ダカールは西アフリカ最大の商港のひとつだが、かつてポルトガル人は大規模な奴隷貿易を行った。ダカール港から船でわずか数分のところに面積がわずか17ヘクタールの島がある。その島に目的が明白な建物の建設を始めた。大勢の捕虜を収容するための施設だ。捕虜はヨーロッパ諸国によって植民地化されたアメリカ大陸に送られ、奴隷として強制的労働を強いられた。残された記録によると、２千万人もの奴隷が西アフリカ各地からこのゴレ島に集められ、アメリカ大陸へと売買されていった。祖国から遠く離れた地に連行される土着民たちは、アフリカ大陸からアメリカ大陸へとつながる大西洋を「暗闇の緑海」と呼んでいた。18世紀には奴隷貿易が最盛期を迎えていた。土着民を拉致して労働力として売りさばいて金にする。ゴレ島には、丸儲けの商売で大金を稼いだ奴隷商人たちが、コロニアル様式の威容ある邸宅を次々に建て始めた。邸宅には避けられない運命を背負ったアフリカ人を収容する地下室が備えられていた。ダカールを望む美しい歩道や展望台、そして檻に入れられた黒人奴隷たち。ヨーロッパ植民者勢を満足させ、先住民たちを辱める光景だ。そのうえ、奴隷たちは性、体重、年齢によって分けられた。ナイジェリアが出自のヨルバ族の人々などは、体格がよく、頑丈であるということを理由に高値で取引された。19世紀末の奴隷制度廃止により、鎖につながれた奴隷の姿はなくなり、4世紀にわたって西アフリカがヨーロッパから受け続けた恥辱と屈辱の時代は終わった。

しかし黎明期の主権国家セネガルが歩む道は真っすぐなものとはならなかった。1959年4月、セネガルとフランス領スーダン（現在のマリ共和国）は合併しマリ連邦を結成した。両領土ともフランスの植民地政策であるアフリカ・フランコフォニーの一部を形成していた。しかし、国情の不一致によりマリとセネガルは袂を分かち、1960年には双方とも完全に独立した国となった。単独国家となったセネガルの初代大統領に就任したレオポール・セダール・サンゴールは、フランスへの留学経験によって教養を身につけていた。特にパリのリセ・ルイ

＝ル＝グラン〔訳注：公立の後期中等教育機関。日本での高等学校に相当する〕で学んだことで文学に精通していた。留学中のパリでは、友人のエメ・セゼール（マルティニーク出身）やレオン・ゴントラン・ダマス（フランス領ギアナ出身）とともに雑誌『黒人学生』を創刊し、その中で「ネグリチュード（黒人性）」という概念を創造してパリ社会に定着させた。この言葉はアフリカやカリブ出身のパリ市民について集団的アイデンティティを定めようとしたもので、エリート層による人種的偏見によって生じている障壁と対峙するものだ。セダール・サンゴールは、詩人、作家、社会主義を標榜するセネガル民主連合の創設者、失敗に終わったマリ連邦の推進者、そしてセネガルの民主的な初代大統領といった様々な顔を持つが、セネガル国民を国の象徴のひとつであるバオバブに例えるのが好きだった。バオバブは長寿の木で過酷な環境にあっても動じない。まさにセネガル国民の我慢強さの象徴だ。「我々を殴打し、虐待し、全滅させようとすらするかもしれない。しかし我々はバオバブのように抵抗するだろう。セネガル国民は、恨みを抱くことなく過去を見て、希望を抱いて未来を見ながら、地に足をつけて生きていくのだ」と、サンゴールは作品のひとつにこう書き残した。

セネガル代表は、アフリカ大陸の強国になったことはない。〝テランガのライオン〟は近隣国が成功を収めるのを眺めていたが、自分たちには縁のない話だった。初めてアフリカネーションズカップ（CAN）に参加したのは1965年だ。開催国はチュニジアで、参加国はわずか6か国だった。セネガルは準決勝でコートジボワールと対戦し敗退した。次に参加した1968年の大会ではグループステージを通過することができず、それ以降は永遠に砂漠を横断しているかのような終わりなき低迷時代に突入した。1970年から1984年まで、アフリカ大陸最大の大会において8回連続で予選落ちあるいは不参加で本大会に出場できなかったのだ。この国でサッカーが長きにわたり日の目を見なかったのは偶然ではない。セネガルで一番人気のスポーツはセネガル相撲だ。1950年代からこのスタイルの格闘が一大興行となってきた。伝統的衣装を身にまとい、剣闘士のように筋骨隆々とした主役たちが1対1で闘う姿は国民を熱狂させる。円形の土俵内で格闘し、相手を土俵から押し出したり、仰向けに倒したりしたら勝ちだ。この格闘技では相手を拳で殴ることも許されており、闘いがより劇的なものとなる。

サッカーはこの伝統競技に比べて見劣りするため、いつも2番人気だった。ガーナやナイジェリア、カメルーンなどの代表チームが優勝を争っているというのに、セネガルは沈黙したままだった。しかし、2000年のガーナとナイジェリア共催のCANでは、火花が希望の導火線に点火した。グループリーグを通過後、準々決勝でナイジェリアと対戦。〝スーパーイーグルス〟はオコチャ、カヌ、ババヤロなどのスター選手を擁していた。それでも先制したのはセネガルだ。魔術師ハリル・ファディガが華麗なボレーシュートをお見舞いしたのだ。セネガルは久々の準決勝進出に手が届きそうだった。ジュリアス・アガホワが現れるまでは。このナイジェリアのストライカーはベンチから登場すると、2ゴールを決めて試合をひっくり返した。セネガルはまたもや早すぎる敗退を喫したが、チームには著しい進歩が感じられ始めていた。世界的な強豪をそのホームで窮地に陥れたのだ。期待に胸が膨らんだ。

次のビッグイベントは、ほとんど何も考える暇もないうちにやってきた。2002年に開催される日本・韓国共催のワールドカップへの出場権をかけた最終予選だ。セネガル人にとってワールドカップは手が届かない高嶺の花だったが、チャンスの到来を初めて感じる組み合わせだった。1枚の切符をめぐってナミビア、アルジェリア、モロッコ、そしてエジプトと戦う。残り2試合となったセネガルはモロッコと対戦した。首位争いをしている両チームにとって落とすことのできない大切な試合だ。セネガルは、前述の初代大統領に因んで命名された「スタッド・レオポール・セダール・サンゴール」でホームゲームを行った。セネガルの選手たちからすれば圧力鍋の中に放り込まれているようだったに違いない。およそ6万人のサポーターが、アジアの国でセネガルの国歌が鳴り響く夢を抱きながら集まっていたのだから。試合は残り時間20分までスコアレスの膠着状態だったが、セネガルはフェルディナンド・コリーがミサイルのように右サイドラインを走り抜けてゴールラインぎりぎりのところからクロスをあげると、そのボールに反応したエル＝ハッジ・ディウフがモロッコのゴールに叩き込んで1－0として、試合を決定づけたのだ。セネガルはモロッコを破って勢いにのると、最終戦の相手はナミビアだったが大差で勝負を決めた。これで最終結果はモロッコと勝ち点では並んだが、得失点差で上回りグループ首位で予選通過が決定した。〝テランガのライオン〟は、ついに世界最大のサッカーの祭典にデビューすることとなった。

日韓ワールドカップへの出場権を獲得したセネガルは口元に笑みをたたえたまま、2002年の初めに隣国マリで開催されたCANに出場した。わずかな期間であったとはいえ、共同体となったことがある国だ。元サッカー選手のフランス人ブルーノ・メッツ監督に率いられたセネガル代表は国民に対して胸を張れる試合をしなければいけないという責任感を感じながら同大会に臨んでいた。グループステージは華麗にというよりも効率的な試合運びで通過し準々決勝に進んだ。このベスト16の試合でセネガルはその真価を発揮し始めた。コンゴ共和国を相手にサリフ・ディアオとエル＝ハッジ・ディウフがゴールを決めて2－0とし、文句なしの勝利を収めた。準決勝の対戦相手は黒い猛禽《もうきん》のナイジェリアだ。〝スーパーイーグルス〟には前大会で敗北を喫している。そして再び最強のライバルとして立ちはだかろうとしている。試合はパワーに優れたミッドフィルダー、パパ・ブバ・ディオプのシュートでセネガルが先制したが、バマコ（マリの首都）のモディボ・ケイタ・スタジアムの電光掲示板が90分を示そうとした瞬間にナイジェリアのアガホアが2年前と同様にセネガル人のお祭り気分を台無しにした。しかし今回の延長戦は、〝テランガのライオン〟に勝利の女神が微笑んだ。サリフ・ディアオが再びスーパーヒーローとなって同点の均衡を破る救いのゴールを決めた。セネガルは1年半足らずのうちに2つの壁を破ったことになる。ワールドカップ出場とCAN決勝戦進出だ。

2002年のCANの決勝で、セネガルは前大会覇者のカメルーンと対戦しなければならなかった。大舞台が未経験なチームにとっては、チャンスの少ない重苦しい試合となったが、前後半と延長を含む120分の試合時間を耐えてスコアレスで終えると、勝敗の決着は11メートルの勝負でつけることになった。PK戦はセネガルにとって願ってもない形で始まった。カメルーンのピエール・ウォメが失敗したのだ。すべては順調に進んでいった。セネガルの3人目のキッカーがシュートをブロックされるまでは……。セネガルの選手の肩にのしかかる責任の重圧はあまりに大きかったのだ。最後は3人のキッカーが全員失敗したほどだった。勝負を決定づけたのは最後に蹴ったアリウ・シセの失敗だ。勝負を終えたシセは目に涙をたたえながらも、見事な戦いぶりを示したことで恥じることなく堂々としていた。メッツ監督率いる選手たちはタイトル獲得目前までいったのだ。

その頃セネガルは政治変動の時代にあった。19年間の長期政権を敷いた第2代大統領のアブドゥ・ディウフが選挙の決選投票でアブドゥライ・ワッドに敗れたのだ。ワッドは政権奪取の企てに何度か失敗したが、ついに選挙に勝利した。そして最初の政策として、大統領の任期を7年から5年に短縮した。セネガル北西部に位置するケベメールに住む仕立屋の息子に生まれたワッドは、フランスで法学と経済学を履修した。2000年4月に権力の座を奪うことができたのは青年層を味方につけたからだ。30歳未満の青年の3分の2が苦しんでいる失業問題に終止符を打つという公約を青年たちは喜んで受け入れたのだ。ところが、この先ワッドは公約の多くを反故にすることになる。

サッカーに話を戻すと、2002年の夏はセネガル国民にとって忘れられないものとなった。愛する代表チームが初めてワールドカップに出場したのだ。天からの贈り物であるかのように、グループリーグの初戦はフランス対セネガルとなった。前大会の王者と初出場チームの戦いであり、経済大国と開発途上国の顔合わせであり、長期間にわたり相手国の領土を侵略した国と手を縛られ侵略されてきた国の激突となるのだ。その上、開幕戦ということもあり、世界じゅうの目が試合会場のソウルワールドカップ競技場に注がれた。現地6万2千人の観衆を前に、セネガルのストライカー、エル＝ハッジ・ディウフは歴史的なパフォーマンスを演じて見せた。ディウフの緩急あるプレーにフランスの2人のセンターバック、マルセル・デサイーとフランク・ルブフは翻弄されていた。セネガルは、カリロウ・ファディガが左からクロスを入れ、パプ・マリック・ディオプがオーバーラップから頻繁にフランスのペナルティエリアに攻め入り、ワントップのディウフがフランスの間を自由に動き回った。フランスのディフェンス陣は自分たちが目にしている現実を疑った。だが、フランス代表のアタッカーはしたたかだ。セネガルに短剣を突き刺すような反撃に出た。ティエリ・アンリは、プティからの配球をアタッキングサードで受けると優雅なフェイントでセネガルのディフェンダーをあしらい、ペナルティアーク付近まで走り込んできたトレゼゲにラストパスを送った。当時ユヴェントスFCに所属していたトレゼゲは、ワンタッチでマークを外すと右足を振り抜いた。ゴールの隅を狙ったボールはゴールポストに弾き返されたが、セネガルの選手たちは改めて思い知らされることになった。「これはワールドカップなのだ」と。けれども、セネガル代表には臆することは何ひとつなかった。アフリカのチームはピッチの上で伸び伸びとプレーを続けた。あきらめることなく何度も突撃すると、左サイドを抜け出したディウフからのクロスにパパ・ブバ・ディオプが飛び込んだ。ゴールが決まり、セネガルが1-0とした。

先制されたフランスは、ジョルカエフ、ヴィルトール、アンリ、トレゼゲらが攻めまくったが、ついにセネガルのゴールを割ることはなく、韓国ソウルでセネガルがジャイアントキリング（番狂わせ）を成し遂げた。ダカールでは国民が狂喜して、お祭り騒ぎが何日も続いた。サッカーの伝統のない国が、この歴史的勝利によりすべてのサッカーファンの心の中にその名を刻んだのだ。

さて、セネガルの道を塞ぐ2つ目の石はデンマークだ。試合の滑り出しはうまくいかず、トマソンにPKを決められた。それでも後半はセネガルが本領を発揮した。ハーフタイムを終えるとセネガルは名人技ともいえるプレーで同点に追いついた。ディアオは、ディウフからのスピーディーなパスを受けると左サイドにいたファディガにボールを預ける。セネガルは3秒足らずで目が回るようなカウンターアタックを組み立てた。さながらセレンゲティ国立公園［訳注：タンザニアにある世界遺産。公園内には300万頭もの野生動物が生息する］の猛獣たちが突進しているかのようだ。背番号10のファディガは司令塔として申し分のない資質の持ち主だ。ファディガはタイミングよくディアオの走り込むスペースへと優しくボールを戻した。80メートルを走り抜けてきたディアオはデンマークのペナルティエリア内に侵入すると、ゴールを守るセーレンセンの意表を突くかのように右足のアウトサイドでゴールを決めた。1－1の引き分け。これでグループリーグの突破に向けた仕事はほぼ終わった。

最後の仕上げは第3戦のウルグアイとの試合だ。その前半は、セネガルの攻撃がウルグアイを圧倒した。セネガルの先制点は、ディオフがウルグアイのペナルティエリア内でファウルを受け、獲得したPKをファディガが決めた。2点目は、今大会好調を維持しているパパ・ブバ・ディオプによるものだ。セネガルはハーフタイムまでに3－0と大きなアドバンテージを得たが、後半になってウルグアイに追いつかれてしまう。結局、引き分けてしまったが、セネガルにとっては、それほど気にはならないことだった。グループリーグの通過が決定したからだ。

決勝トーナメントのラウンド16は、北欧スウェーデンとの対戦となった。試合開始直後のセネガルは精彩を欠き、防戦一方の苦しい展開だった。先制点はスウェーデン。コーナーキックが起点となった。ニアサイドに蹴られたボールは、処理しようと飛び出したゴールキーパーのトニー・シルヴァよりも先にヘンリク・ラーションの頭が正確に捉えた。しかし、今回のセネガル代表チームはどのような逆境に陥ろうと決して動じなかった。それは、バオバブの木のごとく、どんなに過酷な時代であろうと、どんなに虐待を受けようと、頑として耐えてきた国民性と同様だった。彼らはサッカーを心から楽しんでいた。前半30分過ぎに、アンリ・カマラは味方がヘディングで競り合ったあとのルーズボールを胸で落として自分のものにすると、ディフェンスをかわしペナルティエリアの外からゴールポストの根元すれすれに正確なシュートを放った。セネガルは試合を振り出しに戻した。後半は両チーム無得点のまま、試合は延長戦に突入した。セネガルの選手たちは、歴史をつくり続けたいという夢と、手にしようとしているものを失うかもしれないという恐れに挟まれながらピッチに立っていた。

延長に入ると、オープニングマッチでフランスに起きた不運がスウェーデンにも襲った。スウェーデンのシュートはセネガルのゴールネットを揺らすのではなく、左のゴールポストを叩いた。そして、勝利を呼ぶプレーを見せたのはセネガルだった。のちにスペインのデポルティーボ・アラベスに入団することになるパペ・ティアウがボールをキープしたまま右に流れると見せかけてヒールでアンリ・カマラにパスをつないだ。アンリはディフェンダーを引き連れたままドリブルでペナルティエリアまで進むとグラウンダーのシュートを流し込んだ。このゴールはセネガルの決勝点となり、ベスト8入りを達成した。

次の相手はトルコだ。セネガルとしては少々やりにくい相手だった。あまりにも整然とし、ひどく粘り強いサッカーをする。両者無得点のまま延長戦に入ったが、〝テランガのライオン〟には魔の延長戦となった。危険が迫っているようには見えなかったが、トルコの右サイドからのクロスをイルハンがハーフボレーで決めた。センセーショナルなシュートはゴールデンゴールとなり、セネガルの敗退が決まった。しかしワールドカップでの素晴らしい功績のおかげで、多くの選手がキャリアアップすることができた。例えば、ブバ・ディオプはフラムＦＣへ、ファディガはインテルナツィオナーレ・ミラノへ、ディウフはリヴァプールＦＣへ、主将のアリウ・シセはバーミンガム・シティＦＣへそれぞれ移籍した。

見事な功績を残したものの、セネガル代表は好調を維持できなかった。その後、ワールドカップへの切符をつかむことはなく、ＣＡＮでも頂点に立つことはなかった。セネガルは再び厳しい現実と向き合うことになったが、２０１８年に復活の兆しを見せた。２度目のワールドカップ出場をかなえると、ＣＡＮでも２度目の決勝戦進出を果たした。ちなみに、アリウ・シセは、2002年のワールドカップとCANの決勝進出時はキャプテンマークを腕に巻いていたが、2018年のワールドカップとCANの決勝進出時は監督としてベンチから指揮を執っていた。

2019年のアフリカ大陸の偉大なる大会は、私たちに計り知れない歴史的価値をプレゼントしてくれた。エジプトが開催国となるその大会は第32回目のCANである。CANは、アフリカ大陸全土の基盤を固め、アフリカの人々の意気を高めた。重苦しさのつきまとう日常から解放された人々は、非日常の体験を楽しんだ。サッカーこそが盟友となって心に残る数々のエピソードを生み出すのだ。エジプト大会ではこれまでになかったことがいくつか記録された。どうやらアフリカサッカーはその未来に向けて重要な局面を迎えているようだ。

まず、出場国数が史上最多だった。優勝杯を獲得し、栄光の味を知り、全国民からの誇らしげな眼差しを向けられることを願い、24か国が集結した。出場枠の増加によりマダガスカル、ブルンジ、モーリタニアといったそれまで世界の舞台とは無縁だった代表チームが初出場を飾ることができた。もうひとつの大きなニュースは、6月21日から7月19日までに変更された開催日程だ。これまでCANは毎回年初に開催されていたが、これには大きな弊害があった。欧州のクラブは公式戦の予定が1月と2月はぎっしり詰まっているからだ。リーグ戦だけではなく各種トーナメントもあり平日も埋めている。特にフランスのリーグ・アンの場合は、2年ごとに多くのサッカー選手が不在となるため各クラブにとって不都合が生じていたのだ。そして最後は、ビデオ判定の導入である。準々決勝から採用されることになった。オフサイドを正確に判定することで無効なゴールを検出するのには役立ったが、問題を完全に根絶することは難しい。特にペナルティエリア内でのハンドについては解釈が分かれており、ビデオ判定でも解決は困難だろう。

当初、2019年大会のCANはカメルーンで開催予定だった。しかし2018年末にアフリカサッカー連盟（CAF）の代表団が、開催予定地のインフラ状況などを現地に訪問して調査したところ、会場の多くが未完成で、大会の開催に支障がありそうだということが露見したのだ。アフリカサッカーの最高機関であるCAFの会長は、30年間君臨したカメルーン人イッサ・ハヤトウの後継者であるマダガスカル人のアフマド・アフマドだ。ハヤトウは在任期間中に、ワールドカップをアフリカ大陸に招致し、CANの参加国を増やして、大陸を5つのゾーンに分けた組織改革を行った。が、大きな黒い影もあった。2010年のCANでトーゴ代表団がテロ襲撃の犠牲になった後の事後処理(トーゴ代表は大会出場を続けられなかった)、いくつかの内部汚職事件、「アラブの春」後にエジプトで起きた暴動事件などによるサッカー危機への不十分な対応、ガーナ国内リーグにおける八百長試合のスキャンダルなど、これらがハヤトウの経歴の汚点として残された。それに加えて、アフマド・アフマドとハヤトウの関係もひどいものだった。アフマドはハヤトウに対する復讐のためにカメルーンから開催権を剥奪したのだという非難の声も多く挙がっていた。

それでもこうした問題は、カメルーンが直面している大問題に比べれば些細なものだ。紛争の根源は領土とその領土への帰属意識だ。歴史を振り返ってみよう。1884年のアフリカ分割に関するベルリン会議で、カメルーンはドイツの植民地となったが、第一次世界大戦で疲弊したドイツは自国の再建に集中するようになる。アフリカの植民地に構っている場合ではなかったのだ。1919年になると、ヴェルサイユ条約にて国際連盟は、その領土をフランス領カメルーンとイギリス領カメルーンの2つに分割することとした。フランス領カメルーンには自身の統治機関があったが、イギリス領カメルーンは隣国ナイジェリアから管理したためイギリスが直接開発に力を入れるような行動は取られなかった。

1960年にカメルーンが独立した時、2つの領土をどうするべきかという問題が起きた。まずはアマドゥ・アヒジョ(大統領、任期：1960－1982)が、そして今はポール・ビヤ(大統領、任期：1982－)がフランコフォニーを指針に国を統治し、それによりアンバゾニア地域［訳注：カメルーン国内の分離独立運動が展開する地帯。独立を主張する地域であり、南カメルーン連邦共和国と自称している］に位置する英語圏に対して屈辱を与えてきた。そのため同地域に住む600万の人々は、自分たちは蔑まれており、どの領土にも属していないと感じたことから、問題解決を中央政府に要求した。ポール・ビヤは40年近く政権の座にすわり、中央政府は教育をフランコフォニーの方向に持ってきたが、アンバゾニアはそれが気に入らない。2017年、同地域の抗議活動に対してカメルーンの軍隊は空からの攻撃で応酬し、住民たちの気持ちを燃え上がらせた。すでに50万人以上の人々が家を捨て、その多くが隣国ナイジェリアに庇護を求めている。しかし、カメルーンの南西部はカカオの生産が盛んであり、そのおかげで経済的には豊かな地域となっている。2018年の選挙運動中、ビヤは再選した暁には、アンバゾニア地域との和解を進めると約束をした。ところが選挙に勝利すると――合法性に問題が無いこともなかったが――約束を反故にし、弾圧を始めた。同地域の独立運動はいっそう激化し、紛争が解決に向かう兆しは全く見えなくなった。

カメルーン社会にとって致命的ともいえる問題の妥協点を見つけられないことに加え、スタジアムの建設遅延問題も重なって、最終的に2019年のCANの開催地はピラミッドの足元、雄大なナイル川の岸辺に変更された。アフリカ大陸最大のサッカー大会は7大会ぶりに北アフリカに戻ってきた。エジプトでの大会は期待を裏切らなかった。特に2つの歴史的な快挙が注目を浴びた。トーゴやナイジェリアと国境を接する国ベナンは、過去に3回出場して一度も予選を通過したことがない。しかし、ベナン代表〝リス〟軍団［訳注：2022年に愛称が〝リス〟から

〝チーター〟に変更」は初戦でガーナの意表を突き2－2で引き分け、2ゴールを挙げたベテランのミカエル・ポテは狂喜した。続く2つの試合も引き分けてベスト16へ進出。そこでは優勝候補のひとつ、エルヴェ・ルナール監督率いるモロッコが待ち構えていたが、ベナンはゴールキーパーのアレグベが見事なセービングを連発して英雄的ともいえる粘りを見せた。後半終了間際にはPKのピンチに立たされたがハキム・ツィエクのシュートを阻止してチームを救った。試合は延長戦でも決着がつかずPK戦に突入した。ここでもまた、アレグベが魔法にかかったかのような活躍を見せた。モロッコのエン＝ネシリのゴールを拒み、ベナンはベスト8へと駒を進めた。これがひとつ目の歴史的快挙だ。

もうひとつの快挙は、マダガスカルがなんとベスト8に進出したことだ。〝コブウシ〟は大会初出場だったが驚くべき個性を発揮した。マダガスカルは無名の選手ばかりだが、伸び伸びとしたプレースタイルでグループステージを1位で通過すると、ベスト16ではコンゴ民主共和国をぎりぎりまで追いつめると、最後はPK戦に持ち込んでコンゴを打ち負かした。マダガスカルは準々決勝でチュニジアに敗れこそしたが、歴史的デビューを飾ることができたといえよう。

ただ、これら2か国の快挙と同等、あるいはそれ以上に衝撃的だったのは、エジプトがベスト16で姿を消したことだ。〝ファラオズ〟はフォワードにモハメド・サラーを擁していたが、試合終了直前に対戦相手の南アフリカのカウンターアタックから失点し敗退した。エジプト同様に、この大会では強豪国が次々と倒されていき、最終的に決勝戦はセネガルとアルジェリアが激突することになった。

本大会に臨んだセネガル代表は、エースのサディオ・マネを主軸に、恵まれた体格を生かして守りを統率するセンターバックのカリドウ・クリバリ、神出鬼没のプレーでボールを奪取するミッドフィルダーのイドリッサ・ゲイエ、ロケット弾のような強烈なシュートを放つ点取り屋のエムベイイェ・ニアンとイスマイラ・サールを擁していた。〝テランガのライオン〟はさほど窮地に陥ることもなく勝ち進んだが、準決勝のチュニジア戦は厄介だった。チュニジアの監督アラン・ジレスはセネガルの元監督ということもあるが、試合も延長戦までもつれたのだ。延長前半10分になった頃、チュニジアのゴールを守るアセンのはじいたボールが味方のディフェンダー、ブロンに当たりオウンゴールとなって均衡を破ったセネガルだったが、1点リードしたまま、延長戦も残り5分まで時計の針が進んでいくとピンチが訪れる。チュニジアがスローインをロングスローでペナルティエリア内まで投げ入れるとセネガルのディフェンダーが頭でクリアしたボールは近くにいた味方の腕に当たってしまったのだ。主審は、一度はPKを宣告したが、VAR（ビデオ・アシスタント・レフェリー）が介入した結果、判定は覆った。チュニジアのPKは取り消しになったのだ。こうしてセネガルは辛うじて勝ち星を拾うことができた。

セネガルはついに史上2度目の決勝進出を果たしたが、心配の種もある。本大会最高のディフェンダーであるクリバリがイエローカードの累積により出場停止となってしまったのだ。

一方、対戦相手のアルジェリアは、祖国の国民が不安定な社会情勢に苦しんでいる姿に心を痛めながら、全戦全勝で勝ち上がってきた。アルジェリアは大規模な社会的混乱に陥っていた。「アラブの春」の動乱の中で同地域の大統領たちが連鎖的に倒れていった。そうした中でも政権を維持したのがあの政治的激震を無傷で乗り越えたアルジェリアの最高指揮官アブデルアジズ・ブーテフリカだ。両親はアルジェリア人だが、生まれた場所は当時フランス保護領だったモロッコのウジダだ。ブーテフリカは19歳の時にモロッコを出て両親の出身地へ行き、民族解放戦線（FLN）に参加すると、植民地時代から昇進を続け、大舞台に躍り出るための絶好の機会を待っていた。FLNは1962年のアルジェリアの独立以来、一党独裁体制を続け、1990年代からは選挙を通して国の覇権を握って統治してきた。ブーテフリカは外相時代にアルジェリア大使館の資金を横領したとして告訴され有罪判決を受けている。その金は将来外務省のビルを建てるために蓄えたものだと答弁したが、現実としては、7千万ディナールの大半は行方がわからないままだ。恩赦は受けたが、名前はすでに汚れていた。

1988年、原油の1バレル当たりの価格が30ドルから10ドルに下落した。石油に過度に依存した経済はこの状況に耐え得るべくもなかった。収入が不足し始め、貧困化が進む国民に不穏な空気が広がり始めた。アルジェリア内戦（１９９２－２００２）では大量の血が際限なく流れ続けた。１９９１年末、アルジェリアで初めての民主的な選挙が実施され、ＦＬＮの一党独裁体制がぐらついた。強敵のイスラム救国戦線（ＦＩＳ）が前方に立ちはだかった。独立以来アルジェリアで支配的な世俗主義を終わらせることを公約とするイスラム過激派の政党だ。大学生たちによって引き起こされたイスラムの潮流が大きなうねりとなり、いくつかの地方選挙でＦＩＳが勝利した。数か月後、新たな国を生成する重要な起点になるのではと思われる事態が生じた。第一次選挙の投票でイスラム政党が得票の47パーセントを獲得するという圧倒的なデータが発表されたのだ。最終的な勝利もほぼ間違いない。

覇権主義のＦＬＮの命も風前の灯火に見えた。しかし思わぬ事態が発生した。当時の大統領シャドリ・ベンジェディードを支持していた軍部は選挙を中止し、ベンジェディードを辞任させると、ＦＩＳは民主主義を破壊するという口実の下、ＦＩＳを解散させて何千人という活動家を投獄し、非常事態を宣言した。だが、嵐が近づいているのに、イスラム原理主義派が手をこまねいているわけがなかった。いくつかの民兵部隊を組織すると、ＦＬＮに肩入れしている軍隊と戦った。内戦は「暗黒の10年」あるいは「テロルの10年」として知られ、テロが次から次へと発生した。１９９７年から１９９８年にかけて大虐殺がもっとも多く横行し、紛争開始時から数えると死者数は累計で20万人に達した。

アブデルアジズ・ブーテフリカは内戦終結に決定的な役割を演じた。暴力に倒れた被害者の家族の神経は傷つき、目からはまだ涙があふれ出てくる。そのような中、ブーテフリカは前倒しで実施された選挙を利用した。彼が立候補し選挙に勝つためには少しばかり問題があったが、軍のある派閥の支持を受けていたことや、敵の残党が戦意を失っていたこともあり、1999年に大統領に選出された。ブーテフリカはイスラム武装集団と交渉し、殺人罪を犯していないゲリラ兵士に恩赦を与え、国土が荒廃した今だからこそ、アルジェリアを心温まる国へと円滑に変えていこうと提案した。

まさにこの「調停者」というレッテルによって、ブーテフリカは選挙での勝利を重ね、通算20年も政権の座を保つことができた。2013年以降は大きな健康上の問題で十分に職務を果たせなかったため、2019年の選挙には姿を現さないだろうと思われたが、再び大統領に立候補することが発表されるとアルジェリア社会に様々な反応が吹き荒れた。これまでの暴動と違い、今回は抗議の焦点が分散していた。女性たちは諸権利の向上を求め、学生たちは欠陥だらけの大学教育の改善を要求し、失業の増大に抗議する集団もいくつかあった。ブーテフリカの右腕である軍の参謀総長ガイド・サラは元上司に対する反対運動を開始すると、いくつかの汚職容疑でブーテフリカを告発し、大統領候補の資格を剥奪することに成功した。

こうして、〝砂漠のキツネ〟が勝利するたびに歓喜し、その一方で繰り返される選挙の延期に対する抗議が広がる中、アルジェリアで高電圧がかかったような行動が引き起こされた。2019年の2月以降、毎週金曜日に、アルジェやオランなどの都市で平和的なデモ行進が組織され、ブーテフリカの軍政府の遺物をことごとく消し去るよう要求したのだ。

こうした国情を背景にアルジェリア代表チームはCANを戦わなければならなかった。本命のモロッコやエジプトの陰に隠れながら、ゴールキーパーのライス・エンボリやディフェンスのアイサ・マンディを中心とした堅固な守備システムに加え、司令塔のイスマエル・ベナセル、品格のあるアダム・ウナス、潜在力のあるユセフ・ベライリとバグダード・ブーンジャー、そしてなんといってもチームをリーダーシップで引っ張ることのできるリヤド・マフレズを揃えた攻撃陣の活躍で勝ち抜いてきた。準決勝ではナイジェリアと対戦し、1－1の同点で迎えた94分（後半のアディショナルタイム）に、アルジェリアはペナルティエリアの前で直接フリーキックのチャンスを得た。キッカーのマフレズは慈しむようにボールを手に取ると、大切なものであるかのようにひと撫でしてから、主審の指し示したポイントにそっと置いた。そしてボールは、この優雅な振る舞いのサッカー選手の左足から飛び出すと、弧を描いてゴール隅に突き刺さった。

アルジェリアは、自身が開催国でもあった1990年の大会で決勝戦に到達して優勝を果たした。そして2019年のエジプト大会でも優勝した。つまり2度の決勝戦で2度勝利を飾ったことになり、文句なしの実力を見せつけることができた。

２０１９年の決勝は、〝砂漠のキツネ〟にとって夢のような滑り出しとなった。試合開始後２分でフォワードのブーンジャーが情け容赦なく先制ゴールを決めたのだ。アルジェリアのストライカーは巨人のように現れて、セネガルのセンターバック２人を蹴散らし、ペナルティエリアの正面付近からシュートを放った。ボールは、スライディングで阻止しようとしたセネガルのサリフ・サネに当たると大きな弧を描くように浮き上がり、ゴールキーパーのゴミスの頭上を越えてゴールマウスの中へと収まった。この後、試合は膠着状態に陥った。セネガルは両サイドにサールとマネを配した非常に攻撃的な布陣に信頼を置いていたが、アルジェリアのペナルティエリアへ到達する道を見つけられない。後半になり、ようやくセネガルが攻撃力を発揮し始めたが、アルジェリアのベテランキーパーであるエンボリが威厳のある姿を現し、セービングの幅広いレパートリーを披露した。すると61分になって、あるプレーにアルジェリアの旗で埋まったカイロ国際スタジアムの観衆が全員沈黙した。セネガルの攻撃時に、右サイドからのクロスがペナルティエリア内にいたアルジェリア選手ゲディウラの手に触れたのだ。カメルーン人の主審はＰＫの判定を下した。しかしＶＡＲによる確認後、審判の判定は訂正されてアルジェリアが1点をリードしたまま試合は続行された。やがて試合終了の笛が吹かれ、アルジェリアはアフリカ王者の座を奪還した。セネガルは準決勝ではＶＡＲに救われたが、決勝では

VARの判定に涙をのむこととなった。
サポーターの波がアルジェリアのどの街角にも押し寄せ、祖国への誇りに深く根づいた成功を祝った。奪い取った自由を政治指導者たちが国民に返すと保障してくれる選挙を夢見て、何か月も抗議を続けてきた人々の祖国への帰属意識が、ピッチの上での勝利により倍増した。一方セネガルは、2002年大会と同様、栄光への一歩手前で泣くことになった。その涙も翌日には〝テランガのライオン〟を出迎えるためにダカールの街にあふれた何千というセネガル人の歓呼に変わった。準優勝を祝そうと、選手バスの周りにファンが押し寄せた。いつかは国際的タイトルを獲得して、できるだけ早くその物語を締めくくってほしいと選手たちを激励した
[訳注：2021年CANでセネガル代表は初の優勝をつかむ]。

Columna

4 マダガスカル大冒険

「群れが団結するとライオンは腹をすかしたまま寝るしかない」

赤道ギニアのサッカー連盟から電話があり、打診を受けた時のことは今でもとても明瞭に覚えている。最後に招集されてから4年が経っていた。その日の午前中は仕事がなかったので、朝食を取るために家の近所のカステルデフェルスのビーチにあるテラスへ行った。波の音がブレンドされた朝のコーヒーの香りが、かつてないほど私を夢見心地にした電話の前触れだった。

人生とは、目的をいくつか達成していき、十分熟したら他の目的をあきらめていくことだ。奇妙なことだが、成功するためには休みなく働かなくてはならないが、その貴重な戦利品を失うのはいとも簡単だ。つまり、挫折と共存することを学ばなければならない。常に全世界の先頭に立つことなど不可能だ。十分な力で舟を漕がず、目的を達せられないこともあるだろう。失敗は素直に受け入れなければならない。

これでよしとしなければならないとか、失敗に抗わなくてもよいと言いたいのではない。むしろそれではいけない。欲しいものを手に入れようと全力を尽くして十分な結果を得られなければ、人間としてこれほど欲求不満を感じることはない。しかしこのような打撃からでもポジティブな部分が剥がれ落ちるものだ。ゴールに到着しようと全身全霊を傾けたにもかかわらず、ゴールラインの数メートル手前で倒れたとしても、そこから何か非常に価値あることを会得したはずだ。これは、私自身に最高の形で起きたことだ。

2011年頃の私はそのような状態にあった。サッカー選手時代、初めてピッチに立ったときから引退する日まで誠実にサッカーに打ち込んだ。しかし、ピッチの上では1度たりとも失敗をしてはならないという信条は多くの場合、フラストレーションの元となった。自分と同じポジションに私よりも優秀なチームメイトがいる時など、どれだけ時間をかけてトレーニングをしても、私のレベルでは彼らを押しのけてポジションを奪うことなどできなかった。また、監督やクラブが提示するプランが、私の成長につながるようなものではないこともあった。しかも、汗よりも頭を使う方が重要な段階や、いくらがんばっても何も実らない時期もある。同様に、たいして苦しい努力もしていないのに、イルミネーションが照らす中、大活躍することもある。

私のサッカー選手としての経歴はたいしたことがない。駆け出しだった頃に、他人が私についての決断を下し、後になってそれは間違っていたということが判明した。それは確かだが、それでも私は自分がやってきたことには満足している。私は自分ができることはすべてやり切り、その結果として今の私がいる。私が赤道ギニア代表に招集されるようになったのは2003年からだ。それからカテゴリーの違う下部チームを交互に経験し、2007年にレギュラーとなった。その後、クラブで期待したレベルまで成長することができず、当然ながら「稲妻軍団」への道からも外れた。私はあきらめてその現状を受け入れた。残念だが、世の中はそういうものだ。

私は当時、プリメーラ・カタラーナ（スペイン5部）に所属するクラブ、SCビスタ・アレグレでプレーしていた。クラブの所在地はカステルデフェルスという都市で、私はそこに住んで、ある会社の管理者として働きながらプレーをした。私はすぐにリーグの得点順位表の上位に名前を連ねるようになり、再び代表チームの技術陣の目に留まった。私は自分の時代はもう過ぎ去り、二度と父の祖国のエンブレムのために戦うことはないだろうと思っていた。だからこそ、携帯電話がけたたましい音を立て招集の知らせを伝えてきた時は本当に幸せな気分になった。完全に希望を捨ててしまった後で再び機会に恵まれたのだ。

2011年末、赤道ギニアは2014年開催のワールドカップ出場をかけたアフリカ1次予選でマダガスカルと対戦しなければならなかった。誰かがこの試合に勝つために私の助けが必要だと判断したのだ。ワールドカップに出場するためのアフリカの2次予選には、40チームが参加し、FIFAがアフリカ大陸に割り当てた5つの出場枠をめぐって熾烈な争いを繰り広げる。少し考えれば、すべてのチームが直接2次予選に参加できるわけではないことがわかる。FIFAランキングでアフリカの上位28チームは直接2次予選に進出となり、残りのチームが2次予選進出を目指して1次予選で争うことになる。つまり、参加国52チームのうちランキング下位の24チームが40枠のうちの12枠をめぐって戦うのだ。

私は、荷造りをして赤道ギニアの首都マラボへ向かった。当時CEサバデルで主将を務めていた弟のジュベナルと、UEルビーの選手だったルベン・エピティエも一緒だ。マラボ国際空港に到着すると、空港を始点とする古い幹線道路上にあるヒルトンホテルに投宿した。翌日私たちは赤道ギニアサッカー連盟の練習場に出向いた。そこに監督のアンリ・ミシェルがいて歓迎の意を示してくれた。同監督はいわゆる「ナント・スタイル・サッカー(foot à la Nantaise)」の創始者で、現役時代に非常に称賛され、〝カナリア(FCナントの愛称)〟のレジェンドになった。引退後は指導者に転身し、フランス代表を率いて1986年ワールドカップ・メキシコ大会、モロッコ代表を率いて1998年フランス大会に出場、2006年にはコートジボワール代表のワールドカップ初出場を実現した。一見、無頓着でのんびりした男のようだが、絶えず周囲に気を配りどんなことも見逃さなかった。足跡を残すタイプだ。

すぐに他のチームメイトとともに諸々の手続きに入った。赤道ギニアのパスポートの有効期間は5年だが、アフリカの官僚主義的な手続きは永遠と思えるほど時間がかかる。いつ手続きが始まるかはわかるが、いつ書類が完成して然るべき刻印がされるのかは想像もつかない。ルベンと私は〝稲妻軍団〟からしばらく招集されなかったのでパスポートの有効期限が切れており、このままではマダガスカルとの2試合に出場することができない。私たちはパスポートを更新しなければならなかった。最初の試合まで4日あったので、チームの代表は手続きを彼に任せるように言った。私たちは承諾したが、それが大きな失敗だった。

ルベンも私も更新されたパスポートを提出できなかったので、審判は試合当日の午前中まで猶予をくれた。例外扱いしてくれたのだ。試合に出場できないかもしれないと私たちが本当に苦悩している姿を見たからに違いない。運命の日、私たちは夜明けとともに目を覚まし、手続きを早く終わらせるよう、必死の思いで内務省に圧力をかけ続けた。しかし書類に署名する責任者がその日は事務所に来なかった。「私事のため」だそうだ。

結局私たちはピッチに出られなかった。長い時間をかけてめぐってきたチャンスが官僚主義的な怠慢によりふいになってしまった。ハンマーで魂を殴られたようだ。ホーム試合翌日の早朝、宿泊先のホテルにパスポートが2通届けられた。

私たちは出場できなかったが、マラボ・スタジアムのスタンドで試合終了を告げる笛を聞いた時はほっとした。2－0の確固たる勝利。ゴールを決めたのはランディとジュベナルだ。マダガスカル代表の選手たちの苗字は発音不可能で（例えばRajoarimananaとかRazafmanindryなど）、背が低いのも厄介だ。国の位置が位置だけに、マダガスカル国民は東アフリカ人、インド人、ユーラシア大陸最西部のアジア人の混血だ。人種の融合が解読不可能なプレーを生み出す。体格は低身長で痩せているので、マンツーマンで素早い動きをされると危険だ。しかし肉弾戦には向いていない。すべてはうまくいっている。4日後には、島国のマダガスカルでアウェーの試合がある。そこで勝利して、1次予選通過を確定しなければならない。

移動はただでさえ長くてしんどいのだが、それが波瀾万丈の旅となった。マダガスカルの選手団は試合翌日の朝にマラボを発ち、飛行機を3回乗り継ぎ、1日半かけて帰国した。私たちはそのような迷路に迷い込みそうなリスクは避け、もっと快適と思える方法を選択した。アンリ・ミシェル監督は目的地のアンタナナリボ（マダガスカルの首都）までチャーター便を借り上げるよう要請したのだ。給油のためのテクニカルランディングが2回あるだけなので、最低限の時間で到着できるはずだ。グッドアイデアに思えた。日曜日の午後に出発して月曜日の午前中、つまり試合開始の24時間以上前に到着予定だ。しかし、日曜日に出発手続きをしてもらうのが至難の業だとは、誰も思いもしなかった。

日曜日の早朝、チャーター機がマラボ空港に到着すると私たちは荷物を持ってホテルを出発した。1人のパイロットが、当然の判断と言えるが、費用の半額を前払いするよう要求してきた。私たちは全員これには驚いた。アフリカのサッカー連盟の大半は経済的に自立しておらず、代表チームの費用について何も独自に処理できない。見積書を政府機関に提示して、スポーツ省にお金を支払ってもらえるよう依頼しなければならない。風土病ともいえる不測の事態に対し、連盟の代表者は政府が現金でパイロットにお金を支払うようあらゆる手を尽くしたが、政府の職員が働いている気配はまるでない。休み明けの月曜日まで待たなければならなかった。

いったい、日曜日に何かしようなどと誰が思いついたんだ?

月曜日の予定は至ってシンプルだった。早起きしてホテルを出発するだけだ。重要な試合開始まであと30時間を切っても、選手団は目的地から5千キロ離れた場所にいた。まるでドラマだ。寄航したアンゴラでじりじりと給油が終わるのを待ち、ようやく同国を出発したのは午後になってからだった。この時には、アフリカサッカー連盟(CAF)から失格を言い渡されるのではという恐怖が頭をよぎった。試合開始の24時間前には開催地に滞在していなければならないのだが、24時間前の到着は絶望的だった。直接マダガスカルまで飛び、せめて一夜はそこで睡眠を取りたかった。しかしマダガスカル当局は、今から新規の着陸を受け付けるには遅すぎると主張して拒否した。赤道ギニアを失格に追い込んで1次予選を通過しようという魂胆だ。失格とまではいかなくとも、最低でも私たちを疲労困憊させたいのだ。

ザンビアの首都ルサカで宿泊先を見つけたのは月曜日から火曜日にかけての深夜のことだ。ホテルに入ると、ルームサービスでクラブサンドイッチを注文し、出発まで2時間ほど眠った。今度こそマダガスカルの首都に向かうのだ。

試合の1時間前にアンタナナリボに到着。選手たちはろくに食事をとらず、48時間の旅で疲労がたまりにたまっていたため、最高レベルの状態でピッチに立つのは不可能ではないかと思えた。田んぼや状態の悪いインフラの間を抜けてスタジアムに向かう間、選手たちの士気はどん底にまで落ちていた。話し声は全く聞こえない。いつもの典型的なジョークも沈黙だ。肉体的にも精神的にも我慢の限界を超えるほど疲れていた。

一般的に、マダガスカルと聞いて最初に頭に浮かぶのは楽園のような風景、繊細な砂のビーチ、トロピカル感あふれる異国情緒だが、私たちがそこで見たものはそうしたイメージとかけ離れたものだった。アフリカ最大の島国マダガスカルは、1884年のベルリン会議から1960年の独立達成までフランスの植民地だった。アフリカの多くの国と同様に、独立後はカオスに陥った。大統領の交代は幾度かあったが、選挙によるものもあれば、鉄拳を振り上げて脅しをかける軍事クーデターによるものもあった。21世紀初頭は不安定な雰囲気が立ち込めて、住民たちは息が詰まりそうだった。社会は2つに割れていた。一方は、マーク・ラヴァルマナナの支持派だ。この元アンタナナリボ市長は、その後は正当な政府の棟梁――つまり大統領――となった。もう一方は、ディディエ・ラツィラカの支持派で、国の東部の海岸地域に別の政府を樹立した。この分裂は、これまで短期間で目まぐるしく変わる状況に苦しんできた国民の共存意識を蝕んでいった。

最終的にラツィラカはフランスへの亡命を余儀なくされ、ラヴァルマナナがマダガスカル全土に対する権力を掌握した。世界銀行の支援によってマダガスカルの人々は経済的にも精神的にも大いに刺激されると、重要な支柱である農業や漁業が成長し、密林地帯の開発が進み始めるのを目の当たりにした。米、シナモン、コーヒー豆、魚、木材、コルク……。天然資源の宝庫だが、政府による運営のまずさにより国民に十分に行き渡らないことが多かった。

2009年、マダガスカルでは再び暴動が広がり、200人近くの死者を出した。ラヴァルマナナは政治をほしいままにすると、肥沃な土地の広大な部分を列強諸国が自由に開発できるように譲渡した。この許しがたき行為は非難され、事態は混乱を極めていた。そして反乱軍が大統領官邸をはじめとした政府庁舎を占拠する強硬手段に出ると、政治指導者は権力を引き渡し、政権の座を捨てる羽目になった。その後に暫定政府を樹立したマダガスカルだが、どの国からも承認されず、アフリカ開発銀行は同国を組織から追放した。一種の無政府状態、完全な無秩序状態だ。ワールドカップに向けた2次予選進出を目指す私たちは、こうした状況下にあるマダガスカルに降り立ったのだ。

バスの中は葬式のようだった。聞こえてくるのは、選手たちから漏れる疲れたような呼吸音だけだ。ところが突然、何人かの選手がごく自然に歌を口ずさんだ。天からの賜物のように、これ以上ない絶妙なタイミングだった。歌声は私たちの気持ちを揺さぶった。それはパーカッションのリズムに乗った土着の歌で、チームの気力を奮い起こし、そこにいた者全員にアドレナリンを存分に注入した。ファン族（赤道ギニア代表選手の大半を占める民族）の伝統的音楽が私たちの情熱を奇跡的に蘇らせた。何か良いことがありそうだ。

アンタナナリボの地を踏むと、市内の大きな湖を横切り、そして丘を登り、スタジアムに到着したのは、キックオフのわずか10分前だった。敵意むき出しの観衆に囲まれ、あちらこちらで罵詈雑言や叫び声が上がり、非常に過熱した雰囲気があった。これがマダガスカルのサポーターによるスタッド・ミュニシパル・ド・マハマシナでの歓迎ぶりだ。

CAFの代表はウォーミングアップなしで試合を始めなければならないと言った。何もする時間はなかった。アンリ・ミシェル監督は、ほとんど明かりも換気もない湿った穴倉で私たちが立ったまま着替えをしている間に、11人の先発メンバーを発表した。私も選ばれたが、それを咀嚼《そしゃく》している余裕がなかった。代表チームに戻りたいという希望は年を追うごとに少しずつ消えていったが、待ったかいはあったというものだ。最初の数分は攻め立てられたが、私たちのゴールキーパー、フェリペ・オボノが何度もファインセーブを見せた。前半も中頃になると、速攻でチャンスをものにした。ウィングの選手がロングボールを収めると、そのままサイドラインを駆け上がってラストパスを送る。後方から走ってきた選手がそのパスを受け取りそのままゴールを決めた。シンプルかつ効率的なプレーだった。先取点は我々にのしかかっていた重圧を解放してくれた。石を詰めたリュックサックをおろしたようなものだ。これでマダガスカルは4点取らなければならなくなったのだ。私たちは1次予選を通過した。疲労と義務を果たした満足感の入り混じった選手たちの顔。えもいわれぬ満足感を浮かべたその表情は、私の脳裏に焼きついている。忘れることはできないだろう。

喜びを爆発させながら例のビジター用ロッカールームとして使われている穴倉に入っていったことを覚えている。お互いに誰彼構わず抱擁し合った。試合に出場した選手、同行はしたが出場できなかった選手、コーチ陣など、皆が一体となっていた。スペイン生まれもいれば赤道ギニア生まれもいるし、習慣もばらばら、そんな不揃いの選手たちが同じ目標で結ばれたのだ。疲れ果てて宿泊先のホテルに到着すると、監督が私に近寄ってきて背中をポンポンと叩き、フランス語で「よくやった」と言ってくれた。ワールドカップ経験者の監督からこんなことを言われると舞い上がってしまう。

マダガスカル戦が終わって6週間後、アンリ・ミシェル監督は、2012年に赤道ギニアとガボンが共催するアフリカネーションズカップ（CAN）のために招集する選手のリストを提出しなければならなかった。私はその招集前に行われた代表チームの最後の公式戦にレギュラー選手として参加した。そのため、今回も23人の中に選ばれるのではとついつい期待してしまう。しかもチームのトレーナーは、クラブでの私のトレーニング方法はプロ向きではないと知っていたので、12月用のトレーニングプランをわざわざ私に送ってくれた。

リストはなかなか提出されなかった。私たち以外のチームからはすでに出揃っていた。明らかに何かよくないことが進行していた。そして突然ある知らせを受け取って驚いた。ミシェルと連盟は、大会開始の数日前になって、契約関係を解消することでお互いに同意したというのだ。言い換えれば、CANに出場したいという私の希望も露と消えたということだ。私の予感は現実となった。新監督は私を招集メンバーに入れなかった。腹に一蹴り食らった感じだ。当然ながら私は、つかみかけていたものが最後の瞬間に指の間からこぼれ落ちてしまった人の例に漏れず、大いに落ち込んだ。悲劇の主人公気分は2、3日続いたが、時間とともに消えていった。私は多くの仲間がその大会で躍動する姿を眺めていた。すると気持ちが楽になった。そうだ、私にはやるべきことが山ほどあり、人生はそれほど単純ではありえないのだ。今度は私が前に進む番だ。

EPÍLOGO

成功の根源はアフリカにあり

「森の中、
枝が喧嘩をしているとしても、
根は抱き合っているのだ」

ワールドカップは世界の大きなショーケースだ。

子供たちは何時間でも飽きずにボールを蹴って追い回すが、実際に追っているのは、いつかはサッカーの大スターになるのだという夢だ。ワールドカップほど全世界に向けて夢を体現して見せてくれるものはない。かく言う私もその可能性を夢見ていた口で、埃だらけになったり、膝に血を滲ませたりしながら帰宅した時は、よく母の小言を聞かされたものだ。しかし、芝生の上でサッカーをする選択肢がなくなると、まずは観客として、次にアナリストとしてサッカーを追うことに慰めを見出した。

2018年夏のワールドカップ・ロシア大会に出場したアフリカの代表チームは、エジプト、モロッコ、チュニジア、セネガル、ナイジェリアだ。この中でグループリーグを通過できた国はなく、決勝トーナメントにはアフリカ大陸を代表するチームがひとつもない状態となった。このようなことは1982年以来のことだ。

その頃、私はまだ生まれていなかった。だから、ロシア大会でコロンビアのジェリー・ミナがセネガルのゴールネットの奥までボールを突き刺したことで、アフリカの5か国のうち、どこかひとつだけでもベスト16に進出してほしいという希望が見事に打ち砕かれた時に、私は初めてアフリカサッカーの歴史的失敗を目撃したことになる。

1990年ワールドカップ・イタリア大会以降になると、アフリカサッカーの躍進は止められないだろう、数年でアフリカ大陸から世界王者が生まれるだろう、といった専門家の声が数多く聞こえた。しかしそうはならなかった。もっとも、90年代にナイジェリアが残した偉大な功績が裏づけるように質的な向上は確かに見られたし、突如出現した才能あふれるジョージ・ウェアのようなアフリカの選手にヨーロッパじゅうが度肝を抜かれたこともある。

アフリカのサッカーを語る時、ジョージ・ウェアは忘れることができない。彼の生涯は試練の連続だった。

リベリアの首都モンロビア郊外のスラム街で育ち、貧困と先の見えない生活が幼少期の間ずっとついて回った。しかし、父方の祖母に保護されていた時にサッカーという現実から逃れるには恰好の避難場所を見つけた。猪突猛進し、19歳でリベリア・リーグの得点王になると、そのゴールを狙う能力がカメルーンのクラブであるトネール・ヤウンデの目に留まり、未加工のダイヤモンドはこのクラブで著しい成長を見せることになる。

当時のカメルーン代表の監督はクロード・ル・ロイだった。カメルーンのリーグを注視していてウェアの才能に気がつき、同僚のASモナコの監督アーセン・ヴェンゲルに知らせた。ASモナコで数日試してみるだけで、アルザス系フランス人の監督はウェアの中に並外れた潜在力を見出した。モナコ公国で輝かしい実績を残すと、パリ・サンジェルマンFCがウェアの才能に抗えなかった。このリベリア人選手の〝花の都〟における恋の相手はゴールだった。空いているスペースに急発進し、ボールを蹴りながら縦に走り、ゴール前で見極める能力を駆使しながら、非凡なストライカーは伝説化していった。

こうした偉大な功績のおかげでACミランと契約し、最高のパフォーマンスを見せ続けた。そしてついにウェアは1995年のバロンドール（現・世界年間最優秀選手賞）を受賞し、もっとも権威ある個人賞を授けられた史上唯一のアフリカ人選手となった。

ウェアのようなアフリカ人サッカー選手たちが国際的舞台に登場してきたことで、アフリカがワールドカップで優勝する日は近いと思うのも無理はない。しかし期待されたような大爆発はまだ見られない。およそ30年前に予測されたようなアフリカ各国代表の躍進を妨げているものは何なのか。このことについて議論を始めるには、アフリカがこれまで体験してきた大きな失望感を理解しなければならない。

考察を深めるためには、過去を振り返り、特に15世紀に始まる奴隷制度が猖獗《しょうけつ》を極めた時代、つまり西洋が貿易ルートを確立して天然資源や労働力を無償で手に入れることができた時代に目を向けなければならない。3世紀の間、アフリカ人を奴隷として大西洋の反対側へ連れて行き強制労働に従事させたのだ。

また、1884年のベルリン会議のことも忘れてはならない。ヨーロッパ人がアフリカの地図を好きなように分割し、アフリカ大陸に居住する1万の民族は、肌の白いひと握りの指導者たちに、世界とサッカーの歴史の流れを変えることになる国境線を勝手に画定されてしまった。

そもそも、アフリカ諸国はまだ若いということを認識すべきだ。

大半の国は独立して60年しか経っておらず、組織づくりがまだ望まれたような域に達していない。植民地時代が長かったからというだけではない。各国の初期の大統領は通常軍部の出身であり、権力を利用して個人の富を蓄えることと西洋の強国と良好な関係を保つことに余念がなかったからだ。つまり、3つの複雑な要素が混ざり合っている。国の若さ、社会をうまく機能させる組織づくりの難しさ、そしてもっとも重大なものとして、公共の利益よりも個人の利益を優先する指導者たちの強欲さだ。

1970年代、移民の流れが続いたが、大半はこうした不安定な社会を背景にしたもので、多くの家族がヨーロッパでのより良い生活を求めてアフリカを捨てた。言語はいつでも社会化に重要な要素である。そのためフランス語を使って育った移民者たちの主な目的地はフランスとベルギーだった。

アフリカ大陸の西部と北西部では、ガーナ、ナイジェリア、リベリア、シエラレオネという例外はあるが、大半の人々がフランス語を話しているということを念頭に置いてほしい。そうすれば、ヨーロッパで活躍するサッカー選手の多くがアフリカ西部やマグリブを出自とし、それは旧大陸で使用されるダイヤモンド、コルタン、石油、木材の生産地と重なるということが理解できる。なんであれたどる過程は同じだ。つまり資源はアフリカで採掘され、組織と生産プロセスがもっとも進んだ国で磨きをかけられるのだ。

もうひとつの念頭に置いておくべき要素は、サッカーのグローバル化とプロ化の波はアフリカの政治、社会、経済が成熟する前にやってきたということだ。この意味では、ヨーロッパのサッカーチームはアフリカのチームよりもずっと先を行っている。そのため、一流の選手がフランスやベルギー、イングランド、ポルトガルなどの代表チームからの招集を拒み、自分の出自であるアフリカを選ぶというのは難しい決断のような気がする。ヨーロッパはアフリカから原料を手に入れ、自身の原料に加え、みんなまとめて開発する。成型し、磨き、輝かせ、品質のよい選手を選り分ける。さらにその中で最高の選手がエリートとなる。

もちろんこれはたくさんのケースを参考に一般化したものだ。

アフリカで見事に成長し、代表に選出されて輝いた選手もいるし、ヨーロッパでプロになったが、出自国を第一選択肢とした選手もいる。しかし傾向は明らかだ。

ワールドカップ・ロシア大会の準決勝がこの現象を示す良い見本だ。

フランスとベルギーが対戦したが、両チーム合わせて22人の選手がアフリカ生まれかアフリカ人の祖先を持つ。ベルギーのチームは旧植民地であるコンゴ民主共和国とのつながりが顕著で、代表的な選手としてルカク、コンパニ、ボヤタ、ティーレマンス、バチュアイがいる。それに加えて、モロッコを出自とするフェライニとシャドリ、マリ系のムサ・デンベレもいる。

もう一方のフランス代表〝レ・ブルー〟ではこの現実がもっとよく見て取れる。１９９８年ワールドカップの王者フランスは、すでに〝レ・ブルー〟を混合チームとすることに賭け始めていたようだ。エメ・ジャケ監督に率いられた１９９８年のチームは実に多様なルーツの選手を擁していた。ジョルカエフ（アルメニア）、カランブー（ニューカレドニア）、ベルナール・ラマ（フランス領ギアナ）、ティエリ・アンリ（アンティル諸島）、ディオメドとテュラム（グアドループ）など様々で、アフリカ系の選手は3人だけだ。その中でももっとも傑出していた選手がアルジェリア人の息子ジネディーヌ・ジダンである。ジダンはサウジアラビア戦で退場となり大会の初めは悪党とされたが、決勝のブラジル戦で2ゴールを決め最後には国民的英雄となった。ほかの2人はアフリカの心臓部生まれの象徴的存在だ。マルセル・デサイー（ガーナ）とパトリック・ヴィエラ（セネガル）はチームの大黒柱だったことが思い出される。

20年後、〝レ・ブルー〟の監督はワールドカップ優勝の立役者の1人であるディディエ・デシャンで、チームの混合度はいっそう高まっていた。ついにエンブレムの上に2つ目の星を刺繍したチームを構成する23人の選手のうち14人がアフリカで生まれたか、アフリカに直系の祖先を持つ選手となった。マンダンダ、マテュイディ、キンペンベ、エンゾンジ、ポグバ、ラミ、カンテ、トリッソ、メンディ、フェキル、シディベ、エムバペ、デンベレ、ユムティティ。

２０１９年、アフリカ勢はまだワールドカップで優勝できないでいる。しかし、他の国が成功を収めることに貢献してきたという事実は慰めになる。エウゼビオの例がある。モザンビークの卓越したストライカーは、１９６６年のワールドカップでポルトガルのユニフォームを着て、6試合で9ゴールを挙げた。アフリカの人々は、かつてアフリカを植民地化した国々のためにプレーする同胞たちに自分たち自身の姿を映し出しているのだ。

解説

アフリカでの過酷な体験

中町公祐

1985年、埼玉県生まれ。群馬県立高崎高校を卒業後、湘南ベルマーレに入団。また慶應義塾大学に現役合格し、同大初の在籍Jリーガーとなる。2008年、湘南ベルマーレ退団後、慶應義塾大学ソッカー部に入部、1部昇格に貢献。2010年にアビスパ福岡で再びJリーガーとしてのキャリアを進め、2012年から2018年は横浜F・マリノスでプレーした。2019年からザンビア国内リーグでチャンピオンとなったZESCOユナイテッドFCに移籍するとともに、NPO法人「Pass on」の代表理事として現地でのボランティア活動を開始し、多方面にわたって活躍。また、日本サッカー協会の国際委員会委員（アフリカ担当）に現役選手として初めて選任。ザンビアで5年間プレーしたのち、2023年に現役引退を発表。2024年からは慶應義塾大学ソッカー部の監督を務める。

この作品にも多く描かれているように、アフリカといえば、貧困や紛争、治安が悪く危険といったイメージがステレオタイプで語られているのが一般的ではないでしょうか。僕自身も横浜F・マリノスに在籍していた2013年から、友人のNPO法人の活動を通してアフリカの子供たちにサッカーボールを送るプロジェクトに関わってきましたが、そういったネガティブな印象も少なからず持ち合わせていました。

けれども、その国際支援活動も5年目に入った2018年のことです。ワールドカップのロシア大会が開催され、Jリーグは約2か月の中断期間に入っていました。僕はガーナに訪問する機会を得ました。現地に出向いて、子供たちに直接ボールを渡そうということになったのです。個人的な話ではあるのですが、僕は2015年に息子の彪護《ひゅうご》を生後間もなく亡くしています。ガーナでは友人が代表を務めるNPO団体の学校の敷地内に、その友人が主導になって現地の人々と小さなグラウンドを手づくりし「ヒュウゴ・スタジアム」と命名してくれました。そんな温かい気持ちも受けての初めてのアフリカ滞在になりましたが、その時ふと「アフリカに住んでサッカー選手として支援活動をできないものか？」と頭の中をよぎったのです。もちろんアフリカの厳しい現状は肌で感じました。激しい貧富の差や貧困に窮する人々を目の当たりにしました。でも僕の心にはポジティブな気持ちが芽生えていました。

やがて夏が過ぎて、今までは考えもしなかったアフリカへの移籍に向けて動き始めました。

マリノスからは契約を2年延長するオファーが届きました。それは日本のトップレベルで活躍できるとの評価であり、自分自身もまたプロとしてのプライドを持ち自信がありました。だからこそアフリカに渡ってプレーをしたいとの思いが強くなっていました。僕は以前から、自分がプロのアスリートであることの意義を考えていました。どのような社会貢献ができるのかということを。国際支援活動に目を向けた時、日本から来た知らないサッカー選手がお金をバラまいているというのではなく、アフリカの子供たちの憧れの対象である現地のプロサッカー選手として腰を据えた支援を大切にしたいのだと、アフリカを訪れたことでそんな気持ちが湧いていました。だからこそ引退後ではなく、プレーヤーとして動けるうちに行動しようと決意したのです。

けれども、Ｊリーグの選手がアフリカに移籍するのは初めてのことであり、僕は代理人をつけておらずアフリカでのチーム探しは難航しました。知り合いを通じて治安も安定していて英語圏であるザンビアの1部リーグに所属するＺＥＳＣＯユナイテッドＦＣ（以下、ゼスコ）と交渉のテーブルにつくことができ、契約の意思は示されていたのですが、なかなか進展がみられなかったのです。

マリノスとの契約更新に関しては、返答の最終期限が1月1日であったため、マリノスには断りを入れる形で1月半ばになってから再びアフリカへ渡りました。ゼスコとの契約交渉を進め、やっとのことで契約にこぎつけたのは移籍期限ギリギリの1月31日のことでした。日本とアフリカで時差があったことから、滑りこむ形でアフリカでの登録が完了することができたのですが、日本ではマリノスの関係者や日本サッカー協会の担当者に深夜まで手続きに尽力していただきました。

こうして今思い返しても奇跡的といえる移籍締結によって、２０１９年2月にアフリカでのサッカー選手としての第一歩を踏み出すことができたのです。

そして今、初めてのアフリカ訪問から5年が経過して、僕はスパイクを脱ぎ、プロサッカー選手としてのキャリアを終えました。本書『不屈の魂　アフリカとサッカー』の解説という形を借りて、僕がこれまで見てきたザンビアのサッカーを読者のみなさんにお伝えしたいと思います。

ザンビアのチームでの活動スケジュールは、月・火・水曜日は午前と午後の2部練習でした。木・金曜日は1部練習なのですが、金曜日は練習が終わると翌日に試合がある時は、そのまま試合会場の近くに前乗りします。このように書いてしまうと、日本とそれほど変わらないように感じられるかもしれませんが、予定は未定とでも言えばいいのでしょうか。

午前の練習が終わって監督が「afternoon!」と言ったら午後も練習がありますし、監督が

「tomorrow morning!」と言えば明日の午前中は練習があるといった具合です。週末の試合でさえ直前の日程変更はよくあることです。それだけではありません。練習時間も、朝10時に集合だとしても誰ひとり時間通りにやってこないのです。僕はいつも練習開始の30分前に到着するようにしていましたが10時に始まったためしはありません。しかも日本のように短時間の練習ではなく3時間くらい続きます。だから午後は練習がないからといっても予定を立てるのが難しいわけです。

それでも時間をみて、日本の支援者が寄付してくれたボールを持って子供たちと一緒にサッカーをやっていました。でも、実際に子供たちと触れ合っている中で気づいたことがあります。子供たちにボールを渡しながら「夢を持とうね！」と話かけるのですが、その時「豊かさ」という言葉が頭をよぎりました。日本の子供であれば、夢や目標を持つことのできる豊かさがあるわけです。それは金銭的な豊かさとは違います。サッカー選手になれなくても、目標を切り替えることのできる選択肢が豊富にあるということです。でもアフリカの子供たちが描くことのできる将来の夢は本当に限られていました。あまりにも夢へとつながる選択肢がない。夢を持つ豊かさがないのです。

サッカーの育成機関がないザンビアでは、プロのサッカー選手になるためには〝マダラ・フットボール〟と呼ばれた、日曜日に行われる草サッカーに参加します。地域ごとにチームが存在しているようですが、そこにはすでにプロのクラブに所属しているような選手も混じっていました。彼らは土曜日の試合に出場したのに翌日には草サッカーの試合に出ているわけです。普通に考えれば体力的に考えられないはずなのですが、平然とプレーしているのには驚きました。

〝マダラ・フットボール〟が行われているグラウンドには仲介人のような存在が顔を出していて、めぼしい選手がいたらチームを紹介することでお金を稼いでいます。仲介人といっても、資格などはありません。アフリカでは誰もが仲介人になりうるのです。指導者をはじめとするサッカーに関わっているすべての人が、どこかのサッカーチームの監督と知り合い程度の関係だとしても、多少のコネクションがあれば仲介人をやってひと儲けしようと狙っているわけです。選手としてもシーズンの途中であれ、良い条件の話があれば飛びつきます。誰も自分の人生を助けてはくれない、といったドライな考え方です。ちなみに選手の年齢詐称なども当たり前のようにできてしまう環境です。オリンピック代表の選手が実は24歳以上だったとしても珍しいことではありません。

年齢といえば、アフリカのヒエラルキーでは年長者が優遇されます。若年者は年上の選手に逆らえません。だから16歳の少年がプロのリーグで活躍しているなどということはなく、20代も中盤以降で老獪さを身につけてくるとチャンスがめぐってきます。しかし、そこには金銭のやり取りが発生しているわけです。ザンビアでは選手が試合への出場の見返りとして監督への金銭の受け渡しが横行していました。

僕は入団した当初、なかなか出場の機会を得ることができませんでした。明らかに自分よりもプレーのレベルが低い選手が平然と試合に出場しているので不思議で仕方なかったのですが、つまりそういうことだったのです。本来はチームに入る時にも契約金の半分を監督に渡すそうです。そこで初めて監督と選手との関係が構築されるのです。そのような理由から、選手と監督との間を取り持つことのできる仲介人がいない外国人がザンビアのチームと契約することはほぼ不可能だというのです。当時の僕は何も知らなかったとはいえ、今振り返ってみると、よくチームに入ることができたなと思います。

他チームとの試合に出向く時に、国内での移動手段はバスになります。目的地まで8時間かかるのはいつものこと。デコボコの多い道を永遠と走り続けます。僕はアフリカでの過酷な移動を体験しているうちに、世界地図に描かれているアフリカ大陸は実際よりもずいぶんと小さいのではないかと疑うようにさえなりました。何しろどこに行くにも驚くほどに時間がかかるのですから。ところがザンビアの選手にとって、バスの移動は貴重なオフの時間になります。要するに休息の時間なのです。アフリカチャンピオンズリーグに出場したときにスワジランド（エスワティニ王国）までバスで遠征したことがあるのですが、帰路は飛行機とバスで計20時間かかりました。ようやくザンビアの首都ルサカにお昼頃に戻ってこれたとホッとしたのも束の間、なんとすぐに練習が始まったのです。彼らにとって移動中は体を動かしていないから休んでいるという感覚なのですが、もちろん日本人の僕はとても休んだ気になどなれるわけもありません。あの体験は結構こたえました。

遠征にまつわる話はもうひとつあります。2部リーグのチームに所属していた時です。前泊のホテルの部屋がアフリカ人と同室でした。日本では個室があてがわれますが、ザンビアでは1部リーグであってもツインベッドの2人部屋なので、チームメイトと同室というのは日常のことです。ところが部屋に置いてあるベッドはダブルサイズが1台だけだったのです。さすがに驚きました。つまりルームメイトの185センチくらいある大柄なアフリカ人とベッドを分け合えということです。さすがにこれでは寝つけないと思って、自分でお金を出すから違う部屋に移らせてくれとチームの関係者に頼んだのですが、チームの規律を乱すからダメだと言って聞く耳を持たない。ほかにルーズなところはいくらでもあるのに、こんなところだけ厳しいのです。今では笑い話にしていますが、当時は決して笑えない出来事でした。

ちなみにそのときのルームメイトは大柄でしたが、ザンビアの選手はアフリカの他国と比べると小柄です。体が小さいから走るサッカーが主流になります。だから練習もずっと走る。日本であればグラウンドが整っているので体格的に不利であればパスサッカーも選択できますが、ザンビアに芝が生えそろっているスタジアムはありません。アフリカのサッカーが身体能力に頼るのは、このようなハード面が一因かもしれません。どこのグラウンドも土壌が硬く、固定式のスパイクでさえ痛くて履けたものではないのですが、アフリカ人はそのような環境には不向きとされる取替え式のスパイクを履いていました。中には中敷き（インソール）すらない選手もいます。みんな幼少期は裸足で過ごす時間が多く、足の裏が強く頑丈なわけです。僕がザンビアのルサカのクラブにいた時には練習でとにかく選手を走らせる監督がいました。朝5時から大学の構内を2時間も休みなく走らせるのですが、アフリカ人はスパイクを履いたままでコンクリートの上をずっと走っている。中にはサンダルで走っている猛者までいました。でも、とんでもなく速いわけです。僕はランニングシューズを履いて準備万端で挑んだのですがとてもかないませんでした。

本書にも度々登場しますが、アフリカを語る時に宗教や呪術の存在を忘れることができません。呪術はいわゆる黒魔術です。僕が訪れた国の中では、コンゴ、タンザニア、南アフリカで黒魔術が色濃く残っていました。僕がゼスコに所属していた時には、観客席のゼスコのサポーターが相手のゴールに向かっていきなり瓶を投げつけたことがあります。どういうことかというと、相手のゴールキーパーがゼスコのゴールが決まらないように呪《まじな》いをしていたというのです。そのようなこともあり、特にアウェーの試合では痛烈なブーイングよりも黒魔術のほうが思い出されます。

呪術や宗教は死と深い関係にありますが、アフリカではどの国でも死が身近にあります。貧困により病気の治療を受けられずに亡くなることが頻繁にあり、また親戚縁者が大勢いることから死に立ち会う機会も多いのです。それゆえ、アフリカの人たちは死に対する考え方がドライです。いつまでも感傷的になっていては精神的にきついのです。すぐに切り替えようとする。本書の3章「アフリカのサッカーには記憶力がある」で描かれている「リーブルヴィルの悲劇」にしても、僕はザンビアで生活するにあたって事故のことは頭に入っていましたが、ザンビアの人とその話をしたことはありません。もちろん事故が起きた当時は大騒ぎになって、国民は事故発生から7日間は喪に服していたそうです。でも、ひとしきり泣いた後はいつもの生活に戻っている。すぐに人は死んでしまうけれど人生は続くものだと割り切っているのです。それは宗教上の死生観もあるのかもしれません。ザンビア人の90パーセント以上はキリスト教徒なので、サッカーの練習前と練習の終わりには神に祈りを捧げます。試合前にも讃美歌や祈りを捧げます。神への祈りの時間は何よりも大切にしていました。僕は無宗派ですが、とても気をつけたところです。

こうして書いてみると、アフリカのサッカーは日本でいうプロフェッショナルとは違った位置にあるように感じます。グラウンドのコンディションもそうですし、お金に関するダーティな部分もありしたたかです。一概に語ることのできない歴史や宗教観もあります。その半面、抜群な身体能力とサッカーでのし上がろうとするハングリー精神もあわせ持っていました。サッカープレーヤーに目を向けてみると、過去には世界的なビッグネームとなったアフリカ人のプレーヤーは多く存在します。現在も欧州の主要リーグでは、国籍は様々ですがアフリカにルーツをもつ黒人プレーヤーが数多く活躍しています。今後も成功例が増えれば、その成功への道筋をたどって新たなスターが誕生する可能性があるはずです。きっと読者のみなさんも本書を通して、そんなアフリカサッカーの現在と過去、そして光と影を体験されたのではないでしょうか。

アフリカネーションズカップ(CAN)開催国と歴代優勝国

年	回	開催国	優勝国
1957	1	スーダン	エジプト
1959	2	アラブ連合共和国	アラブ連合共和国
1962	3	エチオピア帝国	エチオピア
1963	4	ガーナ	ガーナ
1965	5	チュニジア	ガーナ
1968	6	エチオピア帝国	コンゴ民主共和国
1970	7	スーダン	スーダン
1972	8	カメルーン	コンゴ共和国
1974	9	エジプト	ザイール
1976	10	社会主義エチオピア	モロッコ
1978	11	ガーナ	ガーナ
1980	12	ナイジェリア	ナイジェリア
1982	13	リビア	ガーナ
1984	14	コートジボワール	カメルーン
1986	15	エジプト	エジプト
1988	16	モロッコ	カメルーン
1990	17	アルジェリア	アルジェリア
1992	18	セネガル	コートジボワール
1994	19	チュニジア	ナイジェリア
1996	20	南アフリカ	南アフリカ
1998	21	ブルキナファソ	エジプト
2000	22	ガーナ／ナイジェリア	カメルーン
2002	23	マリ	カメルーン
2004	24	チュニジア	チュニジア
2006	25	エジプト	エジプト
2008	26	ガーナ	エジプト
2010	27	アンゴラ	エジプト
2012	28	ガボン／赤道ギニア	ザンビア
2013	29	南アフリカ	ナイジェリア
2015	30	赤道ギニア	コートジボワール
2017	31	ガボン	カメルーン
2019	32	エジプト	アルジェリア
2021	33	カメルーン	セネガル
2024	34	コートジボワール	コートジボワール

アフリカの主なサッカー代表チームの愛称

国名	愛称
アルジェリア	砂漠のキツネ
アンゴラ	セーブルアンテロープ
ウガンダ	クレーンズ（鶴）
エジプト	ファラオズ
エチオピア	アンテロープ
ガーナ	ブラック・スターズ
ガボン	パンサーズ（クロヒョウ）
カメルーン	不屈のライオン
ケニア	ハランビー・スターズ
コートジボワール	エレファンツ
コンゴ共和国	赤い悪魔
コンゴ民主共和国	レオパルド（ヒョウ）
ザンビア	チポロポロ（銅の弾丸）
シエラレオネ	レオネ・スターズ（ライオンの星）
ジンバブエ	ウォリアーズ（戦士たち）
スーダン	ナイルのワニ
赤道ギニア	稲妻軍団
セネガル	テランガのライオン
タンザニア	タイファ・スターズ（タンザニアの星）
チュニジア	カルタゴの鷲
トーゴ	ハイタカ
ナイジェリア	スーパーイーグルス
ナミビア	ブレイブ・ウォリアーズ（勇敢な戦士たち）
ブルキナファソ	エタロン（種馬）
ベナン	チーター
ボツワナ	ゼブラズ（シマウマ）
マダガスカル	コブウシ
マラウイ	フレームズ（炎）
マリ	イーグルス
南アフリカ	バファナ・バファナ
南スーダン	ブライト・スターズ
モロッコ	アトラスのライオン
リベリア	ローン・スターズ（孤星）
ルワンダ	アマブビ（ハチ）

装丁・本文デザイン　小口翔平 ＋ 須貝美咲（tobufune）
装画　いとう瞳
写真　アフロ
DTP　松浦竜矢
校正　東京出版サービスセンター
編集協力　山本浩之
編集　吉村洋人

不屈の魂　アフリカとサッカー

2024（令和6）年3月18日　初版第1刷発行

著者　アルベルト・エジョゴ＝ウォノ
訳者　江間 慎一郎
　　　山路 琢也
解説　中町 公祐
発行者　錦織 圭之介
発行所　株式会社 東洋館出版社
〒101-0054 東京都千代田区神田錦町2-9-1
コンフォール安田ビル 2F
（代　表）　TEL 03-6778-4343　FAX 03-5281-8091
（営業部）　TEL 03-6778-7278　FAX 03-5281-8092
URL　https://toyokanbooks.com/

印刷・製本　株式会社シナノ

ISBN　978-4-491-04847-5 / Printed in Japan